suhrkamp taschenbuch
wissenschaft 2282

AF153017

ZHAO Tingyang gilt als einer der bedeutendsten chinesischen Philosophen der Gegenwart. Mit diesem Hauptwerk liegen nun seine Überlegungen zu einer neuen politischen Weltordnung erstmals in deutscher Übersetzung vor. Sie basieren auf dem alten chinesischen Prinzip des *tianxia* – der Inklusion aller unter dem Himmel. In Auseinandersetzung mit okzidentalen Theorien des Staates und des Friedens von Hobbes über Kant bis Habermas sowie unter Rückgriff auf die Geschichtswissenschaft, die Ökonomie und die Spieltheorie eröffnet uns ZHAO einen höchst originellen Blick auf die Konzeption der Universalität. Ein wegweisendes Buch, auch um Chinas aktuelles weltpolitisches Denken zu verstehen.

ZHAO Tingyang ist Professor für Philosophie an der Chinesischen Akademie der Sozialwissenschaften in Peking.

ZHAO Tingyang
Alles unter dem Himmel

*Vergangenheit und Zukunft
der Weltordnung*

Aus dem Chinesischen
von Michael Kahn-Ackermann

Suhrkamp

Die Originalausgabe erschien 2016 unter dem Titel:
天下的当代性: 世界秩序的实践与想象
© China CITIC Press 2016

7. Auflage 2025

Erste Auflage 2020
suhrkamp taschenbuch wissenschaft 2282
© dieser Ausgabe Suhrkamp Verlag GmbH, Berlin, 2020
Umschlag nach Entwürfen von
Willy Fleckhaus und Rolf Staudt
Druck und Bindung: C. H. Beck, Nördlingen
Printed in Germany
ISBN 978-3-518-29882-4

Suhrkamp Verlag GmbH
Torstraße 44, 10119 Berlin
info@suhrkamp.de
www.suhrkamp.de

Inhalt

Anmerkung des Übersetzers

Der Begriff »Tianxia« (天下, Aussprache: Tiänchia), wörtlich übersetzt »Unterm Himmel«, ist einer der zentralen Begriffe der klassischen chinesischen Philosophie, insbesondere der politischen Philosophie. Genauer ist er zu übersetzen mit »Alles unter dem Himmel«. Aus zwei Gründen habe ich mich entschieden, statt einer Übersetzung im deutschen Text das chinesische Original beizubehalten. Erstens wegen der mit einer Übersetzung verbundenen sprachlichen Unbeholfenheit, die vier Worte statt zwei Silben benötigt, und zweitens, um irreführende Assoziationen zu vermeiden. Der Begriff »Tian«, lexikalisch je nach Kontext mit »Himmel« oder »Tag« zu übersetzen, unterscheidet sich von unserem, von jüdisch-christlicher Tradition geprägten Begriff des Himmels signifikant. Nur in zwingenden Fällen wird die deutsche Übersetzung verwendet.

Analog wird mit einem anderen grundlegenden Begriff der chinesischen Philosophie verfahren, dem »Dao« (道), für den es keinen adäquaten Begriff im Deutschen gibt. Jede lexikalische Übersetzung bedeutet eine irreführende Einschränkung bzw. einseitige Interpretation. Das »Dao« (lexikalische Übersetzung: »Weg«) ist die bewegende und regulierende Kraft alles Seins. Je nach philosophischer Orientierung wird diese Kraft unterschiedlich interpretiert, im Konfuzianismus eher als moralische, im Daoismus als natürliche Kraft. Im chinesischen Buddhismus steht es oft für das Dharma. Das mit dieser Kraft übereinstimmende richtige Verhalten wird im Konfuzianismus als »Da Yi« (大义) bezeichnet. Auch hier habe ich mich entschieden, den chinesischen Begriff zu verwenden.

Der mit chinesischer Geschichte und Philosophie weniger vertraute Leser sei zudem auf den letzten Abschnitt des 3. Kapitels »Ein Wörterbuch des neuen Tianxia« verwiesen, wo der Autor eine Begriffsklärung einiger zentraler Begriffe seiner Darstellung des Tianxia vornimmt.

Die schwierige und zeitraubende Recherche nach vorhandenen Übersetzungen bzw. die Neuübersetzung der Zitate aus antiken chinesischen philosophischen oder historiographischen Quellen hat der Sinologe Philipp Schiederer übernommen, dem ich an dieser Stelle von ganzem Herzen danken möchte. Für den größten Teil der vom Autor zitierten Texte liegen keine deutschsprachigen Übersetzungen vor. Vorhandene Übersetzungen, etwa ins Englische, aber auch solche ins moderne Chinesisch, weichen häufig sprachlich, aber auch inhaltlich stark voneinander ab. Die Übersetzung der Zitate wurde daher, wo erforderlich, in Absprache mit dem Autor entsprechend dessen Textverständnis überarbeitet.

Familiennamen werden im Chinesischen dem Vornamen vorangestellt, sie werden der Klarheit halber in Großbuchstaben geschrieben.

Die in Klammern gesetzten englischen Begriffe wurden aus dem Originaltext übernommen.

Vorwort

Das Konzept des Tianxia umfasste im alten China zahlreiche spirituelle Aspekte, etwa die zwischenmenschlichen spirituellen Beziehungen und die spirituellen Beziehungen zwischen dem »Dao des Menschen« und dem »Dao des Himmels«. Der spirituelle Gehalt des Tianxia ist mit dem Himmel selbst nahezu identisch. Ich fühle mich nicht imstande, ihn zu beschreiben, und werde mich daher in dieser Hinsicht kurzhalten. Tianxia ist aber auch das politische Ideal einer Weltordnung. Das vorliegende Buch unternimmt den Versuch, das idealistische Konzept des Tianxia realistisch darzustellen und die Differenz zwischen dem Dao des Tianxia und seiner Implementierung, zwischen Idealität und Realität, zwischen Geschichte und Zukunft, deutlich werden zu lassen. Tianxia ist zudem eine Methodologie, und ich versuche zu zeigen, wie das Konzept des Tianxia zu einem neuen Verständnis der Geschichte, von Institutionen und politischen Räumen, ja sogar zu einer Neudefinition des Politischen schlechthin führt.

Das Konzept des Tianxia ist unerschöpflich und wirft eine Unmenge von Fragen auf. Das nötigt mich, eine Methode zu finden, die dem Konzept möglichst gerecht wird. Die Methode, deren sich das Buch bedient, könnte man als »kombinierte Synthese« bezeichnen. Ein Gegenstand ist eine Gesamtheit, versuchen wir ihn im Detail zu verstehen, müssen wir seine unterschiedlichen Aspekte analysieren, etwa seine politischen, ökonomischen, ethischen, ästhetischen, sozialen, historischen usw. Wir müssen die Gesamtheit des Gegenstandes in Elemente zerlegen, die unterschiedlichen Wissenschaftsdisziplinen zuzuordnen sind, jede dieser Disziplinen richtet jeweils ihre spezifischen Fragen an den Gegenstand. Doch ist die jeweilige Disziplin nicht immer in der Lage, die von ihr gestellten Fragen zu beantworten, da Antworten auf manche Fragen auf dem Gebiet anderer Disziplinen zu suchen sind. So finden sich z. B. die Antworten auf manche politische Fragen im Bereich der Ökonomie, umgekehrt Antworten auf ökonomische Fragen im Bereich des Politischen, die Lösung gewisser ethischer Probleme liegt in politischen Fragen, umgekehrt sind gewisse Grundlagen politischer Systeme ethischer Natur. Die Gründe mancher politischer

Entscheidungen ergeben sich nicht aus der Politik, sondern aus der Geschichte, bei manchen historischen Narrativen handelt es sich in Wahrheit um Theologie. Das ließe sich beliebig fortsetzen. Die sogenannte »kombinierte Synthese« ist der Versuch, die Gesamtheit des Gegenstandes wiederherzustellen, die unterschiedlichen an den Gegenstand gerichteten Fragen sollen sich wechselseitig konfrontieren, das Wissen unterschiedlicher Disziplinen zu ihrer Klärung beitragen. Diese Methode ist eine philosophische, bei der Untersuchung des Tianxia dient die Philosophie dazu, die Gesamtheit des Gegenstandes wiederherzustellen. Die Antworten auf die gestellten Fragen werde ich deshalb ebenso aus der Geschichtswissenschaft wie aus der Politischen Wissenschaft, den Wirtschaftswissenschaften, der Spieltheorie oder der Theologie beziehen. Ich erhoffe mir, dass dieses synthetische Vorgehen der Fülle des Tianxia-Konzepts gerecht wird.

Der Begriff des Tianxia selbst ist mit Emotion aufgeladen, er ist besetzt mit Chinas Geschichte, seinen Traditionen, seinen Erfahrungen und seiner Spiritualität. Meine Absicht ist es, die Darstellung der Philosophie des Tianxia auf eine rationale Erläuterung zu reduzieren und jedes emotionale Narrativ und jede antizipierende Wertung so weit als möglich zu vermeiden. Nur die Geisteshaltung einer von Emotion ungetrübten, »unbarmherzigen« Darlegung kann beweisen, dass diese Philosophie tatsächlich universell gültig ist. So spielen zum Beispiel die Bemühungen des Konfuzianismus bei der Konstruktion des Tianxia eine herausragende Rolle, aber das bedeutet nicht, dass die konfuzianische Konstruktion hinreichend ist. Eine der Schwächen des Konfuzianismus besteht darin, dass er unfähig ist, das »Problem des Fremden«[1] zu erklären. Die Konfuzianer haben versucht, diesen Umstand zu rechtfertigen, aber ich bin der Meinung, dass eine Verteidigung, die emotionale Begründungen enthält, nicht hinreicht, den Schwierigkeiten des Problems gerecht zu werden. Ich möchte hier noch einmal mein Verständnis einer »unparteiischen« Analyse erläutern: Unparteiische Analyse meint, auf jede sich auf einen Wertekanon berufende Erklärung, Kritik oder Narration zu verzichten und sich auf eine emotionsfreie, »unbarmherzige« ontologische Analyse zu beschränken: ob nämlich eine Existenz in der Lage ist, auf eine ihr gemäße Art erfolgreich fortzuexistieren. Das heißt, ohne Rücksicht auf emotionale oder weltanschauliche Wertungen allein zu prüfen, ob eine Handlungslogik Bestand hat, und das unter allen Bedingungen. Das ist eine Voraussetzung. Die Existenz ist den Werten vorangestellt, erst die Fähigkeit fortzuexistieren, ermöglicht ihre Vervollkommnung. Weder kann die Vernunft dazu dienen, Emotion zu widerlegen, noch dient Emotion der Widerlegung der Vernunft. Ich vermute, dass die Mehrzahl der Menschen der Meinung ist, Frieden sei dem Krieg vorzuziehen, dennoch gibt es innerhalb der Ethik den Skandal, dass sie, von ein paar politisch korrekten Gemeinplätzen abgesehen, bis heute die Gültigkeit des Satzes, dass der Schwächere vom Stärkeren gefressen wird, nicht widerlegen kann. Daher kann der Versuch zu beweisen, dass die Logik der Hegemonie fehlerhaft sei, sich nicht auf die Ethik stützen. Hingegen kann die Spieltheorie demonstrieren, dass die Logik der Hegemonie langfristig der Revanche ausgeliefert ist und am Ende das Schicksal der »Tragödie der Nachahmung« erleidet.

Bei der Auswahl der von mir verwendeten Quellen stütze ich mich, was die vorschriftliche Epoche betrifft, auf archäologische Zeugnisse. Für die Zeit nach dem Vorliegen schriftlicher Dokumente halte ich mich vor allem an Texte, die im Lauf der Geschichte die »Bildung des menschlichen Geistes« beeinflusst haben. So stehen zum Beispiel bei der Beschreibung des Tianxia der Zhou-Dynastie (1046-256 v. Chr.) Dokumente aus dieser Zeit zwar an erster Stelle, doch schließe ich Texte aus der Qin- (221-207 v. Chr.) und der Han-Zeit (202 v. Chr.-220 n. Chr.) nicht aus. Obwohl sich darunter einige erwiesenermaßen fälschlich der Zhou-Zeit zugeschriebene Texte befinden, sind die darin enthaltenen Geschichten in den dauerhaften Vorstellungsraum der Menschen eingegangen, d. h., es handelt sich um kollektive Imaginationen mit praktischen Auswirkungen.

Meine früheren Untersuchungen zum System des Tianxia habe ich gesammelt im 2005 erschienenen Buch *Das System des Tianxia* dargelegt,[2] das erfreulicherweise in der Fachwelt Aufmerksamkeit gefunden und Kritik und Diskussionen ausgelöst hat. Aber es war nur der erste Schritt einer Untersuchung des Tianxia-Systems. Heute, zehn Jahre später, finden sich zwar in *Alles unter dem Himmel* sowohl in Hinsicht auf die behandelten Fragen als auch in Hinblick auf Beweisführung und Narrative erhebliche Unterschiede zu *Das System des Tianxia*, doch bleibt die Grundidee dieselbe. Hinzu kommt, dass es sich bei *Das System des Tianxia* um die Rückübersetzung und Bearbeitung zweier im Jahr 2000 auf Englisch verfasster Aufsätze handelt, worin ich aufgrund unzureichender sprachlicher Kenntnisse zahlreiche schwer zu übersetzende klassische Quellen vernachlässigt habe. Dieser Mangel wird bis zu einem gewissen Grad in *Alles unter dem Himmel* behoben. Ich habe allerdings zahlreiche einander inhaltlich ähnliche antike Quellen nicht zitiert, da es sich letztendlich um kein geschichtswissenschaftliches Werk handelt. Ich bitte die Historiker um Nachsicht.

Die Untersuchungen zum System des Tianxia wurden fortlaufend durch Kritik und Anregungen von Freunden und Lesern befördert. An erster Stelle möchte ich Alain Le Pichon danken, der mich 2000 dazu gedrängt hat, meine Überlegungen zum Konzept des Tianxia auf Englisch zu Papier zu bringen. Mein Dank gilt des Weiteren QING Yaqing, TANG Yijie, YUE Daiyun, TONG Shijun, HUANG Ping, WANG Mingming, William Callahan, Fred Dallmayr, Luca M. Scarantino und Peter J. Katzenstein. Sie haben von Beginn an meine Untersuchungen unterstützt und wertvolle Anregungen gegeben. Ebenso danke ich Stephen C. Angle, Regis Debray, Prasenjit Duara, GAN Chunsong, ZHANG Feng, XU Xin, WANG Yiwei, GAO Shangtao, ZHOU Fangyin, Elena Barabantseva, Anthony Carty, Sundeep Waslekar, Nicole Lapierre, BAI Tongdong, ZHOU Chicheng, ZHOU Lian, SUN Shu, ZHANG Shuguang, XU Jianxin und JIANG Xiyuan, ihre Kommentare haben viel zur Klärung und Vertiefung unklarer und strittiger Fragen des Themas beigetragen. Zugleich möchte ich all den Freunden danken, die mich mit Fragen und Hilfestellungen unterstützt haben: Jean Paul Tchang, Hans Boller, Elizabeth Perry, Rainer Forst, Joshua Ramo, Francesco Sisci, ZHANG Yuyan, HAN Dongyu, CI Xiwei, LÜ Xiang, LI He, CHENG Guangyun, ZHANG Dun, GUAN Kai, ZHAO Tao, LU Ding, QIAO Liang, WANG Xiangsui, PAN Wei, YAN Xuetong, YUAN Zhengqing, SHENG Hong, ZHAO Quansheng, WANG Jianyu, Enno Rudolph, Philippe Brunozzi, Daniel Binswanger, Evgeny Grachikov, Joel Thoraval, Michael Pillsbury, Iain Johnston, Jean-Marc Coicaud, In-suk Cha, Moon Chung-in, Han Sang-jin, Mark Siemons, John G. Blair, CHEN Ping, die Stiftung Kunst & Kultur e. V., Zijuan Zaft und Public Space (China) Limited.

ZHAO Tingyang
18. August 2015

Einführung
Die Neudefinition des Politischen durch das Tianxia
Fragestellungen, Voraussetzungen und Methoden

1. Die Welt als politisches Subjekt

China ist eine Erzählung, Tianxia dagegen eine Theorie.

Wohin man auch blickt, ergreift die Globalisierung alle Bereiche sämtlicher Weltregionen und gestattet keine Räume für eine unbeschwerte Existenz außerhalb. Vernachlässigen wir diesen neuen politischen Kontext, sind wir schwerlich in der Lage, Aussagen über die Gegenwart zu treffen. Die Globalisierung bringt nicht nur Veränderungen in politischer Hinsicht mit sich, sondern Veränderungen im Existenz-Modus der Welt. Bei der Vorausschau auf die zukünftige Welt benötigen wir eine ihr entsprechende Daseinsordnung (*order of being*), eine Ordnung, welche die Inklusion der Welt realisiert. Das ist es, was ich als das System des »Alles unter dem Himmel« (Tianxia) bezeichne. Ohne Frage ist Tianxia ein Begriff der chinesischen Antike, aber kein Begriff, der sich speziell auf China bezieht, die darin aufgeworfenen Fragen reichen weit über China hinaus, es sind universelle Fragen der gesamten Welt. Tianxia verweist auf eine »Welt der Weltheit« (*a world of worldness*). Begreift man Tianxia als einen dynamischen Prozess, dann bedeutet er die »Verweltlichung der Welt« (*the worldlization of the world*). Das Zhou-zeitliche System des Tianxia gehört der Vergangenheit an, der bis heute lebendige Begriff des Tianxia dagegen ist eine Idee für die Zukunft der Welt. Auch wenn wir die Zukunft nicht kennen, dürfen wir nicht schweigen, was bedeutet, dass wir uns über eine universell positive Weltordnung Gedanken machen müssen.

Das Konzept internationaler Politik, definiert durch die Modelle des Nationalstaaten-Systems, des Imperialismus und des Hegemonialstrebens, gerät allmählich in Widerspruch zu den Tatsachen der Globalisierung. Falls es nicht zu einer Umkehrung der Globalisierung kommt, werden die Nationalstaaten als höchste Machtinstanz und die damit verbundenen Spiele der internationalen Politik früher oder später der Vergangenheit angehören. Die sich abzeichnende Zukunft wird einer die Moderne hinter sich lassenden globalen Macht der Netzwerke und einer globalen Politik gehören.

Das Konzept des Tianxia zielt auf eine Weltordnung, worin die Welt als Ganzes zum Subjekt der Politik wird, auf eine Ordnung der Koexistenz (*order of coexistence*), welche die ganze Welt als eine politische Entität betrachtet. Die Welt unter dem Aspekt des Tianxia zu begreifen, bedeutet, die Welt als Ganzes zum gedanklichen Ausgangspunkt der Analyse zu machen, um eine der Realität der Globalisierung adäquate politische Ordnung entwerfen zu können. Die vergangene und gegenwärtig fortbestehende Dominierung der Welt durch Imperialmächte beruht auf dem Konzept des Staates und des nationalen Interesses. Diese Mächte hoffen auf den Fortbestand einer vom Imperialismus dominierten Welt und betrachten alles, was sich nicht an deren Aufteilung beteiligt, als zu dominierenden »Rest der Welt« (*the rest of the world*). Die imperialistische Weltanschauung betrachtet die Welt als Objekt der Unterwerfung, Beherrschung und Ausbeutung und keinesfalls als politisches Subjekt. »Die Welt zu reflektieren« und »ausgehend von der Welt zu reflektieren«, sind zwei völlig konträre Grammatiken des Denkens, erstere begreift die Welt als Objekt, letztere als Subjekt. Für die politische Frage der Möglichkeit oder Unmöglichkeit, »als Welt zu existieren« (*to be or not to be a world*), ist das entscheidend. Ausgangspunkt der Methodologie des Tianxia ist es, die Welt als politisches Subjekt zu betrachten. Diese Methodologie findet sich sowohl im *Guanzi* (管子) als auch bei Laozi (老子, 571-471 v. Chr.): »Behandle die Welt (Tianxia), wie es sich für die Welt (Tianxia) geziemt« (*Guanzi*),[1] bzw. »Nach dem Charakter der Welt (Tianxia) beurteile die Welt (Tianxia)« (Laozi).[2] Das bedeutet, Weltpolitik muss unter einem größeren Gesichtswinkel als dem des Staates verstanden werden, die Welt als Ganzes muss als Maßstab der Definition politischer Ordnung und politischer Legitimität dienen.

Die Welt als Maßstab für das Verstehen der Welt als einer Gesamtheit politischer Existenz ist das Prinzip des »Tianxia kennt kein Außen«,[3] was bedeutet, dass das Tianxia die größte denkbare, jede Art politischer Existenz einschließende politische Welt bezeichnet. Das Prinzip des »Tianxia ohne Außen« stützt sich auf folgende metaphysische Begründung: Da der Himmel die Gesamtheit alles Existierenden umfasst, muss auch »Alles unter dem Himmel« die Gesamtheit des Existierenden umfassen, nur so entspricht es dem Himmel. Das ist mit dem Satz: »Der Himmel beschirmt alles gleichermaßen ohne eigennützige Bevorzugung, die Erde trägt alles gleichermaßen ohne eigennützige Bevorzugung«[4] gemeint. Das Prinzip des »Tianxia kennt kein Außen« setzt apriorisch (*transcendentally*) die Welt als politisches Ganzes voraus, das System des Tianxia kennt daher nur ein Innen und kein Außen und lässt damit die Begriffe des »außenstehenden Fremden« und »Feindes« verschwinden: Keine Person kann als untolerierbarer Außenstehender, kein Staat, keine Nationalität und keine Kultur als antagonistischer Feind angesehen werden. Alle Staaten und Gebiete, die sich noch nicht dem System des Tianxia angeschlossen haben, sind eingeladen, der Ordnung der Koexistenz des Tianxia beizutreten. Theoretisch betrachtet, umschließt das Konzept des Tianxia apriorisch die Welt als Ganzes, in der Praxis existiert es noch nicht. Das Tianxia-System der Zhou-Dynastie vor 3000 Jahren war zwar nur ein regional begrenztes Experiment, doch demonstrierte es als Praxismodell, wie das Konzept des Tianxia Äußeres in Inneres umwandelt. Darin besteht das wichtigste Erbe des antiken Tianxia.

Wenn nun das Konzept des Tianxia verspricht, alles Äußere in Inneres umzuwandeln, dann schließt es logischerweise die Konzepte des unversöhnbaren Todfeindes, des absoluten ideologischen bzw. spirituellen Gegners und damit auch das des Heidentums aus. Damit steht es im Gegensatz zu monotheistischen Denkmustern. Auch wenn das Christentum in Europa heute zu einer Art spirituellem Symbol regrediert ist und keine Lebensform mehr darstellt, beeinflusst das Konzept des Heidentums als verfestigtes Denkmuster noch immer die politischen und kulturellen Narrative. Das Fehlen von Abweichlern oder Feinden bedeutet für die westliche Politik offenbar den Kompassverlust, bis hin zum Verlust von Leidenschaft und Motivation. Carl Schmitt ist ein Vertreter dieses auf der klaren Unterscheidung von Freund und Feind und eines Lebens in ewig fortdauerndem Kampf beruhenden Konzepts des Politischen.[5] Gleichgültig, ob es sich um den Kampf des Christentums gegen das Heidentum oder den innerchristlichen Kampf gegen Häresien, ob es sich um das Hobbes'sche »Gesetz des Dschungels« oder die marxistische Theorie des Klassenkampfes handelt, ob es sich um die auf dem System der Nationalstaaten beruhende Theorie internationaler Politik oder um Huntingtons »clash of civilisations« handelt, alle diese Auffassungen von Kampf stehen mit dem politischen

Freund/Feind-Konzept in engem Zusammenhang. Im Gegensatz dazu beruht das Tianxia-Konzept auf der Annahme, dass es die Möglichkeit geben muss, auf irgend eine Art und Weise jeglichen Anderen in die Ordnung der Koexistenz zu integrieren und auf der Basis gegenseitigen Respekts zu koexistieren. Jede außenstehende Existenz wirft daher die Frage ihrer Integration auf, sie ist kein Objekt der Unterwerfung.

In der Gegenüberstellung der politischen Positionen des antagonistischen Kampfes und der Umwandlung des Äußeren in Inneres wird der philosophische Dissens zwischen zwei Konzepten des Politischen sichtbar. Ich versuche zu zeigen, dass das Konzept des antagonistischen Kampfes keineswegs Ausdruck wahrer Politik ist, sondern Konflikt und Krieg bedeutet. Konflikt und Kampf gehören zu den grundlegenden Fakten der Menschheit. Aber wenn Politik sich darin erschöpft, zu erforschen, wie man bis zur letzten Konsequenz kämpft, dann wird sie nicht nur unfähig, Konflikte zu lösen, sie wird im Gegenteil Konflikte verlängern und verstärken. Eine Theorie, die zu nichts anderem führt, als die Realität zu verschlechtern, ist überflüssig. Das Konzept des antagonistischen Kampfes wird die Probleme der Realität immer nur wiederholen, nie sie lösen. Es handelt sich dabei um einen »grammatikalischen Fehlschluss im Prozess der Theoriebildung« (*grammatical fallacy in theorizing*), ja sogar um einen ontologischen Fehlschluss (*ontological fallacy*), der Menschheitskatastrophen verschlimmert. Krieg oder Kampf sind Ausdruck politischer Ineffektivität, sogar des Scheiterns von Politik. Worin läge der Sinn von Politik, wenn sie nicht dazu diente, das Zusammenleben der Menschheit zu ermöglichen und eine friedliche Welt zu schaffen? Die Politik des Kampfes missachtet Menschheit und Welt gleichermaßen, daher ist es notwendig, Konzepte des Politischen, in deren Mittelpunkt der Kampf steht, in ihr Gegenteil zu verkehren, sie durch Konzepte des Politischen zu ersetzen, die Koexistenz zum Zentrum zu machen. Mit einem Wort: Politik muss Respekt vor der Welt haben.

2. Die schlechteste und die beste aller möglichen Welten

Ohne gemeinsames Leben gäbe es keine Politik. Um den genetischen Code der Politik zu analysieren, konstruierten die Philosophen das theoretische Experiment eines Ausgangspunktes der Politik, den sogenannten »Urzustand« (*original situation*).[6] Wenn ein Urzustand die Kernelemente, die »Gene« des Politischen enthält, lassen sich die Geheimnisse der Politik entschlüsseln. Ein Urzustand, der universelles Erklärungspotential besitzt, muss in der Lage sein, sämtliche denkbaren Möglichkeiten abzudecken, er kann daher nicht John Rawls' Annahme eines »Schleiers des Nichtwissens« (*veil of ignorance*) oder ähnliche Annahmen verwenden, weil der Schleier des Nichtwissens die schlechteste Möglichkeit ausblendet (z. B. den Hobbes'schen Urzustand), damit die Bedingung von Politik abschwächt und keine universelle Geltung besitzt. Rawls' Annahme ist bestenfalls auf die Frage von Vertragsverhältnissen beschränkt.[7] Wirklich universelles Erklärungspotential eines Urzustands haben nur die Hypothesen von Hobbes und von Xunzi (荀子, 313-238 v. Chr.). Hobbes' Annahme eines Naturzustands entspricht zwar nicht der Realität, aber sie enthält einige der wichtigsten Elemente von Politik:

1. Der Begriff des Politischen muss die Möglichkeit des Schlimmsten mitbedenken, andernfalls besitzt er kein universelles Erklärungspotential;
2. Sicherheit ist die erste Notwendigkeit, und
3. keinem Anderen ist völlig zu trauen.

Der Vorzug der Hobbes'schen Annahme besteht darin, dass sie das Extrem der schlechtesten aller Welten aufzeigt. Ihre Schwäche besteht darin, dass sie das Gen der Kooperation ausschließt und damit dem Übergang der Menschheit vom Konflikt zur Kooperation die notwendige Basis entzieht. Hobbes' Lösungsvorstellung, dass der Verbund der Starken Ordnung herstellt, ist nach wie vor ein Fehlschluss: Der Verbund der Starken, der die Kraft besitzt, Ordnung herzustellen, ist notwendigerweise ein interner Zusammenschluss. Aber wie soll innerhalb eines solchen Verbunds Kooperation« zustande kommen? Wie soll, folgt man der Hobbes'schen Hypothese, dass der Mensch des Menschen Feind sei, ein Verbund der Starken auf der Basis gegenseitigen Vertrauens entstehen? Offensichtlich kann Konflikt sich nicht automatisch in Kooperation verkehren, es sei denn, es existiert von Beginn an irgendein Grund-element, ein Gen der Kooperation. Darin besteht die von Hobbes vernachlässigte Möglichkeit der Umwandlung des Konflikts in Ko-operation.

Möglicherweise als Erster, nahezu zweitausend Jahre vor Hobbes, diskutierte Xunzi die Frage des Urzustands. Anders als Hobbes sah Xunzis Urzustand ein Grundelement, ein Gen der Kooperation vor, er nahm nämlich die Gruppe als dem Individuum vorange-hend an. Er wies darauf hin, dass die Fähigkeiten des Einzelnen schwächer seien als selbst die von Ochsen und Pferden, und daher Kooperation innerhalb der Gruppe für den Einzelnen eine Voraus-setzung des Überlebens bildet. Daher geht die Kooperation not-wendigerweise dem Konflikt voraus: »Die Existenz des Menschen bedarf der Gruppe.«[8] Ich entwickle aus dieser Annahme ein ontolo-gisches Prinzip: *Die Koexistenz geht der Existenz voran*, mit anderen Worten, *die Koexistenz ist die Voraussetzung der Existenz*. Ausgehend von der Ökonomie analysierte Xunzi die Formierung politischer Ordnung: »Von Geburt an sind den Menschen Begierden gegeben. Werden sie nicht erfüllt, dann können die Menschen nicht anders, als nach deren Befriedigung zu streben. Ist dieses Streben ohne Maß und Grenzen, dann geraten sie notwendig in Streit. Streit führt zu Unordnung, und Unordnung führt zu Armut. Die früheren Köni-ge hassten solche Unordnung, daher führten sie Riten und Prinzi-pien der Rechtschaffenheit ein, um die Güter zu verteilen.«[9] Xunzi entdeckte ein anscheinend paradoxes Phänomen: Die Kooperation führt zum Konflikt. Kooperation schafft erhöhtes Einkommen, daraus entwickelt sich ungerechte Verteilung und diese führt zum Konflikt. Die Umsetzung von Kooperation in stabiles Vertrauen er-fordert, dass sich das Grundelement, das Gen der Kooperation, zu einem System entwickelt. Xunzi nahm ein Gen der Kooperation an und vermied auf diese Weise Hobbes' Schwierigkeit. Dennoch ist Xunzis Hypothese nicht in der Lage, das Hobbes'sche Problem zur Gänze abzudecken. Die Hobbes'sche Hypothese ist zwar nicht in der Lage, die Voraussetzung interner Kooperation zu erklären, aber sie liefert eine brillante Erklärung des Problems von Konflikten in anarchischen Zuständen. Daher liefert erst eine sich gegenseitig ergänzende Verbindung von Hobbes und Xunzi eine vollständige Theorie des Urzustands, welche die Frage des Politischen formu-liert. Man könnte sie als die Xunzi-Hobbes-Hypothese bezeichnen, nämlich als Urzustand eines Zusammenschlusses der Gruppe nach innen und des Kampfes nach außen.

Der Geltungsbereich des Politischen ist definiert durch den Raum zwischen den Extremen der schlechtesten und der besten aller möglichen Welten. Hobbes lieferte bereits eine Definition der schlechtesten aller möglichen Welten. Was also wäre die beste aller möglichen Welten? Wenn die Hobbes'sche Definition das eine Ende der Reihe aller möglichen Welten (*the set of possible worlds*) beschreibt, dann müsste nach dem symmetrischen Prinzip das andere Ende der Reihe aus einer exakt entgegengesetzten Welt bestehen, nämlich einer Welt, die Unsicherheit, Misstrauen, Nicht-Kooperation, Mangel und Einsamkeit ausschließt. Beachtenswert ist, dass in der menschlichen Phantasie die beste aller möglichen Welten häufig jedoch keineswegs einfach dem Gegenbild der schlechtesten aller möglichen Welten entspricht. In ihrer Gier sehnen sich die Menschen nach einer Welt, in der sämtliche guten Dinge verwirklicht sind, wie zum Beispiel Freiheit, Gleichheit, Brüderlichkeit, Gerechtigkeit, Güte, Frieden, größtmöglicher materieller Reichtum, Fehlen von Ausbeutung und Unterdrückung, Klassenlosigkeit, Selbstverwirklichung, Abwesenheit von Entfremdung und das Glück eines jeden. Diese märchenhafte Welt benötigt zur Verstärkung die geschichtsphilosophischen Märchenerzählungen der modernen Fortschrittstheorien. Das Problem ist nur, dass diese perfekte Welt keine mögliche ist, und daher die Frage nach der besten aller möglichen Welten ungeklärt bleibt.

Die Freiheit des Menschen ist beschränkt durch die Grenzen der menschlichen Empfindung. Nach Konfuzius (551-479 v. Chr.) bildet die menschliche Empfindung das »Feld der Weisen Herrscher«[10] (圣王之田), das nur innerhalb des Bereichs menschlicher Empfindung und Vernunft kultiviert[11] und nicht in eine unmögliche, menschliche Empfindung und Vernunft überschreitende Welt umgewandelt werden kann. Das Feld der Kultivierung menschlicher Empfindung lässt deren Regulierung nur so weit zu, wie diese selbst es zulässt, und erlaubt keine Verstöße dagegen. Konfuzius war Realist, in seinen Augen war die beste aller möglichen Welten eine Welt der »Großen Eintracht«, d. h. eine extrem sichere Welt des gegenseitigen Vertrauens und der Solidarität. Vor allem eine friedliche Welt, in der Konkurrenz und Intrige wirkungslos bleiben: »Als man gemäß dem großen Dao handelte, war alles unter dem Himmel gemeinschaftlicher Besitz [*the world as common property*], die Würdigen und Fähigen wurden [in Ämter] berufen [hier nähert er sich in gewisser Weise den Vorstellungen Platons], ihre Worte waren aufrichtig und ihr Umgang untereinander harmonisch [ein dem Hobbes'schen Dschungel entgegengesetzter Zustand der Sicherheit]. In jener Zeit behandelte man nicht nur die eigenen Eltern wie seine Eltern und nicht nur die eigenen Kinder wie seine Kinder. Man kümmerte sich darum, dass für die Alten bis ans Lebensende gesorgt war, die Kräftigen Verwendung fanden und die Jungen heranwachsen konnten. Man zeigte Mitgefühl mit den Verwitweten, Waisen, Kinderlosen, Verstoßenen und Kranken, so dass für sie alle gesorgt wurde. Die Männer hatten angemessene Arbeit und die Frauen hatten ein Heim, um das sie sich kümmerten. Sie verschmähten es, Güter wegzuwerfen, jedoch nicht, um sie für sich zu horten. Sie verachteten es, nicht hart zu arbeiten, jedoch nicht um des Eigennutzes willen. Es gab keinen Platz für Intrigen und Komplotte und sie fanden keinen Nährboden [dies ist ein zentraler Punkt, wenn eine Daseinsordnung dazu führt, dass Konkurrenz und Komplott wirkungslos bleiben, handelt es sich notwendigerweise um eine friedliche Welt], es gab weder Diebstahl noch Verrat, und die Türen wurden nicht verschlossen. Das bezeichnet man als [die Epoche] der großen ›Gemeinschaft‹.«[12] Obwohl diese beste aller möglichen Welten nie wirklich bestand, ist sie dennoch realistisch und keineswegs unerreichbar. Die Überlegungen einer Welt der großen Gemeinschaft drehen sich ausschließlich um die Existenzbedingungen für Sicherheit, Frieden, gegenseitiges Vertrauen und Solidarität, sie verlangt jedoch nicht Vereinheitlichung von Kultur oder Religion. Das bedeutet, dass die Welt des Konfuzius Diversität der Lebensformen anerkannte, er forderte lediglich Kompatibilität, nicht aber Gleichschaltung. Wie es im *Buch der Mitte* formuliert wird: »Man kann es vergleichen mit Himmel und Erde, die alle gleichermaßen tragen und beschirmen… Alle Wesen werden gleichermaßen genährt, ohne einander zu schaden. Alles geht gleichermaßen seinen Weg, ohne sich in die Quere zu kommen.«[13] Gemeint ist damit, dass die Gesellschaft kompatible, jedoch unterschiedliche Lebensformen toleriert, wie auf einem Feld kompatible, doch unterschiedliche Pflanzen gedeihen. Hier dokumentiert sich eine metaphysische Annahme: Das Feld stellt den begrenzten Bereich aller Möglichkeiten dar und zugleich den

Maßstab, an dem man sich zu orientieren hat. Da auf dem Feld die Toleranz des Kompatiblen herrscht, muss auch unter dem Himmel die Toleranz des Kompatiblen herrschen. Das kommt Leibniz' Vorstellung einer göttlichen Richtschnur sehr nahe. Leibniz folgert »logisch«, dass die göttliche Richtschnur für die Welt die Möglichkeit des Miteinanders (*compossibility*) der unterschiedlichen Wesen der Schöpfung ist.[14]

Das von mir imaginierte Tianxia-System der Zukunft erfüllt im Wesentlichen die konfuzianische Norm der Toleranz des Kompatiblen oder Leibniz' Richtschnur der Möglichkeit des Miteinanders. Das System des Tianxia ist keine idealistische Illusion, es verspricht nicht die Glückseligkeit jedes Einzelnen, es ist lediglich ein System, das Garantien für Frieden und Sicherheit in Aussicht stellt. Sein Dreh- und Angelpunkt liegt in der Nutzlosigkeit von Konkurrenz und antagonistischen Taktiken, genauer gesagt, in der Nutzlosigkeit von Aktionen, die darauf abzielen, andere zu vernichten, und es ist daher in der Lage, Koexistenz als Voraussetzung von Existenz zu sichern. Einfach gesagt, die Erwartung an das Tianxia-System besteht darin, dass es eine Daseinsordnung der Welt darstellt, deren Prinzip die Koexistenz ist.

3. Entitäten des Politischen

Politische Fragen werden durch die Entitäten politischer Existenz (*political units*) entschieden. Politische Entitäten (Systeme oder Institutionen) definieren das Innen und das Außen des Politischen, sie entscheiden über den Umfang politischer Probleme, über die Art und Weise der Interessenabwägung wie auch über die Operationsweise der Macht. So ist z. B. das Individuum die kleinste politische Entität, sie definiert den individuellen Nutzen, die individuellen Machtmöglichkeiten, die Art und Weise, andere vom Nutzen auszuschließen, sowie die damit verbundenen politischen Probleme. Mehrschichtige politische Entitäten formen einen politischen Rahmen, definieren den politischen Raum und entscheiden darüber, welche politischen Aktionen und Probleme denkbar sind und welche nicht.

Innerhalb des Rahmens der traditionellen politischen Philosophie Chinas existierten politische Entitäten auf drei Ebenen: Tianxia – Staat – Sippe. Der Einzelne war lediglich eine biologische Entität, bis zu einem gewissen Grad auch eine wirtschaftliche Rechnungseinheit, jedoch keine politische Entität. Die Fragen politischer Freiheit und individueller Menschenrechte waren daher im alten China nicht Teil der Agenda.[15] Erst mit dem neuzeitlichen Import des westlichen Individualitätsbegriffs nach China wurde das Individuum zu einer politischen Entität. Innerhalb des Rahmens von Tianxia – Staat – Sippe war das Tianxia nicht nur die umfangmäßig größte politische Entität, sondern bildete auch das letztgültige Erklärungsprinzip für den gesamten Rahmen. Das Tianxia definierte den gesamten semantischen Kontext der Politik, sämtliche politische Fragen wurden im Rahmen des Tianxia-Konzepts interpretiert. In diesem politischen Raum wurde die politische Interpretation geformt durch die inklusive Ordnung (*inclusive order*) der drei Ebenen Tianxia – Staat – Sippe, die ethische Interpretation dagegen nahm die Form einer extensiven Ordnung (*extending order*) Sippe – Staat – Tianxia an. Beide zusammen bildeten einen sich gegenseitig erklärenden internen Kreislauf.

Der Rahmen der modernen Politik wird durch die Struktur Individuum – Gemeinschaft – Nationalstaat definiert, bereits der Staat bildet darin die umfangmäßig größte Entität. Es gibt kein politisches Subjekt, das über dem Staat angesiedelt ist. Das Individuum bildet die Grundlage des Rahmens moderner Politik und bietet die letztgültige Erklärung für das Ganze der politischen Struktur, die damit dem Erklärungsmodell des Tianxia diametral entgegengesetzt ist. Die beiden politischen Systeme formen zusammen eine Art gegenseitig versetzter Zahnräder, die sich strukturell ergänzen. Die Ergänzung kann die Kapazität der politischen Welt erweitern und dazu beitragen, ein neues Konzept des Politischen zu schaffen. Fehlt nämlich die Ebene des »Individuums«, fehlt die politische Garantie individueller Autonomie. Fehlt die Ebene des »Tianxia«, dann hängt das Weltsystem in der Luft, die Überwindung des anarchischen Zustands und die Erreichung des Weltfriedens wird unmöglich. Wenn es nicht gelingt, eine angemessene Weltordnung zu schaffen, droht sich die globale Politik angesichts der Entstehung neuer Mächte, die im Zuge der Globalisierung allmählich die Politik der Staaten und deren Kontrollmöglichkeiten internationaler Politik hinter sich lassen, in ein Risikospiel des Kontrollverlustes zu verwandeln.

Die Politik der Moderne produziert zwei Typen politischer Probleme: Die der nationalen Politik und die der internationalen Politik. Wesen, Ziele und Regeln nationaler Politik sind von höchster Klarheit, Wesen, Ziele und Regeln internationaler Politik sind dagegen nicht festgelegt und kaum festzulegen. Es ist nicht einmal klar, ob internationale Politik darauf abzielt, zwischenstaatliche Konflikte zu lösen oder zusätzliche Konflikte zu schaffen. Die internationale Politik verfügt über keine ihr innewohnenden Ziele und Ideale, sie ist vielmehr ein Derivat staatlicher Politik, sie dient der Außenpolitik im Interesse des Staates. Internationale Politik ist daher nur ein Anhängsel staatlicher Politik. Kant hat einst eine bewundernswerte Idee formuliert, als er erkannte, dass Krieg nicht in der Lage ist, Interessenkonflikte zwischen Staaten zu lösen, und es daher eines Plans für einen immerwährenden Frieden bedürfe. Aber Kants Vorstellung von einem »Bund freier Staaten« überstieg nie das Konzept einer auf Nationalstaaten beruhenden internationalen Politik, es ist nicht imstande, das später von Huntington aufgeworfene Problem des »clash of civilizations« zu lösen, ja es ist nicht einmal in der Lage, die Stabilität und Glaubwürdigkeit eines internationalen Bundes zu garantieren. Staaten, die nach exklusiver Nutzenmaximierung streben, unterliegen den gleichen Regeln wie Einzelpersonen, die nach Maximierung privaten Nutzens streben. Ohne einen auf stabiles Vertrauen gegründeten gemeinsamen Nutzen oder gegenseitige existenzielle Abhängigkeit sind selbst kulturell äußerst homogene Staatenbündnisse unzuverlässig und instabil. In der modernen Welt mit ihren höchst unterschiedlichen Niveaus im technologischen und wirtschaftlichen Bereich wird imperialistische Dominierung und Ausbeutung des »Restes der Welt« zwangsläufig zur vorherrschenden Strategie (*dominating strategy*) der mächtigen Staaten. Dennoch sind Ausbeutung und Unterdrückung nur vorübergehender Erfolg beschieden. Da der Imperialismus nicht in der Lage ist, Widerstand und die strategische Nachahmung durch Konkurrenten zu verhindern, ist ihm kein dauerhafter Erfolg beschert. Marx hat darauf hingewiesen, dass der Kapitalismus seine eigenen Totengräber heranzüchtet, offenbar gilt das ebenso für den Imperialismus. Aber der von Marx entsprechend seiner Klassentheorie erdachte »Internationalismus« ist gleichermaßen unzuverlässig. Im System konkurrierender Nationalstaaten übertreffen die Interessenkonflikte zwischen den proletarischen Klassen der jeweiligen

Länder sogar die Interessenwidersprüche zwischen den nationalen Kapitalistenklassen. Daher ist die Wahrscheinlichkeit einer Vereinigung der Proletarier aller Länder noch geringer als ein Zusammenschluss der Kapitalisten aller Länder. Ohne Veränderungen im Wesen der existenziellen Weltordnung sind internationale Widersprüche kaum effektiv zu lösen. Es ist sinnlos, darauf zu hoffen, dass die diversen Strategien internationaler Politik wie Dominanz, strategisches Gleichgewicht, Eindämmung, Sanktionen, Interventionen, sogar Krieg, Geopolitik oder kulturelle Hegemonie Konflikte lösen, sie vertiefen im Gegenteil die Widersprüche. Ebenso wenig dürfen wir Hoffnungen in die ethischen Vorstellungen des Kosmopolitismus oder Internationalismus setzen, moralische Utopien sind nicht in der Lage, interessengeleitete Entscheidungen von Menschen zu verändern, sie können lediglich die Absurditäten des Lebens noch deutlicher vor Augen führen. Wie soll es den Weltbürger geben, bevor eine Welt universeller Teilhabe existiert? Und wo soll er existieren? Wir müssen Vorstellungen der Zukunft entwickeln, aber wir können die Zukunft nicht vorwegnehmen.

Die internationale Politik ist nicht nur unfähig, internationale Konflikte zu lösen, sie ist im Gegenteil unaufhörlich damit beschäftigt, nach Strategien zu suchen, die dem Gegner Niederlagen zufügen. Das ist durchaus nachvollziehbar, da unter den Voraussetzungen des Nationalstaatensystems keine Rezepte der Konfliktlösung existieren, außer dem Kampf bis zum bitteren Ende. Die Strategien internationaler Politik sind keineswegs dumm, sie sind in Wirklichkeit nur allzu raffiniert. Und genau darin liegt das Problem: Warum sind wir trotz derart ausgeklügelter Theorien, Strategien und Erfahrungen hoffnungslos unfähig, die Probleme zu lösen? Die Fakten beweisen, dass die internationale Politik, abgesehen von einigen unbedeutenden Disputen, keinen einzigen ernsthaften Konflikt gelöst hat, wie z. B. den zwischen Israelis und Palästinensern, die Probleme des Mittleren Ostens, den Konflikt zwischen Russland und dem Westen oder die Gegensätze zwischen den USA und China. Politische Analysten sind immer gut darin, akzidentielle Ursachen für politisches Versagen zu finden, sie mögen bis zu einem gewissen Grad Recht haben, aber die wirklich entscheidende Ursache liegt darin, dass die Konkurrenten über gleich raffinierte Strategien verfügen, es gibt in strategischer Hinsicht sogar geteiltes Wissen (*common knowledge*), Pattsituationen sind daher unvermeidbar. Solange die Kontrahenten auf beiden Seiten gleich schlau und gnadenlos sind, führen auch die raffiniertesten Strategien nicht zum Ziel. Selbst wenn eine Seite vorübergehend die Oberhand gewinnt, führen strategische Nachahmung oder Gegenmaßnahmen der anderen Seite zu Niederlagen, wenn man glaubt, den Sieg bereits vor Augen zu haben. Strategien und Theorien der internationalen Politik sind bereits extrem elaboriert, und es ist durchaus denkbar, noch raffiniertere Strategien zu entwickeln, aber sie sind, gleichgültig, mit welcher strategischen Raffinesse die Kämpfe geführt werden, zum Scheitern verurteilt. Hierin liegt die Beschränktheit internationaler Politik, und sie macht deutlich, dass die Konzepte internationaler Politik allmählich versagen. Unter den Bedingungen der Globalisierung schrumpft die Theorie der internationalen Politik zu einer Theorie partikularer Kämpfe, sie ist unfähig, die politischen Fragen der Welt als Ganzes zu erklären.

Die Globalisierung verändert den Existenz-Modus der Welt und die Lebensweise der Menschheit; und sie verändert damit zwangsläufig auch die politischen Fragestellungen. Das Heraufkommen der Globalisierung enthüllt die Defizite der internationalen Politik, die unfähig ist, auf die durch die Globalisierung herbeigeführten neuen Fragestellungen zu reagieren, angesichts globaler Fragen zeigt sie sich sogar völlig hilf- und ratlos. Der Begriff des Zusammenlebens bezieht sich nicht mehr nur auf das Innere von Nationalstaaten oder Gemeinschaften, es geht zunehmend um das Zusammenleben im globalen Maßstab, und dies wirft die Frage einer über das System der Nationalstaaten hinausgehenden Machtausübung auf. Bei zunehmend enger werdender Interdependenz aller Staaten muss sich die Frage nach der Souveränität der Welt stellen. Neben staatlicher und internationaler Politik ist daher ein weiteres politisches Konzept erforderlich, das sich als »Globalpolitik« oder »Weltpolitik« bezeichnen ließe. Dieses politische Konzept betrachtet die gesamte Welt als größte Maßeinheit der Bedingungen des Zusammenlebens und versteht und interpretiert davon ausgehend die politischen Fragen in der Welt. Das bedeutet, dass die Kernfrage der globalen Politik die »Inklusion der Welt« ist, und genau das meint die Umwandlung der Welt gemäß dem »Alles unter dem Himmel«.

4. Die Inklusion der Welt und die Souveränität der Welt

Die Politik der Einzelstaaten hat zwar ihrer Logik folgend eine internationale Politik entwickelt, jedoch ist diese unfähig, sich zu einer Globalpolitik zu entwickeln. Internationale und globale Politik stehen gemäß politischer Logik im Widerspruch zueinander, daher kann internationale Politik nicht als Basis globaler Politik dienen. Daraus folgt, dass die politische Theorie sich auf die Suche nach einem anderen Ausgangspunkt machen muss. Die Spielregeln neuzeitlicher Politik werden im Wesentlichen durch das Individuum und den Nationalstaat bestimmt und der Anwendungsbereich des politischen Systems ist auf den Staat beschränkt. Die Welt außerhalb des Staates kennt nur Strategien und bildet kein System, daher enden Souveränität und Politik an den Grenzen des Staates. Sobald Politik sich nach außen wendet, verwandelt sie sich in Abwehr bis hin zum Krieg. Der Ausspruch, Krieg sei die Fortsetzung der Politik mit anderen Mitteln (von Clausewitz) müsste eigentlich heißen, Krieg ist das Scheitern der Politik, ist ein Vabanquespiel der Politik, wenn sie nicht mehr weiterweiß. Nur weil die Welt als ein Äußeres angesehen wird, ist der wirkliche Gehalt internationaler Politik der als Politik camouflierte Krieg, sie ist in Wahrheit das Gegenteil von Politik. Die Abwehrlogik der modernen Politik macht jede Hoffnung zunichte, den anarchischen Zustand der Welt und die Konflikte zu beenden. Wie positiv die Ordnung innerhalb eines Staates auch sein mag, er wird durch die Unordnung der Welt als Ganzes bedroht, unter Umständen sogar in ein Chaos hineingezogen, aus dem er sich nicht mehr selbst befreien kann. Sobald im Zuge der Globalisierung Politik zu einer Angelegenheit im Weltmaßstab wird, verlieren internationale Strategien ihre Wirkungskraft.

Einige moderne Philosophen haben bereits früh die in der modernen Politik lauernden Gefahren erkannt. Kant war der Ansicht, man müsse das internationale Recht zu einem kosmopolitischen Recht (*cosmopolitan law*) entwickeln, worin jeder Mensch nicht nur die bürgerlichen Rechte seines eigenen Staates, sondern zugleich die Bürgerrechte einer kosmopolitischen Föderation (*cosmopolitan commonwealth*) besäße und damit zum Weltbürger würde. Jedoch, wie bereits erwähnt, bleibt der »Weltbürger« ein leeres Wort, solange die Welt nicht eine Welt gemeinsamer Teilhabe geworden ist. Unter heutigen Umständen ist die Idee des Weltbürgers eine Vorwegnahme der Zukunft. Kant selbst entdeckte, dass die Idee des Völkerbundes nicht trägt (bzw. zur Tyrannei führen kann), deshalb hielt er am Ende die »Föderation freier und souveräner Staaten« für die bessere Lösung. Auch Habermas vertritt die Auffassung, dass die Vereinten Nationen das internationale Recht in ein kosmopolitisches Recht umwandeln sollten, als dessen grundlegende Prinzipien er die Menschenrechte betrachtet. Aber all diese Bemühungen haben eine gemeinsame Schwäche: Sie berücksichtigen nicht die »schlechteste aller Möglichkeiten«, dass sie nämlich der Herausforderung durch tiefgreifende Interessen- oder kulturelle Konflikte nicht standhalten. Außerdem enthalten sie einen impliziten Widerspruch: Während sie danach streben, die Beschränktheit moderner Politik zu überwinden, halten sie an der Logik moderner Politik fest. Kants Ideal mag auf kulturell hochgradig homogene Regionen anwendbar sein (z. B. Europa), aber es fehlt ihm die Fähigkeit, globale Probleme zu lösen, wie zum Beispiel Zivilisationskonflikte, Finanzkriege und Hegemonialherrschaft. Es ist nicht einmal in der Lage, längerfristig die Stabilität und Zuverlässigkeit der Kooperation innerhalb eines Staatenbundes zu garantieren (wie das Beispiel der Zwistigkeiten innerhalb der EU praktisch zeigt). Habermas' Verweis auf die Prinzipien der Menschenrechte ist ein heutzutage noch gängigeres Phänomen, aber das Konzept der Menschenrechte impliziert zahlreiche unlösbare »ethische Dilemmas«.[16] Wenn jedes der Menschenrechte unantastbar ist, wie steht es dann bei Konflikten zwischen den Menschenrechten? Wenn die Menschenrechte jedes Individuums absolute Autorität besitzen, wie steht es dann bei Konflikten zwischen Menschenrechen von Individuen? Oder bei Konflikten zwischen den Menschenrechten verschiedener Regionen? Wie soll in solchen Zwickmühlen entschieden werden? Sind Entscheidungen möglich, verlangt das Prinzipien, die den Menschenrechten übergeordnet sind. Lassen sie sich nicht entscheiden, bergen die Menschenrechte in sich ein Paradox. Ohne Frage sind die Menschenrechte eine großartige Sache, das Problem ist, dass die Theorie der Menschenrechte noch immer unvollkommen ist und Widersprüche in sich trägt, weshalb sie zur Konfliktlösung nicht ausreicht. Daneben versucht die moderne Politik, Probleme durch Verhandlung, Feilschen und den Abschluss von Verträgen zu lösen. Nicht allein, dass sich internationale Abkommen nicht wirklich als zuverlässig erwiesen haben, entscheidender ist, was geschieht, wenn

Interessen- und Machtkonflikte oder religiöse und kulturelle Auseinandersetzungen nicht verhandelbar sind, keine Toleranz zulassen und sich darüber keine vertraglichen Vereinbarungen erzielen lassen? Obwohl sich in Huntingtons Analyse der gegenwärtigen Weltsituation zahlreiche Fehlurteile finden, besitzt die von ihm aufgeworfene Frage hinreichende Überzeugungskraft, weder Kant noch Rawls und Habermas können die von Huntington aufgeworfene Frage des »clash of civilisations« beantworten.

Moderne Politik beruht auf der Grundidee des Aufteilens (*dividing*), sie setzt allerlei Arten von Grenzen: Die individuellen Menschenrechte sind die Grenze des Individuums, die Souveränität bezeichnet die Grenze des Staates, das ist jedoch zugleich eine die Welt spaltende Logik. Aus diesem impliziten Widerspruch kann sie sich nie befreien. Um all die Grenzen zu schützen, konzentriert sich die moderne Politik auf die Suche nach äußeren Feinden, gibt es keine, müssen welche definiert werden. Diese Politik der Spaltung lässt sich überall beobachten. Vom Heidentum bis zum Rassismus, vom heißen Krieg bis zum Kalten Krieg, vom Kolonialismus bis zur Intervention zum Schutz der Menschenrechte, von der wirtschaftlichen und militärischen bis zur finanziellen, technologischen und kulturellen Hegemonie, selbst in den Phantasien der interplanetarischen Kriege findet sich das Motiv der Suche nach dem Feind. Der klare Trennungsstrich zwischen sich und dem anderen produziert Gegensätze, wo ursprünglich keine vorhanden waren. Eine solche Politik ist unfähig, zu erkennen, dass die Inklusion der Welt das eigentliche politische Problem darstellt, sie ist unfähig, die Welt als politisches Subjekt zu begreifen und Weltinteressen zu definieren, noch weniger ist sie fähig, die Notwendigkeit einer Weltsouveränität zu erkennen. Ist die Politik des Spaltens daher mit der Schwierigkeit wechselseitiger Konflikte konfrontiert, besteht der einzige Friedensplan, über den sie verfügt, im »Zusammenbasteln« aller möglichen internationalen Allianzen oder Lager. Aber die Welt lässt sich nicht zusammenbasteln, weil die Gegenstände, die miteinander im Konflikt liegen, sich nicht zusammenbasteln lassen. Die Hobbes'sche Tradition der Betonung des Kampfes bzw. die Locke'sche Tradition der Betonung der Konkurrenz ebenso wie die Kantische Tradition der Suche nach Friedensabkommen sind sich zwar alle der Gefahr von Konflikten bewusst, aber weil sie alle apriorisch von der Annahme des Anderen als Äußeren ausgehen, sind sie unfähig, Spannungen und Konflikte zwischen den Subjekten (*intersubjective*) aufzulösen.

Entscheidend ist die Tatsache, dass die Globalisierung den Existenz-Modus und das Wesen des Politischen verändert und die moderne Politik die Fähigkeit verloren hat, die neuen politischen Fragen zu verstehen und zu interpretieren. Der Versuch, ihre Konzepte hier und da zu korrigieren, muss trotz aller Bemühungen scheitern, sie muss eingestehen, dass die moderne politische Philosophie keine brauchbare politische Theorie zustande gebracht hat. Ohne das Prinzip der Inklusion der Welt lässt sich die Legitimität politischen Handelns außerhalb staatlicher Politik nicht verstehen und erklären. Die von der politischen Philosophie der Moderne determinierten politischen Konzepte sind, was allgemeine Praktikabilität und universelle Legitimität angeht, in vielerlei Hinsicht fragwürdig. So geht die moderne Politik zum Beispiel davon aus, dass die Demokratie universelle Gültigkeit besitzt, würde man allerdings nationalstaatliche Demokratie zu einer Weltdemokratie aufwerten, wären vermutlich sämtliche entwickelten Länder dagegen (Rawls z. B. lehnt trotz seiner Begeisterung für Demokratie eine globale Demokratie ab). Auch der Gerechtigkeit wird universelle Geltung zugestanden, aber weder die entwickelten Staaten noch die Staaten mit reichen natürlichen Ressourcen würden globale Gerechtigkeit akzeptieren. Würde eine große Zahl von Menschen im Namen des Weltbürgertums und der globalen Freiheit das Recht auf freie Migration fordern, würden diese Staaten vermutlich ebenso wenig zustimmen usw. Die von der politischen Philosophie der Moderne propagierten Werte und Systeme gelten nur für die diskriminierenden Bedingungen der Nationalstaaten, ihre Übertragung auf ein globales System hätte katastrophale Auswirkungen. Die moderne politische Philosophie basiert nicht auf einer politischen Theorie von universeller Geltung, sie ist eine ausschließlich nationalstaatliche Theorie. Wir müssen einen neuen Ausgangspunkt für das Politische finden.

Vor allem benötigen wir das Prinzip der Inklusion der Welt. Eine Spielregel des politischen Spiels hat nur dann universelle Geltung, wenn sie auf die gesamte Welt anwendbar ist. Solange es auch nur einzelne politische Räume gibt, die nicht kooperieren können oder ausgeschlossen werden, haben die politischen Spielregeln keine universelle Geltung, dann existiert notwendigerweise ein nicht zu beseitigendes negatives Äußeres, und genau darin liegt die Wurzel von Konflikten. Universell geltende politische Spielregeln müssen daher die gesamte Welt und alle Ebenen der Politik durchdringen (*transitivity*) und systematische Kohärenz (*coherence*) besitzen. Das heißt, eine politische Spielregel muss auf sämtliche Gebiete (Länder und Regionen) sowie auf sämtliche Beziehungen (zwischen Individuen wie zwischen Staaten) anwendbar sein und darf keinem Gebiet und keinem Menschen Schaden zufügen, andernfalls entstehen zwangsläufig unauflösbare Konflikte. Es steht außer Frage, dass es auf der Welt immer Konflikte geben wird, sie sind Teil des menschlichen Lebens, eine vollständig »harmonische Welt« wird es nie geben. Die universelle Geltung einer politischen Spielregel liegt in ihrer Fähigkeit, stets aufs Neue auftretende Konflikte zu lösen, nicht darin, ihr Auftreten zu verhindern. Die Erwartung an das Tianxia-System besteht darin, dass es politische Kompatibilität erzielt. Das Konzept des »Miteinanders (der Kompatibilität) der zehntausend Völker« entstammt sprachlich dem *Buch der Urkunden* (尚书),[17] einer uralten Sammlung politischer Texte. Kompatibilität meint die Möglichkeit, aus einem Feind einen Freund zu machen und mittels Kompatibilität eine Politik des Friedens zu garantieren. Grundsätzlich gilt: Politik, die nicht Koexistenz (*coexistence*) zu ihrer ontologischen Grundannahme macht, ist unfähig, die Inklusion der Welt zu denken. Gemäß einer koexistenziellen Ontologie ist ein wohltätiger Kreislauf von Koexistenz dann möglich, wenn zwischen unterschiedlichen Existenzen notwendige und nicht zufällige Interdependenzen entstehen. Die entscheidende Frage der Inklusion der Welt ist die Möglichkeit stabiler und auf Vertrauen basierender Koexistenz.

Die konfuzianische Philosophie wählte die Sippe als Grundeinheit der Koexistenz, sie hoffte, die Koexistenzialität der Sippe Stufe um Stufe auf größere Einheiten der Koexistenz zu übertragen, um am Ende das »Alles unter dem Himmel« zu formen, das sie als »eine Sippe innerhalb der vier Meere« beschreibt. FEI Xiaotong (费孝通) bezweifelt diese konfuzianische Wunschvorstellung: »Überträgt man familiäre Verhältnisse auf Außenstehende, schwächt sich das Gen der Familiarität immer weiter ab, bis es endlich seine Wirkung verliert.«[18] Familiarität stellt zwar den Idealzustand der Inklusivität dar, ist aber in der realen Welt nur schwer zu erreichen. Daher sind die drei Stufen

Tianxia – Staat – Sippe untereinander nur partiell isomorph. Laozi bedient sich einer Methodologie, die der Realität näherkommt: »Nach dem (Charakter des) Einzelnen beurteile den Einzelnen; nach dem (Charakter des) Dorfes beurteile das Dorf, nach dem (Charakter des) Staates beurteile den Staat, nach dem (Charakter der) Welt (Tianxia) beurteile die Welt (Tianxia). Wie weiß ich, dass die Welt (Tianxia) so ist? Durch dieses.«[19] Damit ist gemeint, dass man x nur verstehen kann, wenn man dabei von x ausgeht. Übernimmt man den Standpunkt Laozis, lässt sich das Prinzip der Inklusion der Welt noch rationaler verstehen und erklären. Es bewirkt, dass die Welt zum alles in sich einschließenden (*all-in-clusive*) Tianxia wird, ein Tianxia, das »kein Außen« kennt. Als Ergebnis besteht die Welt nur aus einem Innen und besitzt kein unmöglich zu überwindendes Außen mehr. Der Andere wird nicht mehr als Abweichler begriffen, mit dem Koexistenz unmöglich ist, unterschiedliche Wertvorstellungen werden nicht mehr als inakzeptables Heidentum definiert. Das wäre die notwendige Voraussetzung für ewigen Frieden, allgemeine Sicherheit bis hin zu universeller Kooperation. Das konfuzianische Ideal der »einen Sippe zwischen den vier Meeren« ist durch die Internalisierung der Welt vermutlich nicht zu verwirklichen, aber es ist eine real erreichbare mögliche Welt. Eine inklusive Welt, die ohne Außen existiert, bewirkt, dass die Attraktion von Koexistenz und Kooperation stärker ist als die von Feindschaft. Damit erst sind Stabilität und Zuverlässigkeit von Frieden und Sicherheit gewährleistet.

Eine von der Inklusion der Welt getragene globale Sicherheit ist offenkundig zuverlässiger als eine durch internationale Abkommen oder durch ein Gleichgewicht der Mächte garantierte internationale Sicherheit. Die beiden wichtigsten Friedensstrategien der internationalen Politik sind in Wahrheit sehr unzuverlässig:

1. Der Frieden unter hegemonialer Herrschaft. Dominanz-Systeme dieser Art sind nie in der Lage, die Welt vollständig zu kontrollieren und das Aufkommen neuer Kräfte zu verhindern, die sie ersetzen (die Geschichte ist voll von Beispielen). Unterdrückung und Ausbeutung durch hegemoniale Systeme führen stets zu Widerstand und Kooperationsverweigerung (wo es Unterdrückung gibt, gibt es Widerstand), die zur Zersetzung des Systems führen.

2. Gleichgewicht der Mächte. Ein negatives Gleichgewicht der Mächte löst keine Konflikte, es führt nur zu Erstarrung. Außerdem wird das Gleichgewicht der Mächte gewöhnlich rasch durch die erbitterte Konkurrenz gestört. Der sich endlos steigernde Konkurrenzkampf führt nicht nur zur Schwächung der Mächte auf beiden Seiten, sondern schafft die permanente Gefahr von Kriegen durch falsche Risikoeinschätzung (auch dafür hält die Geschichte zahlreiche Beispiele bereit). Auch ein Gleichgewicht der Fähigkeit, sich gegenseitig zu vernichten, verhindert nicht zerstörerische verdeckte Kriegsführungen (Wirtschaftskriege, Finanzkriege, kulturelle Zusammenstöße etc.), die am Ende zu kollektiver Schwäche bis hin zum Untergang führen.

Die verzweifelten Bemühungen von Spieltheoretikern um Wege, Konflikt in Kooperation zu überführen, haben keine ernsthaften Lösungen hervorgebracht. Die grundsätzliche Schwierigkeit liegt dabei nicht im Bereich epistemologischer Fragen, sondern in einem ontologischen Dilemma. Die Überführung von Konflikt in Kooperation ist daher nicht von irgendeinem theoretischen Modell zu erwarten, sondern nur von einer Veränderung im Wesen der existentiellen Ordnung. Solange die vorgegebene Prämisse des Spiels stets die Maximierung des privaten Nutzens der am Spiel Beteiligten und die gegenseitige Konstituierung einer negativen äußeren Existenz ist, bleibt die Lösung von Konflikten zwangsläufig ausgeschlossen. Nur eine Veränderung in den ontologischen Voraussetzungen des Spiels kann zu einer Änderung der Spielregeln führen. Nur die Inklusion der Welt kann bewirken, dass Koexistenz zur notwendigen Voraussetzung der Existenz wird. Nur so kann sich eine neue existentielle Ordnung bilden, nur so können in einem weiteren Schritt die Spielregeln geändert, können Konflikte in Kooperation überführt werden.

Dass vor dem Einsetzen der Globalisierung die Interdependenz der Staaten noch nicht den Grad der Manövrierunfähigkeit erreicht hatte, war der Grund dafür, dass der Frage der Inklusion der Welt über lange Zeit nicht die notwendige Aufmerksamkeit geschenkt wurde. Deshalb bildete sich auch kein über die staatlichen Interessen hinausgehendes gemeinsames Weltinteresse, so dass die Frage einer gemeinsamen Weltpolitik nicht existierte. Die Globalisierung der wechselseitigen Lebensverhältnisse, Ökonomien, Märkte, Finanzen und Kulturen bewirkt, dass das Leben jedes Einzelnen sich nicht nur an irgendeinem Ort (*somewhere*) vollzieht, sondern gleichzeitig überall auf der Welt (*everywhere*). Gegenwärtig mag das noch nicht der Fall sein, aber in naher Zukunft wird es so sein, das Internet ist der globalisierte Vorbote. Globalisierung geht weit über extrem entwickelte Kommunikation hinaus, sie bedeutet »Trans-Existenz« (*trans-existence*) aller Wesen und Dinge, wir sprechen daher von einer Veränderung im ontologischen Sinne. Die sich abzeichnende globale Politik erfordert die Schaffung neuer Spielregeln und Machtstrukturen, die Neuverteilung von Interessen und Ressourcen, neue Geschichtsnarrative und Kenntnisse unter den Bedingungen der Inklusion der Welt. Erforderlich sind entsprechende politische Prinzipien und Systeme, die eine globale gemeinsame Lebensordnung und deren politische Legitimität garantieren. Die dem Problem innewohnende Logik lautet: Die Globalisierung wirft zwingend die Frage der Inklusion der Welt auf, diese verlangt zwingend die Schaffung eines neuen Tianxia-Systems und das neue Tianxia-System bedeutet die Anerkennung der Welt als politisches Subjekt und im Besitz der Weltsouveränität.

Ich sehe mich nicht imstande, mir die Details der Autorität einer Weltsouveränität vorzustellen, aber wir können gewisse Ordnungselemente des Tianxia-Systems der Zhou-Zeit als Referenz nehmen, um uns die Weltsouveränität zu vergegenwärtigen. Meiner Vorstellung nach bedarf es mindestens zweier Prinzipien:

1. Die Weltsouveränität ist zwar der staatlichen Souveränität übergeordnet, löscht aber die staatliche Souveränität nicht aus, sondern setzt ihr nur äußere Schranken. Weltsouveränität und staatliche Souveränität formen eine Struktur, die sich als »getrennte Zuständigkeiten – ein System« beschreiben lässt. Innenpolitik des Staates unterliegt weiterhin staatlicher Souveränität, die »Außenpolitik«, besser gesagt, das Verhalten des Staates nach außen, unterliegt dem Schiedsspruch der Weltsouveränität. Einfach ausgedrückt, innere Angelegenheiten des Staates unterliegen staatlicher, äußere der Weltsouveränität.

2. Alle Angelegenheiten, die das kollektive Schicksal der Menschheit berühren, unterliegen der Jurisdiktion der Weltsouveränität. Insbesondere müssen die globalisierten Mächte, wie das globale Finanzsystem, die Systeme der Hochtechnologie, das Internet etc., in der Zuständigkeit der Weltsouveränität liegen und von ihr kontrolliert und gerecht angewendet werden. Wenn

keine abnormen Veränderungen der Welt geschehen, wird die Frage der Inklusion der Welt und der Weltsouveränität künftig zur Grundfrage der Politik werden.

Die Welt der Gegenwart ist nach wie vor eine »Nicht-Welt« (*nonworld*), eine rein geografische und keine politische Existenz. Die Schaffung einer Welt, das heißt die Vollendung der Inklusion der Welt, ist die wichtigste politische Frage der Zukunft. Hat sich der Bereich des Politischen bis zur Stufe der Welt als Entität entwickelt, stößt die Frage des Politischen an eine theoretische Schranke, sämtliche denkbaren politischen Fragen werden auf einmal aufgeworfen, die Inklusion der Welt wird zur abschließenden Frage der Politik. Das bedeutet nicht das Ende der Politik, sondern meint, dass die Inklusion der Welt sämtliche politische Fragen in sich einschließt. Sie kann daher zum Meta-Konzept (*meta-concept*) für die Entschlüsselung der neu zu überdenkenden politischen Rätsel werden. Die Inklusion der Welt wird deutlich machen, dass Politik nichts anderes ist als die Kunst der Koexistenz. In diesem Sinne bedeutet Politik die Beendigung der Kämpfe. Mit anderen Worten, Politik, die unfähig ist, Kriege zu beenden, hat die Bestimmung von Politik noch nicht erfüllt.

Tatsächlich verändert sich die Welt rascher als unser Denken, die Globalisierung befördert Tag für Tag die Inklusion der Welt. Offen bleibt jedoch die Frage, ob die Globalisierung automatisch zu einer einigermaßen der Vernunft gemäßen Weltordnung führen wird bzw. ob eine von der Globalisierung automatisch generierte Ordnung eine der Koexistenz sein wird, ob sie eine für die Menschheit allgemein akzeptable Lebensform der Koexistenz schafft. Diese Fragen lassen wenig Spielraum für Optimismus. Wir müssen die Möglichkeit, dass die Globalisierung eine schlechte Welt hervorbringt, in Betracht ziehen. Zum Beispiel eine hochgradig technisierte Welt, die womöglich Autokratie noch mehr begünstigt. Hochgradige Technisierung erleichtert die systematisierte Beherrschung, Regulierung und Kontrolle jedes Details des menschlichen Lebens, sie kann zur psychischen Systemanpassung führen, Freiheit wird unter diesen Umständen zu einem leeren Wort. Wir dürfen die Möglichkeit einer technologisch basierten Diktatur nicht ausschließen. Falls Hightech-Systeme mit dem System des globalen Finanzkapitals verschmelzen, besteht die Möglichkeit der Entstehung einer noch nie da gewesenen neuen Form der Macht, einer grenzenlosen systematischen Macht (*systematical power*), die über einen Großteil, wenn nicht die Gesamtheit aller Menschen herrschen wird. Eine von Technologie und Finanzkapital bestimmte Weltordnung ist vermutlich hocheffizient, aber ebenso wahrscheinlich keine Ordnung des guten Lebens. Um einen marxistischen Begriff zu verwenden, sie ist wahrscheinlich eine Ordnung der »Entfremdung« aller Menschen.

Die Absurdität besteht darin, dass die Moderne die Globalisierung in Gang gesetzt hat, sie aber unfähig ist, die dadurch ausgelösten Probleme zu lösen. Warum ist die Moderne unfähig, für die von ihr selbst geschaffenen Probleme der Globalisierung Verantwortung zu übernehmen? Ein wesentlicher, doch häufig vernachlässigter Grund liegt darin, dass die Logiken moderner Technik und des Kapitals mit der Logik moderner Politik in keiner Weise übereinstimmen. Die Entwicklung der Technologie und des Kapitals verlangen zu ihrer Maximierung globale Kooperation, die Politik der Moderne dagegen zielt auf imperialistische Dominanz über die Welt durch ihre Spaltung. Die Fakten zeigen, dass die Maximierungsziele von Technologie und Kapital im Gleichklang mit der Globalisierung stehen und in hohem Tempo voranschreiten, während die moderne Politik, die mit der Globalisierung nicht Schritt hält, rasch an Bedeutung verliert. Weltweit akzeptieren die Menschen die technologische und wirtschaftliche Globalisierung, nicht aber, dass sie dominiert werden. Technologie und Kapital werden so zu Totengräbern der modernen Politik, aber sie bilden zugleich die materielle Grundlage globaler Politik und schaffen die materielle Basis für die Inklusion der Welt. Um aus einer Welt der Konflikte eine kompatible Welt entstehen lassen zu können, ist Koexistenzialität als Daseins-Prinzip zwingend erforderlich. Die Inklusion der Welt muss daher durch die Schaffung eines Systems globaler Koexistenz erfolgen und die Globalisierung von Technologie und Kapital schaffen dafür die materiellen Voraussetzungen. Technik und Kapital sind jedoch lediglich an ihrer eigenen unbegrenzten Expansion interessiert, sie haben keinerlei Interesse am Weltgemeinwohl und sind blind für die Gefahren unbegrenzter Entwicklung. Technik und Kapital, in der Anwendung von Mitteln extrem rational, verhalten sich hinsichtlich ihrer Ziele höchst irrational. Diese Irrationalität des Rationalen kann die Welt in eine ausweglose Katastrophe stürzen. Die Welt als ganze muss daher

Souveränität besitzen, sie muss zum Tianxia werden. Sie braucht ein globales politisches System, um eine neue Daseinsordnung zu schaffen, um globale Gerechtigkeit herzustellen, um der irrationalen Entwicklung von Technik und Kapital entgegenzuwirken. Nur so kann die Welt ein gemeinsam bewohnbarer Raum der Sicherheit und des Friedens werden.

5. Relationale Rationalität

Die Kernfragen der modernen politischen Philosophie drehen sich um Interessen, Macht und Machtverteilung (*distribution*). Es handelt sich daher um eine Art angewandter Philosophie, und zwar eine Philosophie des Kampfes, vergleichbar mit den von den chinesischen philosophischen Schulen der Legalisten und der Strategen untersuchten Strategemen einer Politik der Herrschaft und Konkurrenz; methodisch gesehen gehört sie in den Bereich der »Techniken« (术, *shu*). Eine politische Philosophie, die anstrebt, eine existenzielle Menschheitsordnung zu schaffen, gehört dagegen zum »Dao«. Gegenstand ihrer Überlegungen ist, welche existenzielle Ordnung am meisten zum Zusammenleben beiträgt (*contribution*). Politik als Kunst, eine existentielle Ordnung zu schaffen, muss im Dienste des Friedens stehen. Theorien im Dienst des Kampfes sind lediglich Techniken, erst im Dienst des Friedens werden sie zu politischer Kunst.

Sein strebt nach Ewigkeit, das ist das der Existenz inhärente Theorem. Auch Kampf dient der Existenz, aber er garantiert keine Ewigkeit und gehört nicht zu den Ursprungsabsichten der Existenz. In Wahrheit ist er nichts anderes als die Aktion eines alternativlosen Hochrisikospiels. Sokrates hat darauf hingewiesen, dass niemand absichtlich Fehler begeht (*no one errs knowingly*). Hier ließe sich das so verstehen, dass niemand, solange eine bessere Wahl besteht, sich gewollt den Gefahren des Kampfes aussetzt. So betrachtet, beschränkt sich die politische Philosophie der Moderne auf die Untersuchung fehlerhafter menschlicher Aktion. Deren Erforschung ist zwar notwendig, aber sie berührt noch nicht die Kernfrage der Politik. Macht- und Interessenverteilung (*the distribution of powers and interests*) sind lediglich technische Fragen des Zusammenlebens der Menschheit, zur Koexistenz beizutragen (*the contribution to coexistence*) ist dagegen *raison d'être* des Zusammenlebens. Man kann es so formulieren: Politik, die nach Feinden sucht, ist das Gegenteil von Politik, wahre Politik besteht darin, Feinde in Freunde umzuwandeln. Subsumiert man sämtliche auf die ernsthafte Zerstörung der Lebensgrundlagen einer feindlichen Existenz gerichteten Aktionen unter den Begriff des Krieges (einschließlich militärischer, Wirtschafts- und Finanzkriege, kultureller und biologischer Kriege etc.), dann sind sämtliche Kriege, außer Kriegen zur Selbstverteidigung, irrational. Ein siegreicher Krieg ist insofern, als er das »erwartete Resultat« erzielt, scheinbar rational, aber betrachte man ihn unter einer längerfristigen Perspektive (etwa einen Zeitraum, der nach Braudels Maßstab einem »langen Zeitraum« entspricht), ist jede auf Zerstörung gerichtete feindselige Aktion letzten Endes irrational und ein Fehler. Bei Anwendung einer ontologischen Betrachtungsweise, welche die Reflexion des »Zukünftigen« einschließt, lässt sich zumindest theoretisch beweisen, dass eine Handlung, selbst wenn sie auf das unmittelbare Ziel gerichtet rational ist, als irrational betrachtet werden muss, wenn sie als künftige Folge gegenseitige Zerstörung durch Racheaktionen herbeiführt.

Wir können das theoretische Experiment »allgemeiner Nachahmung« konzipieren: Setzen wir den Kontext des Spiels von Xunzi-Hobbes voraus (der Kontext mit der größten Überzeugungskraft); darin ist jeder einzelne Spieler im Besitz individueller Rationalität, jeder strebt nach persönlicher Nutzenmaximierung und jeder verfügt über hinreichende Lernfähigkeit. Unter diesen Bedingungen wird jeder Spieler im Verlauf des Spiels die noch brillianteren Strategien anderer Mitspieler lernen und sie im weiteren Verlauf des Spiels nachahmen oder wirkungsvolle Gegenstrategien anwenden. In einem länger währenden Spiel mit mehreren Runden werden die fähigeren Spieler sich immer neue, noch brillantere Strategien ausdenken, um ihre Überlegenheit zu wahren. Aber der durch diese Strategie erlangte Vorsprung ist stets kurzfristig, die brillanten Strategien werden rasch gemeinsames Wissen (*common knowledge*) und von allen kopiert. Die Symmetrie der Strategien vernichtet in kurzer Zeit jede spielerische Überlegenheit. Setzen wir voraus, die Gesamtzahl möglicher Strategien sei begrenzt, dann entsteht schließlich eine Situation »kollektiver Ratlosigkeit«. Auch unter der Voraussetzung einer unbegrenzten Zahl möglicher Strategien wird sich eine Situation »kollektiver Ratlosigkeit« ergeben, da die Geschwindigkeit, mit der kopiert wird, höher ist als das Tempo der Neuentwicklung von Strategien (der Aufwand für Nachahmung liegt stets unter dem von Neuschöpfung). Mit einem Wort, der Vorsprung neugeschaffener Strategien verringert sich unaufhörlich. Wenn sich die Möglichkeit überlegener Strategien erschöpft hat und die bestehenden von jedermann kopiert werden, besitzen die Teilnehmer saturiertes gemeinsames Wissen bzw. symmetrisches Wissen (symmetrisches Wissen über den jeweils anderen), das Ergebnis ist unvermeidlich »kollektive Ratlosigkeit«, d.h. ein stabiles strategisches Gleichgewicht.

Das Problem dabei ist, dass eine allgemein angewendete stabile Strategie sowohl dazu führen kann, dass jedermann dabei gewinnt, als auch dazu, dass jedermann verliert. Um festzustellen, was davon zutrifft, gibt es nur ein objektives Kriterium: Wenn eine Strategie bei allgemeiner Nachahmung keine Revanchereaktionen produziert, ist sie eine positive Strategie, von der alle profitieren. Mit anderen Worten, wenn eine allgemein nachgeahmte Strategie nicht auf den Spieler selbst zurückschlägt, also den Nachahmungstest bestanden hat, dann ist sie eine gute Strategie. Endet im Gegensatz dazu eine allgemein nachgeahmte Strategie mit einer Rache am Gegner mit dessen eigenen Mitteln und führt sie dazu, dass sie auf ihren Urheber mit schlimmen Folgen zurückschlägt, ist es eine schlechte Strategie und endet zwangsläufig in der »Tragödie der Nachahmung«. Daraus lassen sich zwei Schlussfolgerungen ziehen:

1. Eine Strategie, die zwangsläufig zu Revanche führt, d.h. den Nachahmungstest nicht besteht, ist eine irrationale Strategie.
2. Eine Strategie, die zu Revanche führt, produziert zwangsläufig einen Teufelskreis. Selbst wenn eine derartige Aktion, bezogen auf das unmittelbare Ziel, rational sein mag, wird sie wegen der durch allgemeine Nachahmung ausgelösten Aggregation (*aggregation*) von Kreislaufaktionen eine, kollektiv betrachtet, irrationale Aktion.

Das zeigt, dass eine Aktion, die lediglich den Anforderungen individueller Rationalität genügt, keine allgemeine Rationalität garantiert, eine in der Zukunft erfolgende Revanche kann ihre Irrationalität erweisen. Mit anderen Worten, eine einzelne Aktion kann nicht gestützt auf die ihr innewohnende rationale Kalkulation ihre Rationalität unter Beweis stellen. Individuelle Rationalität ist nur dann tatsächlich rational, wenn sie notwendig kollektive Rationalität herbeiführt.

Dieses Ergebnis zieht das moderne Konzept der »individuellen Rationalität« in Zweifel. Individuelle Rationalität meint gewöhnlich, dass jedes Individuum die Maximierung des eigenen Nutzens als Handlungsziel verfolgt und über die Fähigkeit verfügt, logisch Gewinn und Verlust zu berechnen, und zwar in Übereinstimmung (*consistent*) mit der Präferenzordnung der zur Verfügung stehenden Wahlmöglichkeiten, ohne Zirkelschlüsse und Widerspruch in sich selbst. Individuelle Rationalität ist jedoch eine nur unilaterale rationale Kalkulation, die nicht rational die Auswirkungen auf die wechselseitigen Beziehungen zwischen dem Ich und den anderen in Betracht zieht. Tatsächlich wählt jede Handlung nicht nur ihr Ziel, sie wählt gleichzeitig quasi automatisch eine Form wechselseitiger Beziehung. Entscheidend ist, dass die Zukunft durch wechselseitige Beziehungen bestimmt wird, d. h., sie wird durch das Zusammenspiel unterschiedlicher Aktionen entschieden. Individuelle Rationalität ist nicht in der Lage, eine dem eigenen Nutzen entsprechende Zukunft zu sichern. Vollkommene Rationalität muss dem Anspruch genügen, auch in der Interaktion universell gültige Rationalität zu besitzen. Mit anderen Worten: Von vollständiger Rationalität kann nur gesprochen werden, wenn künftige Interaktion als Variable in die Kalkulation Eingang findet und dennoch die Maximierung von Sicherheit und aggregiertem Nutzen gesichert ist. Individuelle Rationalität reicht nicht aus, um Frieden und Sicherheit zu gewährleisten, sie steigert im Gegenteil Feindseligkeit und Risiko. Sie ist unfähig, gegenseitiges Vertrauen zu vermehren, sie vergrößert im Gegenteil wechselseitiges Misstrauen, im schlimmsten Fall fällt ihr der Stein, den sie erhebt, auf die eigenen Füße. Es bestehen daher gute Gründe, nach einem Rationalitätsbegriff zu suchen, der auch in der Interaktion noch Gültigkeit besitzt.

Der Test der allgemeinen Nachahmung macht deutlich, dass individuelle Rationalität (*individual rationality*) den Begriff der menschlichen Vernunft (*reason*) nicht zur Gänze abdeckt. Sämtliche Handlungsstrategien, welche die Prüfung der allgemeinen Nachahmung bestanden haben, müssen neben der individuellen Rationalität einer weiteren Form von Rationalität genügen, andernfalls könnten die Menschen sich nicht für geteilten Nutzen entscheiden. Die Geschichte zeigt, dass die Menschheit letztlich an zahlreichen Formen der Kooperation festhält (Xunzis Annahme ist korrekt) und nicht unbedingt in den Dschungelzustand verfällt. Gemäß individueller Logik entscheidet sich die schlichte Anwendung individueller Logik zwangsläufig für Aktionen, welche die Nutzenmaximierung anderer ausschließen. Ein derartig verengter Begriff von Nutzen führt das Verständnis des Nutzenbegriffs in die Irre. Nutzen kann nicht auf individuellen Nutzen reduziert werden, es gibt einen erheblichen Anteil an Nutzen, der für jedermann zugänglich (*accessible*) und nicht exklusiv individuell (*exclusive*) ist. Daher ist die Gesamtmenge der individuellen Nutzen geringer als diejenige der verfügbaren Nutzen. Eine noch so korrekte Präferenzliste individueller Nutzen spiegelt nicht unbedingt die korrekte Präferenzliste verfügbarer Nutzen wider. Weil sich individuelle Rationalität auf die Zusammenstellung der individuellen Nutzenoptionen konzentriert, übersieht sie häufig zahlreiche verfügbare Nutzen und verpasst so den wahren Nutzen. Die Beispiele des Gefangenendilemmas, der Tragik der Allmende und des Trittbrettfahrer-Problems machen die Kurzsichtigkeit derartiger Entscheidungen deutlich. Um die Schwierigkeit von Kooperation zu beseitigen, muss das Monopol individueller Rationalität ins Gegenteil verkehrt und in »relationale Rationalität« (*relational rationality*) überführt werden.

Relationale Rationalität und individuelle Rationalität sind durchaus keine Gegensätze, sondern die beiden Seiten der Münze einer vollständigen Rationalität, die mit individueller Rationalität interagiert und sie anwendet: Individuelle Rationalität ist die Rationalität der Konkurrenz und relationale Rationalität die der Koexistenz. Das Zusammenwirken beider formt das Gleichgewicht der Rationalität an sich. Wenn die ontologische Aussage, dass Koexistenz der Existenz vorausgeht, korrekt ist, dann hat die Anwendung relationaler Rationalität Vorrang der Anwendung individueller Rationalität. Ich bin der Meinung, Konfuzius hätte dem Vorrang relationaler Rationalität zugestimmt, da der konfuzianische Kernbegriff »Menschlichkeit« (仁) das früheste Modell relationaler Rationalität darstellt. Menschenliebe (仁爱) ist lediglich eine Implikation der Menschlichkeitsethik, die ontologische Implikation von Menschlichkeit lautet: optimale koexistentielle Beziehung zwischen zwei beliebigen Menschen.

Relationale Rationalität bedeutet den Vorrang koexistenziellen Bewusstseins:

1. Berücksichtigung des Revancheproblems bei Nachahmungshandlungen und daher vorrangige Anwendung der Regel der »Vermeidung von Revanche« (*retaliation aversion*). Sie bedeutet erhöhte Risikovermeidung einschließlich der Berücksichtigung der durch Handlungen ausgelösten künftigen Interaktivität. Daher

2. die vorrangige Berücksichtigung gegenseitiger »Schadensminimierung« anstelle der »Maximierung persönlichen Nutzens«, und

3. die Steigerung des Nutzens aller Menschen durch Streben nach einem optimalen Zustand von Koexistenz, bestehend aus Maximierung von Kooperation und Minimierung von Konflikt auf der Grundlage gegenseitiger Schadensminimierung.

Ich bin geneigt, die Hobbes'sche These, Existenz sei Existenz in Furcht, gleichzeitig mit Xunzis These, Existenz sei Existenz in Koexistenz, anzuerkennen. Gestützt auf beide Thesen wird der Unterschied im Gebrauch von individueller und relationaler Rationalität klar erkennbar: Die individuelle Rationalität bevorzugt Abwehrhandlungen, d.h die Verteidigung des größtmöglichen persönlichen Nutzens unter der Bedingung von äußeren Herausforderungen. Hier findet sich ein gewisser Unterschied zum modernen Verständnis individueller Rationalität, deren Ziel die persönliche Nutzenmaximierung ist: Dieses »aktive« Ziel steht in einem gespannten und unharmonischen Verhältnis zum rationalen Prinzip der Risikovermeidung. Beschränkt man die individuelle Rationalität auf die »passive« Verteidigung eigenen Interesses, lässt sie sich mit dem Prinzip der Risikovermeidung vereinbaren. Relationale Rationalität dagegen dient der Schaffung stabiler und auf Vertrauen gegründeter Koexistenz, ihr ideales Ziel ist das »konfuzianische Optimum« (*Confucian Improvement*).[20] Es besagt, dass an einer Nutzenverbesserung stets alle an der Angelegenheit beteiligten Personen partizipieren müssen: Wenn die beteiligte Person X eine Nutzensteigerung x+ erhält, dann und nur dann muss die beteiligte Person Y gleichzeitig eine Nutzensteigerung y+ erhalten und vice versa. Das »konfuzianische Optimum« verlangt, dass jede Art der Nutzensteigerung eine wechselseitige Nutzenbeziehung impliziert und bewirkt, dass jede beteiligte Person ein »Pareto-Optimum«

erhält. Damit ist die vom Pareto-Optimum üblicherweise zugelassene Situation unilateralen Nutzens ausgeschlossen (die in der Realität häufig auftritt). Üblicherweise verlangt das Pareto-Optimum keine Nutzensteigerung aller Beteiligten, sondern nur, dass sich der Nutzen für keinen der Beteiligten verringert. Das Pareto-Optimum ist daher kein Garant zuverlässiger Koexistenzbeziehungen. Es führt auch nicht zu allgemeiner Zufriedenheit, während das konfuzianische Optimum von der allgemeinen Nutzensteigerung verlangt, dass sie zu allgemeiner Zufriedenheit führt. Damit ist es in der Lage, ein stabiles, zuverlässiges und nachhaltiges Gleichgewicht herbeizuführen, das zur Grundlage eines stabilen und zuverlässigen Systems wird.

Der Test allgemeiner Nachahmung lehrt uns, dass relationale Rationalität, die der Forderung nach dem Ausbleiben von Revanche genügt, nicht nur eine gültige Begründung von Handlungen darstellt, sondern auch die Begründung aller allgemein gültigen Spielregeln. Auf dem Ausbleiben von Revanche beruht daher die Konstitutionalität (*constitutionality*) jeder Konstitution, sie kann die allgemeine Gültigkeit jeder Verfassung, jeden Gesetzes und Systems begründen. Mit anderen Worten: Jede Spielregel, die einer Revanche ausschließenden Logik entspricht, hat notwendigerweise universelle Geltung und ist daher konstitutionell. Die Regel des Ausschlusses von Revanche besagt, dass keine Person (gegenwärtige wie künftige) dagegen rationale Gegenargumente anführen kann (emotionale und irrationale Argumente bleiben außer Betracht). Beschränkt sich ein System darauf, den Nutzen gegenwärtiger Personen zu berücksichtigen und den Nutzen künftiger Personen außer Acht zu lassen, besitzt es keine konstitutionelle Geltung. Wir können zwar die konkreten Wünsche künftiger Personen nicht vorhersehen, aber wir können zumindest jede systemische Anordnung ausschließen, die zum Schaden irgendeines Beteiligten führt und damit auch zur Schädigung des Nutzens künftiger Personen. Wenn man die Rationalität eines Systems auf individuelle Rationalität gründet, kann man sich nur auf die Summierung individueller Präferenzen stützen und stößt dabei auf die Schwierigkeit, dass sich individuelle Rationalität kaum zu kollektiver Rationalität zusammenführen lässt. Gründet man die Rationalität des Systems dagegen auf relationale Rationalität, hat man die Aussicht, der Schwierigkeit der Summierung von Präferenzen zu entgehen und

Übereinstimmung mit der universellen Rationalität zu erzielen. Damit entzieht man auf der Ebene der Rationalität jedem Gegenargument den Boden. Hier kann relationale Rationalität als Form rationaler Selbstbeschränkung verstanden werden. Bereits vor dem Auftreten der Politik, zum Beispiel im Hobbes'schen Naturzustand, benutzte der Mensch individuelle Rationalität, erst aus dem Zusammenleben ergibt sich die Notwendigkeit einer Entwicklung zur relationalen Rationalität. So gesehen, bedeutet eine Politik, die effektiv fähig ist, Zusammenleben zu formen, ein Anwachsen kollektiver Rationalität und zugleich eine Art rationaler Kunst, individuelle in kollektive Rationalität umzuwandeln.

Nach wie vor muss sich Politik allerdings dem Problem der Sehnsüchte, der Spiritualität und der Emotion stellen. Den »Geist« (*mind*) der Rationalität zu verstehen und zu erklären, bedeutet nicht, das menschliche »Herz« (*heart*) zu begreifen. Die Prinzipien der Rationalität können zwar begrifflich die Legitimität von Politik erklären, aber um Wirkung zu erzielen, muss sie durch die Realität akzeptiert werden. Mit anderen Worten, der »Geist« bedarf der Akzeptanz durch das »Herz«, um Wirkung zu erzielen. Politische Gerechtigkeit bedeutet politische Legitimation, da wir uns nichts Gerechteres als Gerechtigkeit vorstellen können. Allerdings ist Gerechtigkeit ein philosophischer Begriff, erst das Verständnis von Gerechtigkeit in der Realität ist Politik. Die tatsächliche Frage lautet, was Menschen in der Realität für gerecht halten. Das hat zur Folge, dass der Gerechtigkeitsbegriff, sobald er auf den Boden der Wirklichkeit trifft, gezwungen ist, sich durch die subjektiven Präferenzen der Menschen zu beweisen. Die Objektivität rückt in den Hintergrund, die Subjektivität liefert den handfesten Beweis. Da Gerechtigkeit die subjektiven Ansichten zu Hilfe nehmen muss, müssen wir die möglichen Evidenzen des subjektiven Gerechtigkeitsempfindens analysieren:

Evidenz 1: Ein System ist dann und nur dann legitim, wenn es auf der Zustimmung aller beruht.

Diese Norm ist perfekt, aber sie ist zu anspruchsvoll und nicht realisierbar, selbst theoretisch besteht nahezu keine Möglichkeit eines perfekten Systems, dem »alle Menschen zustimmen«. Daher gehen wir zur zweitbesten über:

Evidenz 2: Ein System ist dann und nur dann legitim, wenn die Mehrheit ihm zustimmt.

Das entspricht der Vorstellung der modernen Demokratie. Da eine mehrheitliche Zustimmung offenkundig schwächer ist als eine Zustimmung aller, bedarf es einer einschränkenden Bedingung: Wenn die Menschen über einen gemeinsamen Nutzen x verfügen, aber zur Realisierung von x mehrere Optionen der technischen Umsetzung bestehen, also die Pläne a, b, c, ist die Wahrscheinlichkeit, dass durch demokratische »Summierung« das Ziel der Gerechtigkeit erreicht wird, relativ groß. Mit anderen Worten: Wenn Demokratie auf die »Wahl der Option« und nicht auf die Wahl des »Nutzens« angewendet wird, dann nähert man sich relativ einfach dem Ziel der Gerechtigkeit. Unter der Bedingung eines Interessenkonflikts demokratisch eine öffentliche Wahl durchzuführen bedeutet, sich in einen Konkurrenz-Modus der Interessen zu begeben. Ist Demokratie nicht nur eine Methode, die bestmögliche Wahl zwischen unterschiedlichen technischen Optionen der Durchführung zu treffen, sondern eine Form des Interessenwettbewerbs, wird Gerechtigkeit ziemlich fragwürdig. Demokratie ist in der Tat ein effektives Prozedere, um öffentliche Entscheidungen herbeizuführen, aber sie ist keine richterliche Instanz für Werte. Demokratie kann nicht garantieren, dass die getroffene Entscheidung die beste im Sinne des öffentlichen oder auch des individuellen Nutzens darstellt. Wir müssen daher der essentielleren Frage nachgehen, die sich hinter der Demokratie verbirgt: Kann Demokratie die Erwartungen der Volksseele (民心)[21] verwirklichen? Daher:

Evidenz 3: Ein System ist dann und nur dann legitim, wenn es der Volksseele entspricht.

Demokratie ist eine Form des Ausdrucks der Volksseele, aber die Frage bleibt offen, ob Demokratie sie korrekt zum Ausdruck bringt. Viele Elemente können dazu führen, dass Demokratie die Seele des Volkes verzerrt zum Ausdruck bringt, zum Beispiel durch finanzielle Machenschaften, Verführung durch Propaganda, Spekulation, Aufrühren von Leidenschaften, Unwissenheit, Fake News, all das kann den Volkswillen (民意) in die Irre führen. Selbst wenn wir Irreführung durch Manipulation und Fake News ausschließen, widerspiegelt Demokratie nicht unbedingt korrekt die Volksseele. Zum Beispiel zeigt die von Arrows Unmöglichkeitstheorem aufgezeigte Beschränktheit von Wahlen, dass Demokratie unter Umständen zu Entscheidungen führt, deren Resultate von der Bevölkerung durchaus nicht gewünscht sind. (Allerdings haben spätere Wissenschaftler darauf hingewiesen, dass der Einfluss des Arrow'schen Theorems auf tatsächliche Wahlen gering ist.) Der Begriff der Volksseele ist einigermaßen unscharf. Die antiken chinesischen Philosophen haben den von ihnen verwendeten Begriff undefiniert gelassen, es gab unter ihnen offenbar eine stillschweigende Übereinstimmung und wir können heute nur nach Art seiner Anwendung Schlüsse darauf ziehen. Die Volksseele ist nicht identisch mit dem massenhaften Volkswillen, sondern geht eher in Richtung der Bedürfnisse, die sich aus dem Nutzen des Einzelnen bzw. aller Menschen ergeben. Sie ist nicht der durch Summierung zum Ausdruck gebrachte »Wille der Menge«, sondern nähert sich der Rousseau'schen »volonté génerale«. Man könnte es vielleicht so formulieren, dass die Volksseele die Gesamtheit der Anschauungen repräsentiert, die sich im Verlauf lang währender rationaler Praxis als vorteilhaft erwiesen haben und von allen geteilt werden. Das bedeutet, dass die Existenzform der Volksseele eine gedankliche und nicht eine psychologische ist. Sie bringt nicht kollektive Sehnsüchte zum Ausdruck, sondern trägt in sich das gemeinsame Verständnis des Lebens, geformt aus geteilten Erfahrungen, Traditionen und Geschichte. So etwas wie die durch langjähriges Spiel erprobte »öffentliche Meinung« oder die durch besondere Umstände unbeeinflussbare allgemeine Einsicht. Zur Volksseele gehören zum Beispiel die nicht kodifizierten und dennoch allgemein akzeptierten Gesetze und ethischen Prinzipien, die es in allen Zivilisationen gibt. Wir sind offensichtlich nicht imstande, für die Volksseele eine hinreichend klare Definition zu geben. Möglicherweise lässt sich dafür eine der Moderne angenäherte Begrifflichkeit finden, möglicherweise kommt der Begriff der Volksseele dem modernen Begriff der »universellen Werte« einigermaßen nahe.

Aber auch für die universellen Werte (*universal values*) gibt es bis heute noch keine tragfähige Definition, weil der universelle Maßstab fehlt, der festlegt, was universelle Werte sind. Das als eine sarkastische Bemerkung zu den universellen Werten. Unter logischem Gesichtspunkt betrachtet, bedeutet die Universalität von Werten:

1. Einige Werte sind universell.
2. Diese Werte sind universell gut.

Zu 1. Wenn irgendein Wert in Bezug auf irgendeine Angelegenheit Gültigkeit hat, muss er für jede gleichartige Angelegenheit Gültigkeit haben. Anders ausgedrückt: Hat er Gültigkeit für eine Angelegenheit, so muss er für jede gleichartige Angelegenheit automatisch Gültigkeit haben. Das kann man als »indiskriminierende« universelle Übertragbarkeit bezeichnen. So weit herrscht Klarheit. Aber hinsichtlich der Implikationen von 2. »universell gut« herrscht weniger Klarheit, weil Universalität analytisch keineswegs »universell gut« impliziert (*analytically implies*). Universell gute Dinge müssen zugleich absolut notwendige Dinge sein. Man muss daher den Begriff der notwendigen Werte (*necessary values*) einführen, um den der universellen Werte zu definieren. Notwendige Werte müssen zwangsläufig universell gute Werte sein, andernfalls sind sie nicht notwendig. Wie man sieht, ist die Notwendigkeit von Werten essentiell zum Verständnis ihrer Universalität. Nur wenn ein Wert zugleich notwendig und universell ist, ist er ein universell guter Wert und ebenso ein universell notwendiger Wert.

Die Frage der universellen Notwendigkeit von Werten lässt sich mindestens auf zweierlei Art lösen: Die eine betrachtet das Individuum als analytische Einheit. Das verlangt Werte, die auf jeden Menschen angewendet werden (*applied to everyone*). Die andere nimmt Beziehungen als analytische Einheit. Das verlangt Werte, die auf sämtliche wechselseitigen Beziehungen angewendet werden (*applied to every correlation*). Das jeweilige Ergebnis der beiden Lösungsansätze ist außerordentlich verschieden.

Verwendet man den Lösungsansatz des Individuums als Einheit, ist zu beweisen, dass ein Wert universell notwendig ist, d. h., man muss die Präferenzen jeder Person berücksichtigen und dabei sind folgende mögliche Konstellationen denkbar:

1. Jedermanns Verlangen (*all wants*). Dass jedermann x möchte, kann jedoch nur zeigen, dass x ein Gegenstand allgemeinen Begehrens ist, nicht aber, dass x allgemein gerechtfertigt ist.

2. Universalisierung (*universalization*). Das klassische Kant'sche Prinzip lautet: »Wenn ich das Prinzip x anerkenne, dann erkläre ich mich damit einverstanden, dass x für jeden Menschen gilt.« Das Kant'sche Prinzip vermeidet die Mängel des »Jedermanns Verlangen«, scheitert aber am Problem von Konflikten bei pluralistischen Programmen. Wenn zum Beispiel jemand zustimmt, dass jeder Mensch Christ zu sein hat, oder zustimmt, dass jedermann Drogen nehmen soll, ist das offensichtlich nicht allgemein akzeptabel. Offenkundig funktioniert Universalisierung unter der Bedingung pluralistischer Programme nicht.

3. Allgemeine Zustimmung (*common consent*). Das ist ein starkes Argument, bedauerlicherweise ist es nur bedingt anwendbar. Übereinstimmende Haltung aller kann nur beweisen, dass x allgemein akzeptiert wird, nicht jedoch, dass es universell nützlich ist. Dass sämtliche Menschen denselben Fehler begehen, ist ebenso wenig auszuschließen wie kollektive Degeneration. So sind die modernen Menschen kollektiv stillschweigend damit einverstanden, dass man im Vorgriff auf die Zukunft natürliche Ressourcen verbraucht, um einen Lebensstil aufrechtzuerhalten, der das tatsächlich Notwendige übersteigt, um nur ein Beispiel zu nennen. Hieran wird deutlich, dass es nahezu unmöglich ist, die Frage nach der universellen Notwendigkeit von Werten zu lösen, wenn man das Individuum als analytische Einheit nimmt.

Verwendet man den Lösungsansatz der Beziehung als Einheit, muss man sich mit allen Formen akzeptierbarer Beziehungen zwischen Menschen beschäftigen. Universell notwendiger Wert meint daher hier:

1. Allgemeine Nutznießerschaft. Gewährt eine Beziehung allgemeine Nutznießerschaft, wird ihr jedermann zustimmen. Allgemeine Nutznießerschaft schließt einhellige Zustimmung zur Implikation der schlechtesten Situation (das Kollektiv profitiert nicht) aus. Sie impliziert einhellige Zustimmung, aber einhellige Zustimmung impliziert nicht notwendig allgemeine Nutznießerschaft. Der Vorteil der Beziehung als analytischer Einheit liegt darin, dass sie die Summierung von Präferenzen durch die Staffelung objektiver Resultate ersetzt, und damit eher rationalen Normen entspricht.

2. Universelle Kompatibilität (*universal compatibility*). Wenn eine Beziehung eine wechselseitig kompatible Kooperation garantieren kann, wird ihr jedermann zustimmen. Universelle Kompatibilität mischt sich nicht in irgendwelche Lebensformen ein, kompatible Beziehungen bevorzugen keine spezifische Gruppe und sorgen für symmetrische Begünstigung aller Beteiligten. Das heißt, Vorrang hat die Beziehung und nicht der spezifische Nutzen irgendeines Beteiligten, daher können universelle Kompatibilitätsbeziehungen erfolgreich das Problem der Konflikte zwischen pluralistischen Programme lösen.

6. Ein neuer Ausgangspunkt des Politischen

Der oben aufgeführte Versuch einer Analyse macht deutlich, dass der Begriff des Politischen durch das Konzept des Tianxia, das Prinzip der Koexistenz und der relationalen Rationalität neu definiert werden muss. Das Kriterium der vollständigen Inklusivität (*all-inclusiveness*) des Tianxia eröffnet eine umfassende Erweiterung des Begriffsfeldes der Politik, es ist damit imstande, Stellung, Bedingungen und Wesen sämtlicher Konzepte des Politischen und der damit verbundenen Fragen klar zu bestimmen. Das Prinzip der Koexistenz bedeutet, dass Politik als Kunst des Zusammenlebens verstanden werden muss und nicht als Technik des Herrschens und Dominierens. Das ist der grundlegende Glaubenssatz der Politik des Tianxia. Relationale Rationalität ist das grundlegende Operationsprinzip der Politik des Tianxia, es kann zur Festlegung der Weltordnung und der Spielregeln verwandt werden und bringt die universell notwendigen Werte der universellen Volksseele zum Ausdruck.

Daher ist die Theorie des Tianxia mehr als eine Theorie der Weltpolitik, sie bedeutet zugleich ein neues Konzept des Politischen, einen neuen Ausgangspunkt für Politik und für die Verabschiedung des Krieges. Um glaubwürdig das Problem von Konflikten zwischen Interessen und Werten zu lösen, muss Politik zur Kunst des Guten werden und Politik als Technik des Bösen überwinden. Präziser ausgedrückt, muss Politik zur Kunst werden, Feinde in Freunde umzuwandeln, statt eine Technik des Kampfes zu sein. Tatsächlich ist die grundlegende Frage des Politischen nicht der Konflikt zwischen Gut und Böse, sondern der Konflikt zwischen zwei Gütern. Der Konflikt zwischen Gut und Böse ist ein unstrittiges Problem, dass das Gute über das Böse siegen muss, gehört zu den unangefochtenen Glaubenssätzen der Menschheit. Die wahrhafte politische Tragödie sind Konflikte aufgrund von Differenzen zwischen Gut und Gut, wo das eine Gute versucht, das andere zu vernichten. Ihr Ergebnis ist die unüberwindbare Spaltung der Welt und das Scheitern der Politik. Der im Konzept des Tianxia anvisierte neue Ausgangspunkt des Politischen etabliert durch die Inklusion der Welt die Welt als politisches Subjekt der Politik und schafft eine Weltsouveränität, an der alle Menschen teilhaben. Er bewirkt, dass sich eine Welt, worin sich alle feindlich gegenüberstehen, zum gemeinsam geteilten »Alles unter dem Himmel« wird. Der berühmte Satz »Das Tianxia gehört allen« muss gelesen werden als: Das Tianxia ist das gemeinsam geteilte Tianxia aller Menschen unter dem Himmel.[22]

1. Kapitel
Die Geschichte des Tianxia-Konzepts

1. Die Welt als Ausgangspunkt der Politik

Politik hatte wenigstens zwei Ausgangspunkte von entscheidender Bedeutung: das von der griechischen Polis ausgehende Konzept der Staatspolitik und das chinesische Tianxia-Konzept einer Weltpolitik. Vor dem Auftreten wirklicher Politik kannte die Menschheit bereits eine lange während Herrschaftsgeschichte mit zahlreichen Dynastien, aber Herrschaft ist nicht gleichbedeutend mit Politik. Ausdruck der Herrschaftslogik ist die naturgegebene Ordnung des Starken, Gehorsam gegenüber dem Führer nach innen, Unterwerfung unter die Starken nach außen. Eine über die naturgegebene Ordnung hinausgehende politische Ordnung existierte noch nicht, kein auf rationalen Prinzipen gegründetes System der Machtausübung und der Nutzenteilung. Konfuzius definierte Politik wie folgt: »Regieren bedeutet richtigstellen«[1] bzw. »Regieren geschieht durch Tugend«.[2] Damit ist gemeint, dass erst die durch Überwindung einer auf Waffengewalt gegründeten Herrschaft geschaffene rationale Ordnung zum Nutzen aller als Politik bezeichnet werden kann. Genau genommen muss noch auf einen weiteren Ausgangspunkt des Politischen hingewiesen werden: Die auf eine theologische Ordnung gegründete politische Ordnung des israelitischen Königtums. Jedoch weiß ich zu wenig darüber und sie liegt außerhalb der hier diskutierten Fragen, sie bleibt daher bewusst unberücksichtigt.

Die Polis ebenso wie das Tianxia sind erstaunliche Phänomene. Die griechische Polis als Ursprung europäischer Politik zu betrachten heißt, nicht zu leugnen, dass der Stadtstaat seine noch früheren Quellen besitzt. Die Homerischen Epen berichten von der Existenz eines öffentlichen politischen Raums, die Reste kretischer Zivilisation beweisen ebenfalls die frühe Existenz einer Agora. Aber erst die griechische Polis muss als Beginn eines ausgereiften öffentlichen Bereichs angesehen werden, worin sowohl individueller wie öffentlicher Lebensraum ihre jeweils klar zugewiesenen Charaktereigenschaften und Funktionen besaßen. In gleicher Weise geben die Überlieferungen des Tianxia-Systems der Zhou-Dynastie von vorangehenden Prototypen Kunde. Vermutlich handelt es sich dabei aber nur um Visionen bzw. Phantasien der noch früheren »Weisen Herrscher« und noch nicht um ein ausgebildetes System. Als gesichert kann gelten, dass das Tianxia-System als ausgereiftes System eine politische Erfindung der Zhou-Dynastie vor ca. 3000 Jahren ist. Unterschiedliche Ausgangspunkte von Politik bringen unterschiedliche politische Fragestellungen und Vorgehensweisen hervor. Die Wege der politischen Erzählungen der Ausgangspunkte der Polis und des Tianxia nehmen verschiedene Richtungen (»Weggabelungen der Zeit«, nach der Formulierung von Borges), beide entwickelten sich getrennt voneinander. Erst in der Moderne trafen sie aufeinander und verursachten Konflikte, verschlingen sich die Fäden der Erzählungen. Die Globalisierung ist nun dabei, die beiden sich ergänzenden Erzählungen zu einer möglichen Zukunft zu verschmelzen.

Das Tianxia-System der Zhou-Dynastie eröffnete die gedankliche Möglichkeit einer Politik, welche die Welt als Ganzheit zum Ausgangspunkt nimmt. Wir können den Zeitraum des Aufkeimens dieser politischen Weltanschauung bzw. Vorstellung nicht genau festmachen. Die antiken Dokumente datieren ihren Beginn gewöhnlich in die Epoche der »Weisen Herrscher« Yao, Shun, Yu und Shang vor 4000 Jahren. Gemäß dieser Überlieferung existierte damals das politische Zusammenwirken der »zehntausend Staaten unter dem Himmel« unter Führung des Himmelssohns.[3] Das ist eine unbestätigte Überlieferung, wahrscheinlich handelt es sich um eine dem politischen Ideal der Zhou-Dynastie entsprechende Interpretation der Politik vorangegangener Dynastien. Die Epoche der »Weisen Herrscher« gehört wahrscheinlich noch dem Zustand von Häuptlingen geführter Stammesherrschaften (*chiefdom*) an, denkbar ist eine lockere Kooperation zwischen Stämmen, die »Weisen Herrscher« waren womöglich die mit Autorität ausgestatteten Häupter dieses Bündnisses, ein durch Gesetze geregeltes System existierte noch nicht. WANG Guoweis (王国维, 1877-1927) Forschungen werfen ein Licht auf die Situation der Xia- (ca. 2200-ca. 1600 v. Chr.) und der Shang-Zeit (ca. 1600-1046 v. Chr.): »Der Himmelssohn stand über den Führern der Einzelstaaten, so wie später das Haupt des Bündnisses über den Lehnfürsten stand, ohne dass eine eindeutige Differenzierung zwischen Herrscher und

Vasallen existierte.«[4] Ein Zeugnis liefert das *Buch der Urkunden*: Die Monarchen der Frühzeit der Zhou-Dynastie bezeichneten die Lehnfürsten noch als gleichberechtigte »Herrscher befreundeter Stämme«.[5] Zugleich waren jedoch, ebenfalls nach dem *Buch der Urkunden*, bereits die »Weisen Herrscher« offenbar in der Lage, die Beziehungen zwischen den einzelnen Stämmen, die sogenannte »Abstimmung zwischen den zehntausend Staaten«, zu koordinieren, ja sogar die Verhandlungen über die wichtigen gemeinsamen Angelegenheiten der Stämme zu leiten.[6] Dazu gehörten zum Beispiel die Wasserregulierung, die Festlegung der Jahreszeiten, der Maße und Gewichte, der Riten und der Ritualmusiken sowie die Belohnungen und Auszeichnungen.[7] Stammesüberschreitende Kooperation war damals vermutlich möglich, aber es handelte sich noch nicht um eine zum System gewordene Kooperation. Die Menschen der Antike blickten mit Ehrfurcht auf ihre Vorfahren und schrieben ihnen gerne Errungenschaften zu. Eine relativ begründete Annahme ist, dass es sich bei den Anführern des Tianxia der Epoche der »Weisen Herrscher«, einschließlich der Xia- und der Shang-Zeit, noch nicht um legitimierte Herrscher des Tianxia handelte, sondern um charismatische Bündnisführer. Ein gesetzlich geregeltes politisches System existierte noch nicht, aber vermutlich begann sich in der Zeit der »Weisen Herrscher« die Vorstellung des Tianxia als einer politischen Vision der »Welt als Gesamtheit« zu entwickeln, die hinter der Überlieferung der »Abstimmung zwischen den zehntausend Staaten« steht.

Die Umformung des Tianxia in ein System begann in der Zhou-Dynastie. Für eine Systemrevolution bedurfte es in der antiken Gesellschaft außergewöhnlicher Bedingungen und Gelegenheiten. Genau hierin liegt die irritierende und klärungsbedürftige Frage des Tianxia-Systems der Zhou-Dynastie. Vor 3000 Jahren ein politisches System zu schaffen, in dessen Zentrum Fragen der Weltpolitik standen, scheint weit hergeholt. Wie kamen die Menschen der Zhou-Dynastie auf eine derartige Idee? Welche Notwendigkeit bestand dafür? Wie kam man darauf, die Welt als gesamtheitliche politische Existenz zu begreifen? Ohne Frage ist es ein höchst unkonventioneller Weg, Politik von den Fragen der Welt als Gesamtheit ihren Ausgang nehmen zu lassen. Der konventionelle historische Prozess ist der Weg von der Stammesgesellschaft zur Staats- und nicht zur Weltpolitik. Nicht nur für die Antike stellt das Tianxia-

System der Zhou-Dynastie eine ungewöhnliche Schöpfung dar, selbst unter gegenwärtigen Bedingungen übersteigen die damit aufgeworfenen Fragen die heutige Realität und werden zur Zukunftsangelegenheit. Die Schaffung des Tianxia-Systems in der Zhou-Dynastie muss einen besonderen historischen Grund haben.

Um die Schaffung des Tianxia-Systems in der Zhou-Dynastie begreiflich zu machen, muss ich auf den historischen Kontext zu sprechen kommen. Zur Zeit des Herrscherhauses der Yin-Shang (殷商, 1319-1046 v. Chr.) war Zhou ein unbedeutender, jeweils zur Hälfte von Ackerbauern und von Nomaden besiedelter Staat im Nordwesten Chinas.[8] Das politische Zentrum der Yin-Shang lag in der Zentralebene, verfügte über eine hochentwickelte Landwirtschaft und Technologie und hatte vermutlich eine Bevölkerung von über einer Million Menschen. Der »Kleinstaat« Zhou dagegen hatte nach Schätzungen von Experten etwas über 50 000, maximal 60 000-70 000 Einwohner.[9] König WU von Zhou (周武, reg. ca. 1046-ca. 1043 v. Chr.) galt als Mann von hoher Tugend und genoss in einigen der anderen Kleinstaaten großes Prestige. Als er zu den Waffen griff, um die Yin-Shang anzugreifen, leisteten ihm viele befreundete Staaten militärische Unterstützung. Nach Angaben SIMA Qians (司马迁, ca. 145-ca. 90 v. Chr.) verfügte er über 300 Streitwagen, 3000 Elitesoldaten und 45 000 Gepanzerte.[10] Laut den Quellen trat ihm der König ZHOU (纣王, 1105-1046 v. Chr.) der Shang-Dynastie mit 700 000 Mann entgegen, sicherlich eine Übertreibung. Für ein Land mit einer Bevölkerung von einer Million sind 100 000 Soldaten bereits eine gewaltige Anstrengung. Die Streitmacht des Königs ZHOU von Shang war zwar erheblich größer als das vereinigte Heer der Zhou, aber laut Überlieferung war er ein tyrannischer und ungerechter Herrscher. Hinzu kam, dass aus unbekannten Gründen ein Teil seiner Armee meuterte und die Seiten wechselte, so dass König WU von Zhou in einem raschen Feldzug den Sieg errang, und König ZHOU von Shang angesichts der Niederlage Selbstmord beging. Dadurch wurde der König von Zhou zwar zum Anführer der Koalition, aber die Zahl der loyalen Anhänger der Yin-Shang war groß, es existierten noch zahlreiche dem Königshaus der Yin-Shang nahestehende Lehnfürsten sowie einige Stämme, die nicht bereit waren, sich zu unterwerfen. Die Situation war chaotisch, es gab überall Aufruhr, es bedurfte einer allgemeinen Befriedung. Daher stand das Zhou-Königshaus, das sich als kleiner

Staat zum Herrscher über die Zentralebene aufgeschwungen hatte, vor einem historisch präzedenzlosen Problem: Wie nämlich »ein Kleiner den Großen« und ein »Einzelner die Vielen« regiert.

Die traditionelle Form der Herrschaft eines Einzelnen über die Menge war stets die Hegemonie des Größten und Stärksten. Voraussetzung für die Regierung des Einzelnen über die Vielen war die Herrschaft als Großer über die Kleinen, das war die naturgegebene Herrschaftsform. In der Gesellschaft der Antike war die Bevölkerung nicht nur die wichtigste wirtschaftliche, sondern auch die wichtigste politische und militärische Ressource, sie war die Grundlage aller Macht. Zhou war ein Kleinstaat mit begrenzter Bevölkerung, die Herrschaft des Großen über die Kleinen war ausgeschlossen. Wie unter der Voraussetzung, dass der Kleine über den Großen regierte, der Einzelne über die Vielen regieren sollte, war eine gänzlich neue Frage. Dass ZHOU die verschiedenen Stammeshäuptlinge unter seiner Führung vereinigen und die Shang unterwerfen konnte, war auf sein Charisma als tugendhafter und gerechter Herrscher zurückzuführen. Dieses Image reichte für eine kurzfristige militärische Mobilisierung aus, nicht aber, um sich die langfristige Unterstützung und Loyalität der anderen Stämme zu sichern. Moralität kann am Ende nicht die Anforderungen von Macht und Interessenwahrnehmung ersetzen, und die Situation der »Herrschaft des Kleinen über den Großen« schloss schon rein logisch die Form einer Hegemonialherrschaft aus. Der Zhou-Macht blieb daher nur die Option, ein neues politisches System zu erfinden, eine Herrschaftsform, die wesentlich auf der Attraktivität des Systems statt auf militärischer Abschreckung beruhte – Systemüberlegenheit anstelle militärischer Autorität.

Die politische Macht der Zhou sah sich von Beginn an mit komplexen Fragen des Systemdesigns konfrontiert. Da sie nicht in der Lage war, ein Hegemonialsystem zu errichten, und die Kräfte des eigenen Stammes nicht ausreichten, die Position eines von allen akzeptierten Herrschers des Tianxia aufrechtzuerhalten, musste sie beim Versuch, ihre Position als oberste Autorität über den Verbund der Einzelstaaten zu wahren, ein kooperatives System entwerfen, das ihr die nachhaltige Akzeptanz der Einzelstaaten sicherte. Nur so konnte der Herrscher seine Macht und vermutlich sein Leben retten. Die entscheidende Frage war dabei die des »Außen« der vielen Einzelstaaten des Bündnisses. Anders ausgedrückt, er musste die »außenstehenden« Bündnisstaaten in ein inklusives System integrieren. Dazu musste die Zhou-Macht ein den Staaten übergeordnetes Weltsystem schaffen, das mittels gemeinsamen Nutzens bzw. gemeinsamer Nutzenteilhabe am Gesamtsystem den eigenen Nutzen gewährleistete. Der Erfolg eines solchen Systems hing in erster Linie davon ab, ob für die Einzelstaaten die Anziehungskraft der vom System gewährten Nutzenteilhabe bzw. des Nutzens der Kooperation größer war als die Versuchung, dagegen aufzubegehren oder sich zu verweigern. Mit anderen Worten, für die einzelnen Stämme musste der aus dem Beitritt resultierende Nutzen größer sein als der Nutzen aus dem Nicht-Beitritt. Der Entwurf eines solchen Systems stellt hohe Ansprüche an die Vorstellungskraft. Man kann feststellen, dass die besonderen historischen Umstände, mit denen die Zhou-Macht konfrontiert war, eine in seiner Bedeutung weitreichende politische Frage auf die Tagesordnung brachten: Die Herrschaft über die Welt wurde zur Überlebensfrage der Herrschaft über den Staat. Anders ausgedrückt, die Weltregierung wurde zur Voraussetzung staatlichen Regierens. Weltpolitik musste Vorrang vor Staatspolitik erhalten, darin bestand das Problem der Inklusion der Welt, d. h. der Schaffung des Tianxia.

Es gab damals eine große Anzahl von Stämmen, der Zusammenschluss wurde als das Bündnis der tausend Staaten bezeichnet. Das vom Bündnis beherrschte Gebiet war zwar begrenzt, es umfasste nicht einmal die Hälfte des heutigen chinesischen Staatsgebietes, aber es war die den Menschen der Antike bekannte Welt. Dieses Territorium mochte unendlich viel kleiner sein als die heute bekannte Welt, aber in den Augen der Damaligen stellte es die Welt dar und erhielt die Bezeichnung »Alles unter dem Himmel«. Wichtiger als der Weltumfang ist das Weltbewusstsein, ein politisches Bewusstsein, das die Welt als Gesamtheit betrachtete. Tianxia ist ein komplexer Begriff, logisch betrachtet, meint er die Welt als Gesamtheit, d. h. die natürliche und die politische Welt bzw. die Synthese der beiden. In der Realität hat diese Synthese bis heute noch keine Gestalt angenommen, Tianxia muss daher als ein prozessualer Begriff verstanden werden. Bevor die Synthese Realität wird, bleibt Tianxia nur ein ideales Konzept der Welt. Die von den Menschen der Zhou-Dynastie vor 3000 Jahren etablierte politische Welt umfasste räumlich zwar nur einen Bruchteil des »Alles unter dem Himmel«, aber sie war groß genug für das Experiment einer Weltpolitik.

Das von der Zhou-Dynastie erfundene Tianxia-System war ein weltpolitisches System, es definierte die Gesamtheit der damals existierenden politischen Welt, die sogenannte »Schaffung des Tianxia«.[11] Der Entwurf dieses Systems wird allgemein dem Herzog Dan von Zhou (周公旦, 11. Jahrhundert v. Chr.), dem Gründer der Zhou-Dynastie, zugeschrieben, wahrscheinlich war es eine kollektive Schöpfung der von ihm geführten politischen Elite. Es stellt die erste Revolution in der politischen Geschichte Chinas dar, streng genommen ist es der Beginn von Politik. Mit den Worten WANG Guoweis: »Die Transformation von Chinas Politik und Kultur ist nicht nur eine dramatische Episode am Übergang von der Dynastie der Yin-Shang zur Zhou-Dynastie«, sondern »der Untergang eines alten und der Aufstieg eines neuen Systems, der Untergang einer alten und der Aufstieg einer neuen Kultur.«[12] Noch gewichtiger sind die vielen und weitreichenden Implikationen der politischen Fragen des Systems der Zhou-Dynastie für die Gegenwart. So wie die Griechen die ewigen Fragen von Gerechtigkeit, Öffentlichkeit und Demokratie aufgeworfen haben, hat die Zhou-Dynastie die Fragen des Tianxia, der Tugendherrschaft, der Kompatibilität und der Volksseele, aufgeworfen, denen wir uns stellen müssen. Wichtiger noch ist, dass das Tianxia-System zum ersten Mal die natürliche Erdkugel ins politische »Alles unter dem Himmel« umwandelte und damit den Grundstein für Weltpolitik im grundlegenden Sinn legte.

Unmittelbares Ziel des vom Herzog Dan von Zhou geschaffenen Tianxia-Systems war die Lösung des speziellen Problems der »Regierung des Kleinen über den Großen« und »des Einzelnen über die Vielen«. Aber die Lösung dieses speziellen Problems brachte ein politisches Modell von allgemeiner Bedeutung hervor. Seine Universalität liegt darin, dass es die notwendigen Charaktermerkmale eines Systems weltweiter Teilhabe beschreibt:

1. Das Tianxia-System musste sicherstellen, dass der Beitritt zum System für jeden Staat mehr Vorteile schaffte als das Draußenbleiben, es daher von allen Staaten akzeptiert wird und der Beitritt freiwillig erfolgte.

2. Ein Tianxia-System musste in der Lage sein, Beziehungen wechselseitiger Abhängigkeit und gegenseitiger Begünstigung hinsichtlich der Interessen zu schaffen, um dadurch eine Ordnung allgemeiner Sicherheit und dauerhaften Friedens der Welt zu gewährleisten.

3. Ein Tianxia-System musste in der Lage sein, umfassend günstige Voraussetzungen für das Gemeinwohl, die Nutzenteilhabe und die öffentlichen Angelegenheiten aller Staaten zu entwickeln, um so den universellen Teilhabecharakter des Tianxia-Systems unter Beweis zu stellen.

Zusammengefasst musste das Tianxia-System die Inklusion der Welt ohne jedes Außen verwirklichen.

Das vom Herzog Dan von Zhou geschaffene System bestand im Wesentlichen aus dem Lehnsystem, dem System der Riten und der Musik und dem Prinzip der Tugendherrschaft.

Das Lehnsystem diente der Aufsicht über die Herrschaftsteilung innerhalb des Systems. Tianxia war als Netzwerk konzipiert, es umfasste zahlreiche dem Netzsubjekt untergeordnete politische Körperschaften, vor allem zahlreiche Lehnstaaten (诸侯国), die dem weltpolitischen Subjekt angehörten. Darunter befand sich das »Kronland« (宗主国) des Souveräns über das weltpolitische Subjekt. Es war verantwortlich für die Aufrechterhaltung der gemeinsamen Sicherheit und der Integrität der gesamten Ordnung, es hatte den Gemeinnutzen und die Nutzenteilhabe am System zu wahren. Jeder Lehnstaat regelte einerseits seine internen Angelegenheiten selbst, anderseits gehörte er der Ordnung des Netzwerks an. Zwischen ihm und dem »Kronland« bestand gegenseitige Abhängigkeit: Der Lehnstaat akzeptierte die Aufsicht durch den Souverän und hatte gleichzeitig dem Souverän gegenüber Kontrollfunktion. Das Design dieses Lehnsystems war ziemlich komplex, Einzelheiten werde ich später behandeln.

Das System der Riten und der Musik stellte eine Art spiritueller Daseinsordnung dar. Ritus und Musik verliehen den Formen des Lebens spirituelle Bedeutung. Indem sie allen Formen des Verhaltens, den Prozeduren wie auch dem materiellen Leben eine gewisse rituelle Form verliehen, erhielten diese Feierlichkeit und Spiritualität. Sie bewirkten in den Menschen Ehrfurcht vor Himmel und Erde, Respekt vor den Mitmenschen, umsichtige Behandlung der Natur und der Gegenstände des Alltags. Kurz gefasst, Riten und Musik verliehen den Dingen und Angelegenheiten des Alltagslebens Würde und Feierlichkeit und gaben ihnen damit »Heiligkeit«. In diesem Sinn können sie nahezu religiös verstanden werden. Es handelte sich jedoch nicht um eine transzendentale Religiosität, da die geheiligten Dinge nicht zu den Bereich des profanen Lebens transzendierenden Gottheiten wurden, sondern im Gegenteil das profane Leben verkörperten. Durch die Feierlichkeit von Ritus und Musik erhielt das Alltagsleben Spiritualität. Auf diese Weise wandelte sich religiöses in alltägliches Empfinden. Dies war einst ein hervorstechendes Merkmal der kulturellen Tradition Chinas, das freilich im Verlauf der Geschichte durch wiederholten »Zerfall der Riten und Verschlechterung der Musik« verloren ging. Nur der Euphemismus des »Landes der Ordnung und des Gesetzes« (礼 义之邦) hat sich in der Überlieferung erhalten, aber das ist eine Angelegenheit späterer Zeiten. Doch war die Heiligung des All-tagslebens durch Riten und Musik wohl nicht die unmittelbare Absicht des Herzogs von Zhou bei ihrer Einführung, sie war viel-mehr deren Ergebnis. Dem Herzog von Zhou ging es vermutlich weniger um religiöse Fragen als um Politik. Riten und Musik ent-sprachen der Lebensordnung des Feudalsystems, ihr Ziel war es, spirituelle Eintracht innerhalb des Tianxia herzustellen. Ritual und Etikette verliehen der Schöpfung Spiritualität, sie produzierten daher spirituelle Erfahrung, an der jedermann teilhaben konnte. Die Erfahrung der Teilhabe an zu spirituellen Gütern gewordenen materiellen Dingen überwog die Neigung, andere von deren mate-riellem Nutzen auszuschließen. Das »Miteinander« überwand das »Gegeneinander«, das ist mit dem Satz »Das höchste Gut in der Anwendung der Riten ist Eintracht«[13] gemeint.

Tugendhafte Regierung wird häufig als ethisches Prinzip miss-verstanden. In Wahrheit handelt es sich um ein politökonomisches Prinzip. Der Terminus »Tugend« (德, de), der sich im Verlauf der Zeit in einen ethischen Begriff verwandelt hat, bedeutete ur-sprünglich Gerechtigkeit im Sinne der Nutzenteilung, wie es in der Formulierung »Tugend bedeutet gute Regierung, Regierung dient dem Wohlergehen der Bevölkerung«[14] zum Ausdruck kommt. Herrschaft der Tugend meint die allgemeine und gerechte Teilhabe aller am Nutzen. Tugendhafte Regierung muss die Nutzenmaxi-mierung aller und nicht nur einiger weniger Menschen anstreben. Der Herzog von Zhou war der Auffassung, dass nur die Tugend-haftigkeit von Herrschaft ihre politische Legitimität beweist, mit Gewalt erreicht man wenig, mit Tugend viel, nur durch Tugend bewegt man sich im Einklang mit der Welt und den Regierten und garantiert dauerhafte Herrschaft. Die Einsicht des Herzogs von Zhou implizierte die Entdeckung eines Aspekts des wahrhaft Politischen: Herrschaft mit Waffengewalt ist keine Politik, sondern eben schlicht nackte Gewalt. Wirkliche Politik ist die Kunst, die Bedingungen für universelle Kooperation und Koexistenz zu schaffen. So betrachtet, ist das Tianxia-System des Herzogs von Zhou mehr als ein politisches Experiment, es ist zugleich ein Konzept des Politischen überhaupt.

2. Die dreifach geschichtete Welt des Tianxia

»Tianxia« ist ein Konzept der Welt, dessen Struktur mit »drei Positionen innerhalb eines Systems« beschrieben werden kann, es handelt sich um ein aus drei Schichten von jeweils unterschiedlicher Bedeutung zusammengesetztes Welt-Konzept.

1. In seiner geografischen Bedeutung meinte Tianxia alle Territorien unter dem Himmel, also die ganze Welt.

Die früheste Erwähnung stammt aus dem *Buch der Lieder* (诗经): »Unter dem weiten Himmel, ist alles des Herrschers Land.«[15] Unter dem weiten Himmel bezieht sich zwar auf die ganze Welt, aber die Alten hatten keinen Begriff von deren Größe. Das Territorium der von China in der Frühzeit beherrschten »Neun Territorien« umfasste nur etwa die Hälfte des modernen China und wurde wie folgt beschrieben: »Links das Meer des Ostens, rechts das Sandmeer (流沙, die Wüste), vorne Jiaozhi (交趾, Bezeichnung der Gebiete des Südens) und hinten Youdu (幽都, Bezeichnung der Gebiete im Norden).«[16] Begrenzt durch Ozean, Hochgebirge und Wüste, hatten die Menschen der Antike nur vage Vorstellungen von der Welt jenseits ihres Gesichtskreises. Vor dem Ausgreifen der Han-Dynastie (206 v. Chr.-220 n. Chr.) nach dem Westen beschränkte sich der Kontakt zu entfernteren Weltregionen auf den Austausch materieller Güter, politische Verbindungen gab es nicht. Gebiete außerhalb des eigenen Herrschaftsbereichs wurden als die »vier Meere« bezeichnet (gemeint waren damit Gebiete, die dunkel und unerforscht wie Meere waren, und nicht tatsächliche Meere). Als Gebiete, die dem Tianxia-System nicht angehörten, zählten sie nicht zur »Welt« des Tianxia. Wie groß war für die Alten die Welt des Tianxia? Der Herzog HUAN von Qi (齐桓公, ?-643 v. Chr.) befragte GUAN Zhong (管仲, ?- 645 v. Chr.), der wie folgt antwortete: »Von Ost nach West sind es achtundzwanzigtausend Li, von Nord nach Süd sechsundzwanzigtausend Li.«[17] *Das Buch der Berge und Meere* (山海经), das große geografische Werk der chinesischen Antike, enthält ähnliche Angaben.[18] Ein Li betrug in der Zeit vor der Qin-Dynastie etwa 414 Meter.[19] Diesen Maßstab zugrunde gelegt, betrug die Ausdehnung des Tianxia in der Vorstellung von GUAN Zhong von Ost nach West etwa 11600 km und von Nord nach Süd etwa 10800 km. Das entspricht zwar nicht dem Umfang der Erdkugel, aber es entspricht der Ausdehnung Asiens, für einen Menschen der Antike vor 2000 Jahren eine Vorstellung, die der Realität einigermaßen nahekam. Es gab auch phantastische Vorstellungen: ZOU Yan (邹衍, 305–240 v. Chr.) nahm an, dass die Welt aus 81-mal »Neun Gebieten« bestand, unter denen China nur eines war.[20]

2. In seiner sozialpsychologischen Bedeutung meinte Tianxia die Welt als gemeinsame Option aller Menschen, nämlich als »Volksseele« (民心).

Im Konzept des Tianxia war der Mensch wichtiger als das Territorium. »Das Tianxia in Besitz nehmen«, bedeutete nicht nur Herrschaft über das Territorium des Tianxia, sondern die Unterstützung durch die gesamte Weltbevölkerung. Die Alten waren der Meinung, dass die bloße Inbesitznahme des Territoriums ohne Zustimmung und Zuneigung der Bevölkerung nutzlos sei und früher oder später zu dessen Verlust führe. Im *Guanzi* heißt es: »Wer das Tianxia erringen will, muss zuerst die Menschen erringen«[21] sowie: »Die (Herzen der) Menschen zu gewinnen, ist das höchste Prinzip der Herrschaft über das Tianxia.«[22] Bei Xunzi heißt es: »Das Tianxia zu erlangen, heißt nicht, [andere dazu zu zwingen] ihr Land herzugeben und [dem Herrscher] zu folgen, [das Geheimnis besteht darin,] dass sein Dao genügt, die Menschen zu einen, und nur darin.«[23] Die Volksseele entschied über die tatsächliche Zueignung des Territoriums, mehr als eine geografische war das Tianxia daher eine psychologische und soziale Existenz.

3. In seiner politischen Bedeutung meinte Tianxia ein weltpolitisches System.

Das Weltsystem definierte die politische Integrität und Souveränität der Welt. Mit anderen Worten, das Weltsystem machte die Welt zu einer vollständigen politischen Existenz. Dafür gab es einen metaphysischen, man könnte auch sagen, theologischen Grund: Da der Himmel eine vollkommene kompatible Ordnung besaß, musste auch das Tianxia eine vollkommene kompatible Ordnung besitzen, es musste »dem Himmel entsprechen« (配天)[24]. Daneben gab es einen realpolitischen Grund: Ohne ein Weltsystem wäre die Welt nichts als ein chaotischer Ort der Spaltung und dauerhafter Frieden ein unerreichbarer Traum. Bei Mozi (墨子, zwischen 490-380 v. Chr) heißt es: »Nur weil [es] die Rechtschaffenheit aller unter dem Himmel vereinen [konnte], war das Reich geordnet.«[25] So betrachtet, ist erst das Tianxia als verwirklichte Weltordnung die vollendete Form des Tianxia. Sie repräsentiert die Vollendung der vollkommenen Synthese der natürlichen, der psychologischen und der politischen Welt. Die zum System gewordene Welt ist das, was Xunzi mit der »Schöpfung des Tianxia«[26] meint.

Hieran wird deutlich, dass »Alles unter dem Himmel«, verglichen mit der »Welt« im üblichen Sinne, eine reichere und tiefere Bedeutung besaß. Tianxia stellte eine Synthese aus natürlicher, sozialpsychologischer und politischer Welt dar. Wenn die Aussage richtig ist, dass jedes Problem nur in seinem spezifischen Kontext verstanden und interpretiert werden kann und der größtmögliche Kontext die absolute hermeneutische Grenze des Erklärbaren darstellt, dann bedeutete das Tianxia den für alle politischen Fragen größtmöglichen Kontext. Das Konzept des Tianxia stellt daher den ultimativen Rahmen für die Interpretation politischer Fragen dar.

3. Übereinstimmung mit dem Himmel

Die Ordnung des Tianxia stützte sich auf die Ordnung des Himmels. Integrität und Koordiniertheit des Tianxia standen in völliger Übereinstimmung mit der Integrität und Koordiniertheit des Himmels. Der Glaube an die »Übereinstimmung mit dem Himmel« ist ein Phänomen der politischen Theologie, das seinen Ursprung in einer Metaphysik der Natur hatte, in der Metaphysik des Dao.

Im chinesischen Altertum teilte man die Natur in Himmel und Erde. Der Mensch existierte zwischen Himmel und Erde, ein Zwischenwesen, das in den Himmel reichte und auf der Erde gründete. Die Dreieinigkeit von Himmel–Mensch–Erde bzw. das, was sie gemein haben, ist das »Dao«. Das Dao bezeichnet die bestmögliche Daseinsform (*the best of the possible ways to be*) bzw. die Art und Weise, wie ein Wesen sie erreicht. Die Einteilung der Existenz in die drei Bereiche von Himmel, Mensch und Erde war fraglos unwissenschaftlich und keine epistemologische Betrachtungsweise, sondern eine Art ästhetisierender Metaphysik: Im ästhetischen Weltbild der Menschen erschien die Natur in der Doppelszenerie von Himmel und Erde. Die Erde war dabei die Tragende, sie trug das reale Leben in allen seinen Ausformungen, sie war die Heimat des Menschen und die materielle Quelle des Lebens, zugleich war sie das Territorium des Tianxia. Der Himmel war das Überwölbende, er umfasste sämtliche Möglichkeiten, er war das Prinzip und die Begrenzung der Schöpfung. Die Erde als das Tragende verkörperte metaphorisch das mütterlich Nährende und selbstlos Gebende. Der Himmel als das Überwölbende verkörperte metaphorisch das väterlich Anleitende und Kontrollierende. Das antike China hat keine monotheistische Religion hervorgebracht, nie die Annahme, dass ein einziger Gott durch Propheten seine Anweisungen übermittelt. Der Himmel leitete zwar das Dao des Seins, aber da er selbst nicht sprach, stellte sich die Frage, wie das Dao des Himmels an die Menschen weitergegeben wird. Und welche Nachrichten er übermittelt.

Der Himmel sprach nicht, sondern manifestierte sein Dao durch die Veränderungen der Natur. Nach Konfuzius: »Wie sollte der Himmel sprechen? Die vier Jahreszeiten folgen aufeinander, die Geschöpfe vermehren sich. Wie sollte der Himmel sprechen?«[27] Auch Menzius (孟子, ca. 370-ca. 290 v. Chr.), vertrat diese Auffassung: »Der Himmel spricht nicht, er zeigt sich in seinem Handeln und seinen Angelegenheiten, und damit genug.«[28] Die unzähligen Wandlungen der Natur bewirken, dass die Dinge zugleich sind und nicht sind, und da sich die Dinge nicht exakt determinieren lassen, ist unser Denken nicht in der Lage, sich auf die Dinge zu fokussieren. Anders formuliert: Auch die Fokussierung auf ein spezifisches Ding führt nicht zu dessen Verständnis, das Denken kann nur frei zwischen den Dingen umherschweben und den »Konstellationen« (势) seiner Veränderungen folgen. Die »Konstellation« ist Ausdruck der Möglichkeit der Zustandsveränderung eines Dings. Das bedeutet, ein Ding transzendiert die Grenzen dessen, »was es ist« (*being as it is*), und verwandelt sich in etwas, das »es nicht ist« (*being as it is not*). Konstellationen sind ungeformt, unbestimmt und offen. Borges' »Zeitgabelungen« (*the forking paths of time*) sind das am besten treffende Bild dafür. Da sich das Dao des Himmel in den sich verändernden Konstellationen aller Dinge und nicht als deren unveränderliches Wesen manifestiert, strebt die Metaphysik des Dao nicht danach, das Wesen der Schöpfung zu bestimmen, sondern sämtliche »Erscheinungen« (*comprehensive images*/象) der Veränderung aller Dinge zu erfassen. Die Erscheinung legt kein Ding kategorial fest, als Synonym für das sich verändernde Dao zeigt sie nur Möglichkeiten an.

Die Metaphysik des Dao ist als eine Metaphysik des »Werdens« zu verstehen (*metaphysics of becoming*), die sich von der Metaphysik des »Seins« (*metaphysics of being*) in Intention und Fragestellungen unterscheidet. Die Metaphysik des Dao zeigt gegenüber dem Sein weder Erstaunen noch Beunruhigung, weil es sich um eine gesetzte Tatsache handelt, die keine Wahlmöglichkeiten zulässt. Das Sein wirft keine Fragen auf, und wir können es nicht in Frage stellen. Das Sein ist in dieser Metaphysik nicht vergessen, es ist nur seit jeher ungestört. Der Mensch soll und kann das unabwendbare absolute Sein nicht stören. Das menschliche Schicksal ist nur dort beeinflussbar, wo die Möglichkeit der Wahl besteht. Aus diesem Grund kümmert sich die Metaphysik des Dao nur um den »Wandel« und nicht um das »Wesen«, sie beunruhigt die Frage des »Werdens« (*how becoming*) und nicht des »Seins« (*what is there*). Anders ausgedrückt, was da ist, existiert, es handelt sich dabei einfach um einen gegebenen Daseins-Zustand. Wesentlich sind die zahllosen Möglichkeits-Zustände des Existierenden. In den Worten Laozis: »Das Dao, das beschrieben werden kann, ist nicht das ewige Dao. Der Name, der genannt werden kann, ist nicht der ewige Name.«[29]

Die Natur ist die ontologische Grenze aller Wahlmöglichkeiten, daher steht das Dao des Himmels über dem Dao des Menschen und kann der Mensch der Natur keine Gesetze geben. Die Natur wird sich in ihrer Selbstregulierung nicht menschlicher Subjektivität anpassen, nur der Mensch kann sich durch Selbstregulierung der Natur anpassen, daher ist die Schöpfung Maßstab des Menschen und nicht umgekehrt. Jede Abkehr des menschlichen vom himmlischen Dao bedeutet die Aufgabe der eigenen existentiellen Basis und kann auf den katastrophalen Weg des dämonischen Dao führen. Die Metaphysik des Dao verfolgt das Ziel, durch das Verständnis der ontologischen Absichten der Natur das Dao des guten Daseins zu begreifen. Was das Sein als solches betrifft, so ist die natürliche Absicht des Seins seine Fortexistenz bis hin zur Ewigkeit bzw. ist das Sein die unaufhörliche Bekräftigung des Seins als solches, aber die Bekräftigung des Seins als solches ist das sich in ständiger Veränderung befindende Sein. Was sich nicht verändert, ist tot, das »Sein an sich« (*being*) ist unveränderlich wie auch das »Wesen« (*essence*), daher sind Sein an sich und Wesen tot, in Wahrheit nicht existent. Nur das Werdende (*becoming*) ist seiend (*to be being*). Genau das ist mit den Worten des *Buches der Wandlungen* (周易) gemeint: »Die große Tugendkraft von Himmel und Erde heißt: Alles Lebendige gewähren und fortleben zu lassen.«[30] Und: »Was dem Dao folgt, ist das Gute; was es vollendet, ist die Wesensnatur.«[31] Woher kann man wissen, dass dies die Absicht des Seins an sich ist? Warum ist die Absicht des Seins nicht das Streben nach dem Tod? Man könnte es so erklären: Das Nicht-Sein ist die Negierung des Seins und das Sein kann unmöglich nach Negierung seines Selbst streben. Daher ist ewige Existenz das Ziel des Seins. Und wenn dem so ist, dann liegt der Sinn des Seins in seiner Zukunftsfähigkeit (*futureness*), das gute Dasein liegt daher in der »täglichen Erneuerung«. Das *Buch der Wandlungen* geht davon aus, dass man alles erreichen kann, wenn das menschliche Dao das Dao des Himmels als Richtschnur nimmt. »[Es] gleicht Himmel und Erde, daher handelt es [ihnen] nicht zuwider.«[32] Laozi hatte ein analoges Verständnis: »Der Mensch richtet sich nach der Erde, die Erde richtet sich nach dem Himmel, der Himmel richtet sich nach dem Dao, das Dao richtet sich nach dem von selbst Seienden.«[33]

Die Natur war göttlich, aber kein Gott. Da der Himmel nicht sprach, benötigte er auch keine Propheten, die der Menschheit seine Nachrichten übermittelten. Es waren die vielfältigen Veränderungen der Natur, die seine Absichten deutlich machten. Die Willenskundgebungen der Natur bedurften der Einsicht des Menschen, und diejenigen, die in der Lage waren, das Dao der natürlichen Veränderungen zu entziffern, waren »Weise«. Begriffe mit festgelegter Bedeutung können keine Veränderungen ausdrücken, daher hatten nach der Überlieferung die Weisen bedeutungsoffene »Symbole« geschaffen, um das Dao der Veränderung metaphorisch auszudrücken. Nach dem *Buch der Wandlungen* existieren 64 solcher Symbole, das bedeutete 64 Konstellationen der Veränderung, die in der Lage waren, Voraussagen über mögliche Beziehungen zwischen Handlungen und Schicksalen zu treffen. Mit der konkreten Zahl sollte man es nicht zu genau nehmen, es handelte sich dabei um eine mystische Symbolziffer. Das *Buch der Wandlungen* hatte seine Metaphysik aus den uralten Weissagungstexten des *Yi Jing* (易经) entwickelt und übernahm daher die unentzifferbaren Geheimcodes der Weissagungen und die dadurch ausgelösten zahllosen Mutmaßungen. Uns interessieren an dieser Stelle nicht die darin enthaltenen mystischen »Berechnungen«, sondern das dadurch angedeutete Dao des Himmels. Das Dao des Himmels war die metaphysische Grundlage des Dao des Tianxia. Was also offenbarte das Dao des Himmels? Das war auch, was Konfuzius als verborgene Wahrheit daraus zu entziffern suchte.

In seinen Anmerkungen zum *Yi Jing* sagte Konfuzius: Das *Yi Jing* kann dazu dienen, »die Absicht des Tianxia zu begreifen, die Aufgabe des Tianxia zu fixieren und die Fragen an das Tianxia zu entscheiden«.[34] Die Metaphysik des *Buches der Wandlungen* lieferte der Politik ein höchst bedeutungsvolles ontologisches Prinzip: »Alles Lebende gewähren und fortleben lassen« (*let all beings be in becoming*/生生). Im *Buch der Wandlungen* heißt es: »Das Gewähren- und Fortlebenlassen alles Lebenden heißt Wandel (易, *yi*).«[35] Der Begriff des »Yi« besitzt eine sich selbst erklärende Struktur. Seine direkte Bedeutung ist »ständig sich erneuernder Wandel«. Zugleich birgt er eine Meta-Interpretation in sich: »(Der sich ständig erneuernde Wandel) ist das ewig unwandelbare Dao.« Die vollständige Bedeutung dieses berühmten Satzes ist daher: »Der sich ständig erneuernde Wandel bewirkt die umfassende Entfaltung der Lebenskraft und genau das ist das ewig unveränderliche Dao.« Die in diesem ontologischen Prinzip enthaltene »Aufgabe des Tianxia« ist es, allem Leben eine kompatible, koexistenzielle Welt zu geben, d. h. eine Welt der Kompatibilität und Koexistenzialität, worin alles, was existiert, Dasein und umfassende Lebenskraft erhält. Hier findet die Umwandlung eines ontologischen in ein politisches Prinzip statt: Da das Tianxia eine dem Himmel entsprechende Existenz ist, sind das Dao des Himmels und das Dao des Menschen symmetrisch, sind ontologisches und politisches Prinzip symmetrisch. Da der Himmel die ganze Welt überspannt, muss das Tianxia Weltmaßstab erreichen. Da die Absicht des Dao des Himmels die kompatible Koexistenz alles Existierenden ist, muss auch die Absicht des Tianxia die kompatible Koexistenz aller Menschen sein. Daher muss das Konstruktionsprinzip der existenziellen Ordnung des Tianxia die Koexistenzialität sein. Die Schaffung des Tianxia bedeutet, aus einer Welt der Konflikte und Spaltungen ein kompatibles Tianxia zu machen, was bedeutet, die Inklusion der Welt zu verwirklichen. Solange das nicht erreicht ist, werden Menschen und Staaten keinen dauerhaften Frieden finden. »Unordnung unter dem Himmel bedeutet, dass kein Staat Ordnung und Sicherheit aufrechterhalten kann, sobald Unordnung im Staat herrscht, gibt es für keine Sippe Ruhe und Sicherheit, sobald die Sippe in Unordnung gerät, gibt es für niemanden Sicherheit.«[36] Das bedeutet, dass die vollendete Form von Politik Weltpolitik ist.

4. Die Institutionen des Tianxia-Systems

Das Tianxia-System hatte die große Aufgabe zu erfüllen, die Intentionen des himmlischen ins menschliche Dao zu übertragen. Das vom Herzog von Zhou konzipierte Lehnsystem – Herrschaftsteilung innerhalb eines Systems – ist ein in der politischen Geschichte innovatives System-Experiment. Auch wenn es die Idee des Tianxia nur unvollkommen zum Ausdruck bringt, stellt es bisher den einzigen Verwirklichungsversuch dar. Erfolg und Misserfolg dieses Konzepts liefern einem neuen künftigen Tianxia-System unersetzlichen gedanklichen Stoff. Das Lehnsystem der Zhou-Dynastie schuf ein die Welt überspannendes territoriales Netzwerk, ein hierarchisch strukturiertes Netzwerk. Auch wenn sich unter heutigem Blickwinkel die Netzwerkstruktur des Tianxia modern, sogar futuristisch ausnimmt, entspricht seine hierarchische Struktur nicht heutigen Wertvorstellungen und weckt leicht den Eindruck einer Gewaltherrschaft. Allerdings ist die hierarchiefreie Gesellschaft bis heute ein unverwirklichtes Ideal. Nicht nur die Gesellschaften der Vergangenheit waren ausnahmslos hierarchisch, auch die heutige Welt ist es ihrem Wesen nach. Das macht deutlich, dass Hierarchien, auch wenn sie der Wertvorstellung der Gleichheit zuwiderlaufen, für das Funktionieren der Gesellschaft nach wie vor erforderlich sind. Werte sind das eine, die Realität ein anderes.

Konkret gesprochen, besaß das »territoriale Netz« des Tianxia-Systems der Zhou-Dynastie einen als Kontrollzentrum fungierenden Staat des Souveräns, welcher als »Kronland« der unmittelbaren Verwaltung des Himmelssohns unterstand. Die Vasallenstaaten fungierten als politische Entitäten der zweiten Ebene, sie umfassten Lehnstaaten (封国) und tributäre Staaten (服国). Lehnstaaten waren von der Zhou-Dynastie neu geschaffene Staaten, tributäre Staaten waren ursprünglich existierende und dem Tianxia-System beigetretene Staaten. Die dritte Ebene politischer Entitäten bestand aus dem von Aristokraten der Bildungsschicht verwalteten Lehn (采邑) unterhalb der Ebene der Vasallenstaaten. Dieses System stand synonym für »Tianxia – Staat – Sippe« und bildete mittels der politischen Entitäten dieser drei Ebenen das Netzwerk der Herrschaftsteilung. Legt man die Kriterien der Politischen Wissenschaften zugrunde, bestand vor der Etablierung des von der Zhou-Dynastie geschaffenen Tianxia-Systems noch kein auf systemischen Rechtsnormen beruhender Staat, sondern nur faktische politische Gewalt über ein Territorium. Was als Staatenbund bezeichnet wurde, war in Wahrheit lediglich ein von Führungssippen beherrschter Verbund von Stämmen. Nach den Kriterien der Geschichtswissenschaften oder der Anthropologie gilt jedes Territorium mit einem größeren zentralen Herrschaftssitz und einem stabilen Herrschaftsgebiet als Staat, danach existierten in den tausend Jahren vor der Zhou-Dynastie bereits zahlreiche Staaten. Es handelt sich lediglich um unterschiedliche Kriterien, wir brauchen uns damit nicht näher zu beschäftigen. Mit der Schaffung des auf rechtlichen Normen beruhenden Tianxia-Systems schuf die Zhou-Dynastie zugleich ein auf rechtlichen Normen beruhendes Staatssystem, das mittels Lehnvergabe und Steuern das Netzwerk der territorialen politischen Machtzentren zu einem System zusammenfügte, das Hierarchien und Herrschaftsteilung auf der Grundlage rechtlicher Normen regelte. Die Lehnstaaten waren der Zhou-Aristokratie und verdienten Beamten aus anderen Sippen vorbehalten. Laut den vorhandenen Quellen gab es 71 Lehnstaaten, davon gehörten 53 Angehörigen der Herrschersippe.[37] Die Zahl tributärer Staaten lag weit höher, nach einer Quelle waren es 652, nach einer anderen 800.[38] Die große Zahl von Vasallenstaaten lag zum einem am Respekt vor den tradierten politischen Mächten, zum anderen standen Überlegungen eines Sicherheitsfaktors des gesamten Systems dahinter. Die politischen Beweggründe enthüllte einige Jahrhunderte später GU Yi (贾谊, 200-168 v. Chr.): »Will man Ordnung und Frieden unter dem Himmel, gibt es keine bessere Methode, als viele Lehnfürsten einzusetzen und ihre Macht gering zu halten. Wenn ihre Macht gering ist, sind sie leicht zu Rechtschaffenheit und Loyalität zu bewegen. Wenn der Staat klein ist, dann verschwinden üble Absichten.«[39]

Das Tianxia-System der Zhou-Dynastie besaß einige geradezu interaktive Netzeigenschaften:

1. Die Struktur jedes Segments war eine Kopie der Gesamtstruktur, jedes Segment war ein vollständiges System in relativ kleinem Maßstab, etwa wie die Teilmenge einer Gesamtmenge. Es handelte sich um ein generell durchlässiges (*transitive*) politisches System, aber jeder Einzelstaat wurde autonom regiert. Das Kronland trug Verantwortung für den Schutz des Tianxia-Systems, die Aufrechterhaltung der allgemeinen Ordnung und der gemeinsamen Systeminteressen. Jeder der in hohem Maße autonomen Staaten regelte seine internen Probleme, stieß er auf Schwierigkeiten, die er auf sich gestellt nicht bewältigen konnte, erhielt er direkte Unterstützung durch das Kronland oder beschaffte sich die Hilfe anderer Staaten.

2. Das gesamte Netzwerk war unbegrenzt offen. Theoretisch ist das Tianxia-System so groß wie die physische Welt. Auch wenn die Realität von der Theorie weit entfernt war, bedeutete die unbegrenzte Offenheit uneingeschränkte Kompatibilität.

3. Das Tianxia-System beruhte auf freiwilliger Kooperation, seine Legitimität bezog es aus der Akzeptanz und Unterstützung der Bevölkerung des Tianxia. Jedem Staat stand es frei, bei- oder auszutreten.

4. Jeder Staat war potentiell qualifiziert, sich zum neuen Zentrum des Tianxia zu entwickeln und das alte Zentrum abzulösen, das System akzeptierte die Möglichkeit von Revolutionen, doch benötigten sie den Beweis (die politische Legitimation) durch das Mandat des Himmels. Wenn der Staat des Souveräns sich als ungerecht und unfähig erwies, dem Dao zu folgen, und die Zustimmung der Volksseele verlor, konnte er durch einen anderen ersetzt werden.

Das System der Verteilung von Rechten und Pflichten zwischen dem Kronland und den Vasallenstaaten lässt sich wie folgt skizzieren:

1. Der Sohn des Himmels besaß das Eigentumsrecht an Grund und Boden des gesamten Tianxia und behielt sich ein Kerngebiet, das sogenannte »Kronland«, vor, das er unmittelbar verwaltete. Auch Gebirge und Flüsse, die als gemeinsame Ressourcen

nicht verteilbar waren, unterstanden der direkten Verwaltung des Himmelssohnes. Das übrige Land wurde als Lehn an Vasallen verteilt.

2. Die Vasallen besaßen das Nutzrecht an dem ihnen zugeteilten Land und den drauf lebenden Menschen, besaßen jedoch kein Eigentumsrecht daran. Land und Personen konnten daher nicht an andere übertragen werden.

3. Der Herrscherstaat war verantwortlich für die Aufrechterhaltung der öffentlichen Ordnung des Gesamtsystems, der Vasallenstaat besaß ein hohes Maß an Autonomie, hatte sich jedoch an den Kosten der Aufrechterhaltung der öffentlichen Ordnung durch das Kronland zu beteiligen, dem er abgaben- und fronpflichtig war. Bei den Abgaben handelte es sich jedoch nicht um Steuern im heutigen Sinn (sie waren erheblich niedriger), sondern um spezielle Güter des jeweiligen Territoriums (Mineralien oder regionalspezifische landwirtschaftliche Produkte). Bei den Frondiensten handelte es sich vor allem um Arbeitsleistungen (Wasserregulierung, Straßenbau oder gemeinsame Großprojekte) oder Kriegsdienste (Niederschlagung von Unruhen). Der Vasall hatte regelmäßig am Hof zu erscheinen, um Bericht zu erstatten. Der Himmelssohn unternahm häufige Inspektionsreisen, um den Wahrheitsgehalt der Berichte zu überprüfen und Belohnungen und Strafen auszusprechen.

4. Das Kronland verfügte über die relativ größte Streitmacht, die Vasallenstaaten verfügten über Heere, deren Größe sich am Status, an der Bevölkerungszahl und der Größe des Territoriums bemaß. Die Streitkräfte des Souveräns verliehen ihm keine absolute Überlegenheit, das System legte fest, dass er über sechs Armeen verfügen durfte, was sechzigtausend bis fünfundsiebzigtausend Soldaten bedeutete, die großen Vasallenstaaten drei Armeen, die mittleren zwei und die kleinen eine.[40] Dadurch wurde ein gewisses Gleichgewicht der Kräfte hergestellt, wenn der Staat des Souveräns den Weg des Dao verließ, konnte er durch ein revolutionäres Bündnis mehrerer Vasallenstaaten gestürzt werden.

Bei der territorialen Gliederung entwarf die Zhou-Dynastie ein halb politisches und halb theologisches Modell. Sie verwendete die Sippenstruktur als Muster für die Entfaltung des Tianxia-Netzwerkes, sie übertrug den Grad der Verwandtschaftsbeziehungen innerhalb der Sippe auf politische Beziehungen. Der Souverän residierte im Zentrum des Tianxia und schuf sich darum herum seine Herrschaftsdomäne (Kronland), das unmittelbar vom Himmelssohn verwaltete »1000-Li-Territorium«. Seine Residenzstadt trug die Bezeichnung »Land der Mitte« (中国), gemeint war damit die Hauptstadt im Zentrum des Tianxia. Das Territorium rings um die Hauptstadt wurde als »innerer Dienst« (内服) bezeichnet. Die Territorien der Vasallenstaaten hießen im Unterschied dazu »äußerer Dienst« (外服), sie bildeten konzentrische Kreise um die Herrscherdomäne, die sich über eine Distanz von 500 Li nach außen erstreckten. Das war eine Idealvorstellung, die geografischen Gegebenheiten und die tradierten Machtverhältnisse erlaubten derart geordnete Verhältnisse in der Realität nicht. Innere und äußere Dienste summierten sich zu den »fünf Diensten« (五服),[41] andere Quellen sprechen von »neun Diensten« (九服).[42] Die am Grad der Verwandtschaftsbeziehungen orientierten politischen Beziehungen waren zugleich hierarchische Beziehungen, die Aristokratie eines Lehnstaates stand gewöhnlich rangmäßig über den Regenten tributärer Staaten und war in militärischer, wirtschaftlicher und kultureller Hinsicht enger mit dem Kronland verflochten.[43] Die weiter entfernten Bündnisstaaten des äußersten Kreises standen mit dem Kronland nur in symbolischen Belehnungs- und Tributbeziehungen.

Das vom Herzog von Zhou entworfene Design des Tianxia-Systems war eine Mixtur aus idealistischen und rationalistischen Elementen. Absicht des Systems war die Eingliederung sämtlicher Staaten in ein gemeinsames System, das auf der Basis größtmöglichen wechselseitigen Nutzens graduell abgestufte Kooperation vorsah. Das sogenannte Prinzip des »Miteinanders der zehntausend Staaten«, d. h. friedliche Beziehungen, bildete den Minimalkonsens, als geistige Grundlage diente die Idee der Schaffung einer Welt maximaler Kooperation und minimaler Konflikte. Die Zhou-Dynastie profitierte vom Design des Tianxia-Systems und hielt es 800 Jahre aufrecht, sie war die Dynastie mit der längsten Lebensdauer in der chinesischen Geschichte. Allerdings verwandelten sich die letzten 500 Jahre der Dynastie in einen Prozess fortschreitenden Niedergangs und endlichen Scheiterns. Die Gründe dafür liegen unter anderem in nicht vorher bedachten Mängeln der Konzeption des Zhou-zeitlichen Systems, davon wird später die Rede sein.

5. Allumfassenheit

Der grundlegende Charakter des Tianxia ist seine Allumfassenheit (*all-inclusiveness*). Im unmittelbaren Wortsinn bedeutet das die Inklusion der gesamten Welt, die kein Außen mehr kennt. An dieser Stelle bezieht sich die Allumfassenheit auf das politische Problem der Verwirklichung einer Inklusion der Welt: Erst wenn sämtliche Gebiete der Welt Teil des Tianxia geworden sind, sich alle Menschen in einem Zustand der Kompatibilität und Koexistentialität befinden, wird die Welt zum Tianxia.

Im *Buch der Riten* (礼记) heißt es: »Man kann nicht davon sprechen, dass der Himmelssohn das Reich verlässt.«[44] Gemeint war damit, dass das gesamte Tianxia Wohnung des Himmelssohnes ist, er es nie verlässt, wohin immer er sich begibt. Auch *Gong Yangs Erläuterungen zu den Frühlings- und Herbstannalen* (春秋公羊传) spricht davon, dass nicht von »Flucht« gesprochen werden kann, wenn ein hoher Beamter des Zhou-Kaisers in einem Vasallenstaat um Anstellung ansucht oder um politisches Asyl bittet, weil auch er die Binnenwelt des Tianxia nie verlässt, wohin auch immer er sich begibt.[45] Der Himmelssohn besaß das Eigentumsrecht über den gesamten Grund und Boden des Tianxia, das Tianxia ist Wohnung des Himmelssohnes, daher heißt es: »Der Herrscher kennt kein Außen.«[46] Wie es in der Strophe des alten Liedes heißt: »Unter dem weiten Himmel ist alles des Herrschers Land; innerhalb der Begrenzungen der Küsten sind alle des Herrschers Diener.«[47] Nach Ansicht des Konfuzius ist das Tianxia des Herrschers, das kein Außen kennt, noch nicht die höchste Stufe des Tianxia, das ideale Tianxia ist erst erreicht, wenn es zum »gemeinsamen Tianxia«[48] geworden ist, also zum Tianxia als gemeinsamem Besitz aller Menschen. LÜ Buweis (吕不韦, ca. 300-236 v. Chr.) Erklärung ist noch expliziter: »Das Tianxia gehört nicht einem (einzelnen) Menschen, sondern allen, die es bewohnen (gleichermaßen).«[49] Das Tianxia des Herrschers, das kein Außen kennt, verkörpert nur die Allumfassenheit der Welt, jedoch noch nicht das Besitzrecht daran, also den gemeinsamen Besitz und die gemeinsame Teilhabe am Tianxia. Hier wird die Differenz zwischen dem Tianxia der Zhou-Dynastie und dem idealen Tianxia deutlich. Wir dürfen allerdings dabei den historischen Kontext nicht außer Acht lassen, das Tianxia-System der Zhou-Dynastie bedeutete bereits das Höchstmaß an Teilhabe unter den Bedingungen eines monarchischen Systems.

Um das Allumfassende des idealen Tianxia zu illustrieren, liefert LÜ Buwei ein extremes Gleichnis (das vermutlich erfunden ist): Ein Mann aus dem Staat Jing verlor seinen Bogen und verzichtete darauf, danach zu suchen, mit der Begründung: »Ein Mann aus Jing hat etwas verloren und ein anderer Mann aus Jing hat etwas gefunden, warum soll man danach suchen?« Konfuzius kommentierte: Es wäre noch besser gewesen, hätte er das Wort »Jing« weggelassen. Laozi ging noch einen Schritt weiter: Perfekt wäre es gewesen, hätte er auch das Wort »Mann« weggelassen.[50] Das Verständnis des »Mannes aus Jing« zeugt von der Gleichheit und Gleichbehandlung der Bewohner eines Staates, das Verständnis des Konfuzius von der Gleichheit und Gleichbehandlung aller Menschen der Welt, Laozis Verständnis dagegen von der Gleichheit und Gleichbehandlung aller Lebewesen. Damit überschreitet er den Bereich des Politischen und begibt sich ins Feld der Metaphysik, das konfuzianische Verständnis nähert sich daher am ehesten dem politischen Prinzip des allumfassenden Tianxia. Allerdings bedeutet wohl selbst das konfuzianische Verständnis eine übertriebene Idealisierung, in der Realität ist kein politisches System imstande, den Egoismus auszuschalten. Das Ziel des allumfassenden Tianxia ist in Wahrheit ganz realistisch: ein System gemeinsamen Nutzens und gemeinsamer Nutzenteilhabe zu etablieren, dessen Design und dessen Spielregeln alle Staaten und Menschen bereit sind zu akzeptieren. Anders ausgedrückt, ein System, von dessen Akzeptanz sich alle Staaten und Menschen größere Vorteile versprechen als von seiner Zerstörung. Nur so verstanden, verdient das Tianxia-System zu Recht die Bezeichnung »allumfassend«.

Existierte innerhalb des Tianxia-Systems die Vorstellung von Zentrum und Peripherie? Beispielsweise in Form der »Unterscheidung zwischen Chinesen (华) und Barbaren (夷)«. Die Frage muss im historischen Kontext gesehen werden. In der Frühzeit Chinas bezog sich die Unterscheidung von Chinesen und Barbaren auf die durch natürliche Unterschiede der Territorien herbeigeführten Unterschiede der Produktionsweisen, der Lebensformen und der Kulturen.[51] Sie hatte eine neutral-deskriptive (*descriptive*) Funktion und war kein Ausdruck rassistischer oder nationalistischer Diskriminierung. Der antike Klassiker der geografischen Anthropologie, das *Buch von den Bergen und Meeren*, berichtet von den »merkwürdigen« Lebensgewohnheiten ferner Regionen. Zum Ausdruck kommt ein Gefühl des Staunens, doch handelt es sich lediglich um Erfahrungsberichte. Eine gewisse Überheblichkeit (nicht Diskriminierung) des entwickelten Zentrums gegenüber der »rückständigen« Peripherie macht sich bemerkbar, aber dabei handelt es sich um ein bis in die Gegenwart verbreitetes menschliches Gefühl. Es ist eine historische Tatsache, dass die Zentralebene in der Antike das am frühesten entwickelte Gebiet war. Dort führte die früher als anderswo zur Reife gelangte Schriftkultur zu einer raschen zivilisatorischen Entwicklung[52] und daher wurde die Zentralebene zum Zentrum des antiken Tianxia. Das führte bei den Völkern der Peripherie zwangsläufig zu zentripetalen Aktionen, sei es zu nachahmendem Lernen, sei es zum Raub von Gütern bis hin zum Griff nach der Macht über die Zentralebene, die zum Austragungsort der Konkurrenz zwischen den Völkern wurde, wobei die Sieger die Zivilisation der Zentralebene übernahmen und fortentwickelten. Schon Menzius hat darauf hingewiesen, dass einige der »Weisen Herrscher« barbarischen Ursprungs waren, so stammte etwa der legendäre Kaiser Shun (舜, ?-2240 v. Chr.) von den östlichen und der König ZHOU Wen (周文王, 11. Jahrhundert v. Chr.) von den westlichen Barbaren ab.[53] Entscheidend war, dass die Auffassung eines allumfassenden Tianxia apriorisch die Existenz eines antagonistischen Außen negierte und Diversität und Kompatibilität akzeptierte. Die »barbarischen« Stämme der Man (蛮), der Yi (夷), der Rong (戎) und der Di (狄) waren nach wie vor Teil der »Fünf Dienste«, auch die enfernten Stämme an den Grenzen der bekannten Welt, den »vier Meeren«, waren Teil des Tianxia.

Die entwickelte Kultur der Zentralebene betrachtete sich zwar als das zivilisatorische Modell, aber es erkannte die diversen Vorzüge anderer Kulturen an. Die Geschichte vom »Besuch des Gesandten YOU Yu (由余) am Hof der Qin (由余使秦)« ist ein anschauliches Beispiel: YOU Yu erschien als Gesandter des Königs der Rong im Nordwesten am Hof von Qin. Der Herzog Mu von Qin (秦穆公, reg. 659-621 v. Chr.) fragte ihn: »Im Staat der Mitte dienen Poesie, Prosa, Riten und Musik sowie Gesetze und Normen als Richtschnur, um zu regieren. Dennoch kommt es von Zeit zu Zeit zu Unruhen. Bei den Rong und Yi gibt es all das nicht, wonach richten sie sich beim Regieren? Ist das nicht schwierig?« YOU

Yu antwortete: »Eben darin liegt die Ursache für die Unruhen im Staat der Mitte. Als die ›Höchsten Weisen‹ wie der ›Gelbe Kaiser‹ Riten, Musik, Gesetze und Richtlinien entwarfen, nahmen sie sich selbst als Maßstab und hielten sich zuvorderst daran und erreichten dadurch eine gewisse, wenn auch nur geringe Ordnung. Ihre Nachfolger wurden jedoch immer arroganter und zügelloser. [...] Die Rong und Yi sind anders. Die Oberen behandeln ihre Untergebenen mit Menschlichkeit und Tugend, die Unteren hegen Loyalität und Vertrauen im Dienst ihren Oberen gegenüber. Man regiert einen Staat wie man einen Einzelnen behandelt, man regiert ohne Kenntnis all der Theorien und Regeln des Regierens, das ist die Art der Regierung eines Weisen.« Der Herzog Mu war tief betroffen und sagte zu seinen Regierungsbeamten: »Ich habe erfahren, dass es im Nachbarstaat einen Weisen gibt [...].«[54] Ein noch bekannteres Beispiel sind die Reformen des ZHAO Yong (赵雍, ca. 340-295 v. Chr.), des »Wuling-Königs« (武灵王) des Staates Zhao, durch Übernahme hunnischer Kleidung und Techniken des Reitens und Bogenschießens. Viele Adlige opponierten gegen die Übernahme von Elementen hunnischer Kultur mit der Argumentation: Wir haben die heiligen Lehren unserer Weisen, wir haben Poesie und Prosa, Riten und Musik, »seit jeher ist man im Ausland unserem Beispiel gefolgt«. Wir waren das Vorbild der Barbaren, wenn wir jetzt im Gegensatz dazu »ausländische Kleidung nachahmen und von den ehrwürdigen Lehren und vom alten Dao abweichen«, steht zu befürchten, dass uns die Leute nicht mehr folgen. Der Wuling-König von Zhao widersprach ihnen: »Die gewöhnlichen Leute bleiben in den Gewohnheiten stecken, die Gelehrten kleben an dem, was sie gelernt haben, weder die gewöhnlichen Leute noch die Gelehrten können in die Ferne sehen, um über die Anfänge zu sprechen.« Im Übrigen »trugen [die Herrscher] der ›Drei Dynastien‹ unterschiedliche Kleidung und herrschten [trotzdem]. Die ›fünf Tyrannen‹ unterschieden sich in ihren Lehren und regierten [trotzdem][...]. Die Gepflogenheiten des Altertums unterscheiden sich von denen heutzutage, warum [sollten wir] an den Methoden des Altertums [festhalten]? Die Herrscher ahmten einander nicht nach, warum [sollten wir] uns an ihre Riten halten? [...] Was bequem zu tragen war, wurde ›Kleidung‹ genannt. Was der Sache nützte, wurde ›Lehre‹ genannt. [...] [Sie] betrachteten die [Zeichen der] Zeit, erließen Gesetze[, wenn nötig], und entwarfen Riten entsprechend den Umständen. Die Einführung von Gesetzen und Regeln zur Aufrechterhaltung der Ordnung gehorchte jeweils ihrem Nutzen; Kleidung und Gerätschaften entsprachen jeweils dem, wofür sie verwendet wurden. Um die Welt zu regieren, braucht es nicht notwendigerweise einen einheitlichen Weg, und was dienlich für einen Staat ist, entspricht nicht notwendigerweise dem, was uns das Altertum vorgibt.«[55] In der Vor-Qin-Zeit nahmen einige Könige, Fürsten und andere hohe Adelige Namen wie Man, Yi oder Rong an, was zeigt, dass diese Bezeichnungen keineswegs abwertend gemeint waren, WANG Ke (王柯) gibt eine interessante Erklärung dafür: »Die nomadischen Völker galten als robust und kräftig, die Namensgebungen Man und Yi drückten vermutlich die Hoffnung auf starke und gesunde männliche Nachkommen aus.«[56]

Theoretisch bedeutet das allumfassende Tianxia eine Welt in gemeinsamem Besitz und gemeinsamer Teilhabe daran. Jeder Mensch hat das Recht, am Aufbau der Ordnung des Tianxia teilzunehmen, jedes Volk kann zum Moderator der Ordnung des Tianxia werden. Weil es keine kulturelle Marginalisierung kennt, besitzt das Konzept des Tianxia allgemeine Attraktivität und Überzeugungskraft. Zahlreiche Völker haben im Lauf der Geschichte in unterschiedlichem Grad von der Nordchinesischen Ebene Besitz ergriffen, vor allem die Dynastien der Liao (916-1125 n. Chr.), der Jin (1125-1234 n. Chr.), der Yuan (1279-1368 n. Chr.) und der Qing (1644-1911 n. Chr.) haben sich mittels des Tianxia-Konzeptes als vom Himmel legitimiert interpretiert.

6. Der Isomorphismus von Sippe und Tianxia

Die zentrale Ideenschöpfung des Tianxia-Systems der Zhou-Dynastie war das in zwei Richtungen angelegte Prinzip der Übertragung der Sippe auf die Welt bzw. der Welt auf die Sippe. Beide Richtungen setzten die strukturelle Isomorphie von Sippe und Tianxia voraus, jedoch enthielten die unterschiedlichen Richtungen jeweils unterschiedliche Bedeutung: Geht man vom Tianxia aus, ergibt sich die politische Ordnung »Tianxia – Staat – Sippe«. Nimmt man die Sippe als Ausgangspunkt, bedeutet sie die ethische Ordnung »Sippe – Staat – Tianxia«. Die Synthese bildete den Kreislauf »Tianxia – Staat – Sippe – Staat – Tianxia« und zugleich eine kreislaufförmige Interpretation des Verhältnisses von Politik und Ethik. Diese Interpretation ist nicht selbstreferentiell (*self-referent*) und damit nutzlos, sondern eine wechselseitige Erläuterung und Bestätigung von Politik und Ethik: Einerseits die Ausweitung der Sippen-Ethik auf das Tianxia und andererseits der Schutz der Sippengesellschaft durch die Politik des Tianxia.

Die ethische Extrapolation »Sippe–Staat–Tianxia« machte die Sippe zum Modell, sie modellierte die Ordnung des Tianxia nach dem Vorbild familiärer Beziehungen. Der Sohn des Himmels hatte die Aufgabe, die gemeinsame Ordnung und den gemeinsamen Nutzen des Tianxia zu gewährleisten, analog zur Verantwortung des Sippenoberhauptes: »Als Vater und Mutter des Volkes ist der Sohn des Himmels Herrscher über alle(s) unter dem Himmel.«[57] Die »Übergabe des Bodens und der Bewohner« der Lehnvergabe war eine Analogie zur Erbteilung zwischen Brüdern innerhalb einer Sippe. Auch wenn die Macht im Tianxia geteilt ausgeübt wurde, blieb die Beziehung »Alle Menschen innerhalb der vier Meere wie eine Sippe«[58] stets unangefochten. Die der Anordnung Tianxia–Staat–Sippe« innewohnende Bedeutung betrachtete dagegen das Tianxia als gemeinsamen Besitz aller Menschen, als Garant der Sicherheit und des Nutzens jedes Staates und jeder Sippe. Bedeutete die ethische Allumfassenheit der Übertragung familiärer Beziehungen auf das Tianxia universelle Liebe, so bedeutet die politische Allumfassenheit der Übertragung des Tianxia auf die Sippe Gerechtigkeit. Die allumfassende Ethik der universalen Liebe ist das Dao des Menschen. »Behandle die Alten deiner eigenen Sippe ihrem Alter entsprechend mit Respekt und übertrage dieses Verhalten auf die Alten anderer Sippen; behandle die Jungen deiner eigenen Sippe ihrem Alter entsprechend und übertrage dieses Verhalten auf die Jungen anderer Sippen, dann kannst du das Tianxia in deiner Hand bewegen.« Ziel ist die »Ausdehnung der Güte [bis zu einem Punkt], wo sie imstande ist, alle(s) innerhalb der vier Meere zu schützen«.[59]

Die allumfassende Politik der Gerechtigkeit ist dagegen das Dao des Herrschers: »Einseitigkeit vermeiden und keine Partei zu ergreifen, macht das Dao des Herrschers weit und eben; keine Partei zu ergreifen und Einseitigkeit zu vermeiden, macht das Dao des Herrschers gleichmäßig und gelassen; sich weder auf die eine noch die andere Seite zu schlagen, macht das Dao des Herrschers gerade und gerecht.«[60] Oder mit den Worten des Konfuzius: »Der Himmel beschirmt alle(s) gleichermaßen ohne Eigennutz, die Erde trägt alle(s) gleichermaßen ohne Eigennutz, Sonne und Mond bescheinen alle(s) gleichermaßen ohne Eigennutz.«[61]. Hier tritt der Kreislaufcharakter der allumfassenden ethischen und politischen Ordnung deutlich zu Tage: Einerseits dient das Konzept der Sippe dazu, den Charakter der Welt als den »einer Sippe zwischen den vier Meeren« zu fixieren und die Inklusion des Tianxia zu bestätigen. Andererseits dient das Konzept von Gerechtigkeit und Uneigennützigkeit dazu, den Charakter der gemeinsamen Teilhabe und des Gemeinbesitzes des Tianxia zu fixieren und die Universalität des Tianxia zu bestätigen. Hier verschmelzen die Konzepte von Tianxia und Sippe, verbinden sich Allumfassenheit und Universalität zu einer Einheit.

Entsprechend dem Prinzip der Allumfassenheit muss die gesamte Welt zur Binnenwelt werden, um Ordnung und Prosperität des Tianxia zu erreichen. In einer Welt, die nur ein Innen kennt, ist die universale Durchlässigkeit der politischen Ordnung gewährleistet. Mit anderen Worten: Nur wenn die politische Ordnung widerspruchslos alle Ebenen der politischen Sphäre durchdringt, besitzt sie universale Geltung und Glaubwürdigkeit. Am Design des Systems der Zhou-Dynastie wird deutlich, dass die politische und die ethische Ordnung in beide Richtungen, sowohl Tianxia – Staat – Sippe als auch Sippe – Staat – Tianxia, durchlässig waren und einen internen Kreislauf bildeten. Ethische wie politische Prinzipien waren in diesem Kreislauf gleichermaßen zwingend erforderlich und daher von gleichem Gewicht. Aber letztlich handelte es sich doch um unterschiedliche Prinzipien, was am Ende immer das Problem des Vorrangs aufwarf. So wie sich im *Buch der Wandlungen* die Natur aus den beiden gleich wichtigen und sich ergänzenden Elementen des Yin und Yang bildet, doch Yang dabei das vorrangige und Yin das assistierende Element darstellt. Ob nun in der Struktur von Tianxia – Staat – Sippe das Uneigennützigkeitsprinzip des Tianxia Vorrang vor dem Liebesprinzip der Sippe besaß oder umgekehrt, war eine potentiell unlösbare Frage. Sie wurde in den auf die Zhou-Dynastie folgenden Epochen der *Frühlings- und Herbstannalen* (722-481 v. Chr.) und der »Streitenden Reiche« (475-221 v. Chr.) unterschiedlich beantwortet.

Im Verständnis von GUAN Zhong (管仲, 723-645 v. Chr.)

und Laozi lag die grundlegende Bedeutung der Ordnung Tian-xia – Staat – Sippe in ihrer Universalität. Das Tianxia ist der Zu-sammenschluss aller Menschen, die Staaten und Sippen sind Bau-steine des Tianxia. Das bedeutet, dass jede politische Entität über jeweils autonome Interessen und eine autonome Ordnung verfügt, die größeren politischen Entitäten vertreten zwangsläufig höhere gemeinschaftliche Interessen und eine höhere gemeinschaftliche Ordnung, wobei das Tianxia das höchste gemeinschaftliche Inter-esse und die höchste gemeinschaftliche Ordnung repräsentiert. Das Essentielle des Tianxia liegt daher darin, dass es, uneigennützig wie der Himmel selbst, allen Menschen Schutzraum bietet. Bei GUAN Zhong heißt es: »Ein Distrikt, der wie eine Sippe verwaltet wird, ist schlecht verwaltet, ein Staat, der wie ein Distrikt verwaltet wird, ist schlecht verwaltet, wird das Tianxia wie ein Staat verwaltet, ist es schlecht verwaltet. Eine Sippe muss behandelt werden, wie es sich für eine Sippe gehört, ein Distrikt, wie es sich für einen Distrikt gehört, ein Staat, wie es sich für einen Staat gehört, und das Tianxia, wie es sich für das Tianxia gehört. Sage nie, du gehörst nicht zu mei-ner Sippe, denn dann werden die Menschen außerhalb der Sippe nicht auf dich hören. Sag nie, du gehörst nicht zu meinem Distrikt, denn dann werden die Menschen außerhalb des Distrikts nichts für dich tun. Sage nie, du gehörst nicht zu unserem Staat, denn dann werden die Menschen außerhalb des Staates dir nicht gehor-chen. Sei wie Himmel und Erde, die keinen Eigennutz und keine Bevorzugung von Verwandten kennen. Sei wie Mond und Sonne. Darin besteht die moralische Integrität des wahren Herrschers.«[62] Das bedeutet, das Tianxia muss gemäß dem Maßstab von »Him-mel und Erde« uneigennützig Sippen, Ethnien und Staaten über-greifend die Ordnung des Tianxia aufrechterhalten. Laozi drückt es noch lapidarer in dem berühmten Satz aus: »Nimm dich selbst als Maßstab, um andere zu beurteilen, nimm deine Sippe als Maßstab, um andere Sippen zu beurteilen, nimm deine Gemeinde als Maß-stab, um andere Gemeinden zu beurteilen, nimm deinen Staat als Maßstab, um andere Staaten zu beurteilen, nimm das Tianxia als Maßstab, um das Tianxia zu beurteilen. Woher ich weiß, was es mit dem Tianxia auf sich hat? Eben dadurch.«[63] GUAN Zhong lebte vor Laozi, der Überlieferung nach arbeitete Laozi als Angestellter in den Staatsarchiven der Zhou-Dynastie, es ist denkbar, dass er GUAN Zhongs Werke gelesen hat. Ihrer beider Verständnis ähnelt in hohem Maße dem im *Buch der Urkunden* definierten Dao des Herrschers: »Einseitigkeit vermeiden und keine Partei ergreifen.«[64]

GUAN Zhong war wie die Legalisten der Auffassung, dass sich das Dao des Herrschers in Form von Uneigennützigkeit und Gerechtigkeit im »Gesetz« manifestiert. Der Begriff des Gesetzes ist in der Vor-Qin-Zeit sehr breit, er umfasst praktisch sämtliche Spielregeln des gesellschaftlichen Lebens und äußert sich insbesondere im System von Belohnung und Bestrafung, worin das Gesetz die Bestrafung regelt, das System der Nutzenverteilung die Belohnung. Beide Systeme zusammen ergeben unparteiische Spielregeln für Belohnung und Bestrafung. Solange es Spielregeln gibt, die sicherstellen, dass Gutes belohnt und Böses bestraft wird, ist die Aufrechterhaltung der Ordnung unter dem Himmel gewährleistet: »Urteile fällen ohne Ansehen von verwandtschaftlicher Bindung, von Nähe und Ferne, gesellschaftlichem Stand und Aussehen. Nach dem Gesetz zu handeln heißt, uneigennützig wie Himmel und Erde zu sein.«[65] Es handelt sich hierbei um »Herrschaft durch Gesetz« (*rule by law*), nicht etwa um »Herrschaft des Gesetzes« (*rule of law*). Die Beschränktheit des Rechtssystems liegt darin, dass es die Berechtigung der Regeln nicht erklären kann oder anders ausgedrückt, dass es das Konstitutionelle der Regeln nicht beweisen kann, weil das Rechtssystem nicht selbstevident ist. Darin lauert die Gefahr, dass uneigennützige Gesetze nicht zwangsläufig ein gutes Leben garantieren, sie sogar gegen die Menschlichkeit verstoßen können.

Konfuzius hatte ein anderes Verständnis der Ordnungsbasis von Tianxia – Staat – Sippe. Er erkannte, dass eine vernünftige Ordnung sich letzten Endes auf menschliches Empfinden gründen musste, dass eine politische Ordnung, die sich darüber hinwegsetzte, nicht der Volksseele entsprach und unvermeidlich durch das Auseinanderfallen von Worten und Taten der Beteiligten zersetzt würde. Daher glaubte Konfuzius nicht an Herrschaft durch Gesetz. Allerdings ist menschliches Empfinden von Natur aus eigennützig, außer es wird durch eine darin enthaltene mächtige uneigennützige Empfindung in Schach gehalten. Andernfalls wird es zwangsläufig zur Quelle von Konflikten. Anders ausgedrückt, das menschliche Empfinden muss ein Gen der Uneigennützigkeit in sich bergen, um eine uneigennützige Ordnung zu ermöglichen. Das Gen der Uneigennützigkeit, das Konfuzius in der menschlichen Empfindung entdeckte, hieß »Verwandtenliebe« (亲亲). Die Liebe zu Verwandten kennt keine Bedingungen und ist uneigennützig, daher sah Konfuzius in der Verwandtschaft eine verlässliche Basis von Moral. Die gesellschaftliche Form von Verwandtschaft war die Sippe, somit war die Sippe der Nährboden für die individuellen Eigennutz überschreitende Menschenliebe. Sie war Träger aller Gene der Nächstenliebe unter den Menschen und daher zur Urform des quasi familiären Zusammenhalts im Tianxia prädestiniert. In den Augen von Konfuzius war die moralische Ordnung von Sippe – Staat – Tianxia notwendig die letztgültige Grundlage der politischen Ordnung von Tianxia – Staat – Sippe, sie bewies deren Berechtigung. Das Tianxia beschränkte sich nicht darauf, sämtliche Staaten und Sippen in einem System zusammenzufassen, es musste selbst zu einer grenzenlosen Sippe werden. Die Sippe als Metapher findet sich auch im *Buch der Urkunden*: »Es beginnt mit der Sippe und dem Staat und endet an den vier Meeren«,[66] und: »Als Vater und Mutter des Volkes ist der Sohn des Himmels Herrscher über alle(s) unter dem Himmel.«[67]

Der Konfuzianismus betrachtete die Sippe als einen nahezu sakralen Lebensraum, der sämtliche Gene des menschlichen Dao in sich einschloss, in einer nicht weiter auf individuelle Werte oder gesellschaftliche Verträge reduzierbaren, apriorisch von Allen geteilten Bedeutung. Im Konfuzianismus wird der Mensch durch Beziehungen definiert. Es ist danach unmöglich, ein Einzelwesen a ausschließlich als a zu beschreiben, es ist zwingend zu sagen, dass, wenn ein Wesen a existiert, es ausschließlich als (a^b) ^ (a^c) ^ (a^d) … existiert. Wenn man das Leben nach dem Modell der Sippe, d. h. nach einer Familienlogik, der »logischen Konjunktion« (^), auffasst, wird man sich um Harmonie, Pflichterfüllung und Frieden bemühen. Im Gegensatz dazu wird man, wenn man das Leben individualistisch definiert, entsprechend der Logik des Individuums, nämlich der »Logik des Entweder-oder«, nach Macht, Vorteil und Kampf streben. Im wirklichen Leben kann es auch innerhalb familiärer Beziehungen zu Kämpfen kommen, doch ist das kein Argument gegen die Gültigkeit der konfuzianischen Auffassung. Der Konfuzianismus vertritt lediglich die Auffassung, dass die Sippe, potentiell gesehen, ein ökologisches Umfeld darstellt, das tendenziell Reibungen im Bereich individuellen Nutzens minimiert und die Entstehung bedingungsloser gegenseitiger Fürsorge und gegenseitiger Verantwortung fördert. In diesem Sinn war die ideal aufgefasste Sippe ihrem Wesen nach hinreichender Ausdruck des menschlichen Dao. Die Formulierung »Das Dao des Menschen findet hier seine Vollendung«[68] bedeutete, dass das Prinzip »Sippe« als das ideale Prinzip zur Lösung aller gesellschaftlichen und staatlichen Fragen, ja selbst der Fragen des Tianxia betrachtet wurde.

Das Modell der Propagierung einer Moral nach dem Muster Sippe – Staat – Tianxia blieb durchaus nicht unumstritten. Bereits in der »Epoche der Streitenden Reiche« wurde es von SHANG Yang (商鞅, ca. 390-338 v. Chr.) heftig kritisiert: »Ihr Dao [beschränkte sich] auf die Liebe zu den Verwandten und zum eigenen Besitz, aus der Verwandtenliebe entstand Ungleichbehandlung, aus der Liebe zum eigenen Besitz Verrat und Betrug.«[69] Gemeint ist damit, dass die Sippe zwar den absoluten Eigennutz des Individuums transzendiert, dafür jedoch den relativen Eigennutz einer familiären Einheit konstituiert, und die dadurch herbeigeführten Konflikte denen durch individuellen Eigennutz herbeigeführten in nichts nachstehen. Daher helfe die konfuzianische Sippen-Theorie nicht weiter. In neuerer Zeit äußerte auch FEI Xiaotong ernsthafte Zweifel: Die Propagierung der Sippe als Kernelement ähnele dem inneren Kreis einer sich ausbreitenden Welle, die sich Schicht um Schicht nach außen verlaufe, bis sie sich verliere. Auf Gefühl gegründete moralische Fürsorge verliere ihre Wirkung, sobald sie auf Fremde angewendet werde. Die entscheidende Schwäche des Sippenprinzips sei, dass sich im Prozess der Verbreitung seine Wirkung verringere. FEI Xiaotong vertritt daher die Auffassung, dass die klassische konfuzianische Hypothese (»Im Altertum bemühten sich diejenigen, die sich an Tugend im Tianxia hervortun wollten, zunächst darum, ihren Staat in Ordnung zu bringen. Um den Staat zu ordnen, mussten sie zunächst die Sippen ordnen. Um die Sippen zu ordnen, mussten sie sich zunächst selbst kultivieren. […] Durch Selbstkultivierung wurden die Sippen geordnet, durch Ordnung der Sippen wurde der Staat geordnet, durch Ordnung des Staates wurde das Tianxia befriedet«[70]) in Wahrheit ein Prinzip des Eigennutzes in sich berge: »Ein Mensch kann um seiner selbst willen die Familie, um der Familie willen die Partei, um der Partei willen den Staat und um des Staates willen das Tianxia opfern.«[71] Da das Sippenmodell nicht in der Lage sei, universale Nächstenliebe zu garantieren, sei es auch ungeeignet, als Modell des Tianxia zu dienen.

Konfuzius hat sich mit diesem Problem nicht auseinandergesetzt, er glaubte, dass Propagierung der Nächstenliebe die Kraft des Vorbilds unterstützen werde. Das Problem besteht darin, dass zwar jedermann das moralische Vorbild lobt, es aber nicht notwendigerweise nachahmen möchte. Einen Weisen zu erkennen, heißt nicht unbedingt, es ihm gleichtun zu wollen. Eher führt es zum »Trittbrettfahrer«-(*free-rider*)-Problem. SHANG Yang hat das sehr scharfsinnig erkannt: »Ein von Nächstenliebe erfüllter Mensch wird seinen Nächsten lieben, aber er kann nicht andere zur Nächstenliebe bewegen, ein von Rechtschaffenheit erfüllter Mensch mag die Menschen lieben, aber kann nicht andere zur Menschlichkeit bewegen. Daraus erkennen wir, dass Nächstenliebe und Rechtschaffenheit nicht ausreichen, das Tianxia zu regieren.«[72] Das heißt, dass jemand, der seinen Nächsten liebt, Nächstenliebe nur für sich selbst gewährleisten kann, nicht aber, dass sich andere Menschen in Personen verwandeln, die ihren Nächsten lieben. Hier besteht eine Dissonanz zwischen Einsicht und Handeln. Gemäß der konfuzianischen Hypothese ist das menschliche Dao selbst evident, der Mensch muss nicht argumentieren, um zwischen Gut und Böse zu unterscheiden. Dennoch verstößt er willentlich gegen die Regeln von Gut und Böse. Das bedeutet, dass die Selbstevidenz der Moral nicht garantiert, dass die Menschen sich für moralisches Verhalten entscheiden. Konfuzius war mit einem Problem konfrontiert, das der sokratischen Hypothese genau entgegengesetzt war. Mit der Begründung, dass kein Mensch, der etwas als wahrhaft gut erkennt, so töricht sein wird, das Schlechte zu wählen, ging Sokrates davon aus, dass niemand wissentlich Schlechtes tut (*no one errs knowingly*). Offensichtlich trifft in der Realität häufig genau das Gegenteil zu. Im Kapitel »Fangji« (坊记) des *Buches der Riten* wird die Enttäuschung des Konfuzius beschrieben: Angesichts eines Vorteils, egal ob groß oder klein, greifen die Menschen häufig ohne Überlegung nach dem Vorteil, ohne daran zu denken, was das Rechte ist. (Man kann das natürlich nicht verallgemeinern.)

Auch wenn die Vorstellung des Konfuzius von der Macht des Vorbildes nicht sonderlich tragfähig ist, ist dennoch die von Konfuzius aufgeworfene Frage des Vorbilds von erheblicher theoretischer Bedeutung. Dass Vorbilder keine Wirkung zeigen, gilt nämlich nur im Fall des von Konfuzius imaginierten moralischen Vorbildes. Tatsächlich üben Vorbilder generell gesellschaftlichen Einfluss aus. Die Wirkung von Vorbildern ist ein wesentlicher Faktor bei der Erklärung kollektiver Entscheidungen (der oben erwähnte Nachahmungstest beim Wettstreit entstammt der konfuzianischen Aufklärung). Das Problem besteht darin, dass nicht das moralische Vorbild, sondern das Vorbild des gewonnenen Nutzens, d. h. das sogenannte Erfolgsmodell, Einfluss besitzt. Das rein moralische Vorbild zeigt kaum je Wirkung, es sei denn, es ist zugleich ein Erfolgsmodell. Mit anderen Worten, nur wenn das moralische Vorbild mit einem Erfolgsmodell identisch ist, übt es gesamtgesellschaftliche Wirkung aus. Hier liegt der von Konfuzius übersehene kritische Punkt. Die Legalisten SHANG Yang und HAN Fei (韩非 ca. 280-233 v. Chr.) erkannten, dass nur das Vorbild des gewonnenen Nutzens allgemeine Attraktivität besitzt, daher glaubten sie, dass eine wirkungsvolle universelle Ordnung sich auf Regeln zur Belohnung und Bestrafung gründen muss. Mit anderen Worten, dass nur ein uneigennütziges und unparteiisches menschliches Dao, geformt nach dem Modell des uneigennützigen und unparteiischen Dao des Himmels, die Ordnung des Tianxia etablieren kann.

Zusammenfassend lässt sich sagen, dass die beiden Ordnungen des Tianxia–Staat–Sippe und Sippe–Staat–Tianxia dem Tianxia-System der Zhou-Dynastie einen Doppelcharakter verliehen: Einerseits systemische Koexistentialität (*systemic co-existentiality*), andererseits universelles Empfinden der Zugehörigkeit und Geborgenheit (*universal patronage*). Sie bildeten einen sich gegenseitig bestätigenden Interpretationskreislauf und schufen zugleich eine innere Spannung, und eben diese innere Spannung machte das Tianxia zu einer Daseinsordnung, welche die Fähigkeit zur Selbstjustierung besaß. Im System der Zhou-Dynastie hatten die Ordnungen von Tianxia–Staat–Sippe und Sippe–Staat–Tianxia zumindest theoretisch gleiches Gewicht, in der Praxis ließen sie Spielraum zu flexibler Interpretation.

7. Das Mandat des Himmels

Politische Legitimität ist eine Überlebensfrage der politischen Ordnung. Ohne den Beweis ihrer Legitimität erhält keine politische Ordnung allgemeine Anerkennung und Unterstützung und ist zweierlei Gefahren ausgesetzt:

1. Die mangelnde Kooperation der Gesellschaft führt zur Beeinträchtigung oder Zerstörung der Funktionsfähigkeit der politische Ordnung. Konfuzius erkannte das in aller Klarheit: »Werden ungerechtfertigte Bezeichnungen verwendet, verlieren die Worte ihren Sinn und die damit verbundenen Taten werden scheitern.«[73]

2. Eine politische Ordnung ohne Kooperation der Gesellschaft ist unfähig zu gesellschaftlicher Mobilisierung, sie ist daher den Herausforderungen anderer politischer Kräfte gegenüber ohnmächtig und wird leicht über den Haufen geworfen.

Das »Mandat des Himmels« bedeutete die Legitimität der politischen Ordnung. Der Verlust des Mandats des Himmels konnte zur »Änderung des Mandats«, d. h. zur Revolution führen. Eine delegitimierte politische Macht kann mittels Gewalt weiterexistieren, aber auch extreme Gewaltanwendung kann keine funktionierende Gesellschaft etablieren, eine nicht funktionstüchtige Gesellschaft führt letztendlich zum politischen Kollaps. Geraten Politik und Gesellschaft in Widerspruch, wird am Ende die Politik scheitern. Das Entscheidende sogenannter Revolutionen ist nicht die Machtergreifung, sondern die Etablierung einer neuen politischen Ordnung. Von einer Revolution im strengen Wortsinn kann man nur sprechen, wenn sie den Umsturz eines Systems bedeutet. Stürzt eine politische Macht die ihr vorangehende, ohne das überkommene Herrschaftssystem zu ändern, bedeutet das nur die Übernahme der überkommenen Legitimität und keine Revolution. Legt man diesen Maßstab an, dann hat es in der chinesischen Geschichte nur drei wirkliche Revolutionen gegeben: Die Etablierung des Tianxia-Systems in der Zhou-Dynastie, die Etablierung eines einheitlichen Verwaltungssystems in Form von Präfekturen und Kreisen in der Qin- und Han-Zeit und die mit dem Zusammenbruch der Qing-Dynastie begonnene und bis heute unvollendete Etablierung eines modernen politischen Systems.

Dass man in China derart früh über politische Legitimität nachzudenken begann, hat vermutlich mit der mit dem Sturz der Shang-Dynastie durch Zhou verbundenen speziellen Erfahrung zu tun, dass »ein Kleiner einen Großen vernichtet«. Vor der Zhou-Zeit war das Mandat des Himmels ein in Geheimnis gehüllter Glauben. Die Vorstellung des himmlischen Mandats der Shang-Zeit betonte, dass die Herrschaft ihr Mandat vom Himmel erhalten hatte, sie war

Ausfluss himmlischen Willens und wurde als Gottheit bezeichnet. Der Begriff der »Gottheit« bedeutete damals nicht einen universalen, alle Menschen gleich behandelnden Willen, er bezeichnete vielmehr eine besondere Schutzgottheit des Yin-Shang-Stammes, vermutlich eine Verschmelzung der Vorstellungen des Göttlichen und der Ahnengeister. Der Yin-Shang-Stamm ging davon aus, dass das Mandat des Himmels ein Ahnenerbe war, das ihn gegenüber anderen Stämmen heraushob. Diese Übertragung von Macht aufgrund von Verdiensten der Ahnen (祖蔭) hatte mit anderen Stämmen nichts zu tun.[74] Solange man dem Himmel Respekt erwies, würde die Gottheit den Stamm der Yin-Shang nicht im Stich lassen. Ständige Opferzeremonien wurden daher zum Garanten der Aufrechterhaltung des Himmelsmandates.

Die Tatsache, dass der kleine Staat der Zhou den großen der Shang überwand und dass dieses Wunder durch Menschenhand gelang, zerstörte den Mythos vom ausschließlichen Besitz des Mandats des Himmels der Yin-Shang. Sie zeigte, dass das Mandat des Himmels in keinem Zusammenhang mit den Opferzeremonien stand. Der Beweis bestand darin, dass der Himmel den Yin-Shang seinen Schutz entzogen hatte, obwohl die Dynastie der Gottheit stets mit höchster Feierlichkeit und Frömmigkeit und ohne jede Nachlässigkeit Opfer dargebracht hatte. Er hatte im Gegenteil »Voller Liebe nach Westen blickend«, wie es im *Buch der Lieder* besungen wird, seinen Blick nach Westen gewandt und dem Stamm der Zhou, den er als den tugendhafteren erkannt hatte, geholfen, die Shang zu überwinden.[75] Daran wurde sichtbar, dass der Himmel allen Menschen auf Erden gemeinsam zugehörte: »Der Himmel bedeckt Alle(s) gleichermaßen ohne Eigennutz, die Erde trägt Alle(s) gleichermaßen ohne Eigennutz, Sonne und Mond bescheinen Alle(s) gleichermaßen ohne Eigennutz.«[76] Der Himmel entschied allein, wen er segnete, nicht Opferriten, sondern Tugendhaftigkeit entschied über die Eignung, das Mandat des Himmels zu erhalten. Die Yin-Shang hatten ihre Tugendhaftigkeit verloren, während sich die Zhou darin hervortaten, daher hatte der Himmel ihnen sein Mandat übertragen. Das *Buch der Lieder* preist dieses neue Verständnis des Mandats des Himmels: »Hoch über allem thront König Wen. Wie glänzt er im Himmel! Schon seit langer Zeit gibt es den Staat Zhou, doch erst vor kurzem hat ihn das Mandat ereilt. Groß ist das Mandat des Himmels! Es fehlte den Shang nicht an Nachkommen, ihre Nachfahren zählten zu Hunderttausenden. Doch gemäß dem Auftrag der Gottheit mussten sie sich den Zhou unterwerfen. Den Zhou mussten sie sich unterwerfen, das Mandat des Himmels währt nicht ewig. Oh, ihr loyalen Diener des Herrschers, gedenkt stets eurer Ahnen. Gedenkt stets eurer Ahnen, kultiviert eure Tugend. Folgt stets dem Willen des himmlischen Mandats, dann werdet ihr euer Glück finden.«[77] Die Zhou-Dynastie definierte das Mandat des Himmels neu durch Tugendhaftigkeit. Hier handelt es sich in umfassendem Sinn um eine Revolution.

Um die Vorstellung der Menschen der Antike vom Mandat des Himmels besser zu verstehen, müssen wir den Blick in die Frühzeit der Zivilisation richten. Im vorpolitischen Naturzustand beruhte Herrschaft auf Waffengewalt, der Starke verschlang den Schwachen, eine »ordnende Politik« (政) existierte noch nicht. Obwohl die frühzeitliche Gesellschaft bereits über eine rudimentäre Zivilisation verfügte, herrschte darin das Gesetz des Dschungels (was im Übrigen auch für die gegenwärtige Welt gilt). Das Problem bestand darin, dass Waffengewalt außerstande ist, eine vollständige räumliche und zeitliche Besitzergreifung und Dominanz auszuüben, ein erheblicher Teil des verfügbaren Raums und der verfügbaren Zeit entzieht sich ihrer Kontrolle, ihre Herrschaft ist daher stets lückenhaft. Es ist zu vermuten, dass die Erfahrung die Menschen des Altertums lehrte, dass bewaffnete Herrschaft an Grenzen stieß. Sie erkannten, dass ein Zusammenhalt stiftendes, spirituelles Leben entscheidende politische Bedeutung hatte. Spirituelles Leben bedeutet kollektiv teilbare Erfahrung, Kontrolle über das spirituelle Leben bedeutet Kontrolle über die Herzen der Menschen, und durch die Herzen getragene einheitliche Identität ist die Basis politischer Macht.

Religion ist die naheliegende und wirkmächtigste Form spirituellen Lebens. Das Leben in der Vorzeit wurde fast ausschließlich von natürlichen Kräften dominiert, die Menschen hofften auf die Fürsorge und den Schutz durch die Natur, darauf, die Weisungen der Gottheit zu »hören«. Das rief die Schamanen auf den Plan. Sie »vernahmen« kraft übernatürlicher Techniken die Nachrichten der Gottheit und besaßen daher die Diskursmacht. Eine der wichtigsten Funktionen der Religion ist die Macht über den Diskurs. Zu Beginn bestand Personalunion zwischen Schamane und Stammeshäuptling. Die Orakelinschriften auf Knochen und Schildkrötenpanzern beweisen, dass bis in die Epoche der Yin-Shang die Shang-Herrscher zugleich Haupt der Schamanen waren.[78] Die Zeugnisse geben keine Auskunft darüber, ob Schamanen aufgrund ihrer Diskursmacht zu Stammesführern wurden oder Stammesführer aufgrund ihrer Diskursmacht zugleich das Amt des Schamanen versahen. Dass Letzteres der Fall war, ist eine einigermaßen vernünftige Annahme. In der Frühzeit wurde die Person mit der größten Fähigkeit, gefährlichen Herausforderungen zu begegnen, zum Führer, und die gefährlichste Herausforderung bestand im Krieg mit anderen Stämmen. Der Stammesführer der Frühzeit war daher mit Sicherheit vor allem militärischer Führer. Dass der Stammesführer zugleich die Aufgabe des Schamanen übernahm, ist daher plausibel. LI Zehou (李泽厚) äußert die Annahme, dass der politische Führer zugleich als Haupt der Schamanen fungierte, um die magischen Kräfte zu kontrollieren, auch wenn es in späteren Zeiten spezielle Berufsmagier gab.[79]

Orakel, Opferriten und Gebete der Schamanen waren die einzigen Mittel, wodurch die Menschen mit dem Himmel in Kontakt treten und seine Hilfe erbitten konnten. Der Schamanismus wurde daher zur höchsten Form spirituellen Lebens der Frühzeit. Seine Machtposition erhielt er durch seine Fähigkeit, nahezu sämtliche Phänomene zu erklären und die Seelen zu beherrschen. Um mittels Beherrschung der Seelen die Volksmenge zu einer Einheit zusammenzuschweißen, musste auch die religiöse Praxis des Schamanismus vereinheitlicht werden. Der Führer musste daher das Monopol auf religiöse Diskurs- und Interpretationsmacht und die Entscheidungsgewalt über das System beanspruchen. Das erforderte die »Verstaatlichung« religiöser Praxis und das Verbot volkstümlicher Praktiken. So kam es in der Frühzeit zum revolutionären Akt der »Unterbrechung des Kontaktes der Erde zum Himmel«. Der Überlieferung nach führten die ständigen, anhaltenden Kriegswirren zwischen den Stämmen zum Verlust des Sicherheitsempfindens der Menschen. Sie waren gezwungen, sich direkt an die Götter um Hilfe zu wenden, jede Sippe brachte ihre eigenen Opfer dar, jeder konnte zum Schamanen werden. Damit ging die Seriosität des Amtes verloren, Spekulation und Betrug machten sich breit, die Autorität der Götter schwand, Elend machte sich unter der Bevölkerung breit. Schließlich ordnete der legendäre »weise Herrscher«

ZHUAN Xu (顓頊, 2342-2245 v. Chr) das religiöse Leben neu und verbot die im Volk verbreiteten, nach eigenem Belieben gestalteten und ungeordneten religiösen Praktiken. Durch diese sogenannte »Unterbrechung des Kontaktes der Erde zum Himmel« unterband er den Verkehr der volkstümlichen Schamanen mit den Gottheiten. Es handelte sich nicht um die Auslöschung religiöser Praxis, sie wurde vielmehr zum Privileg des Herrschers, zu einem Monopol des Herrschaftsapparates, zur sogenannten »klaren Trennung von Menschen und Göttern«.

Diese Tatsache ist bereits im Kapitel »Lüxing« (呂刑) des *Buches der Urkunden* festgehalten, allerdings, ohne ins Detail zu gehen: ZHUAN Xu »befahl dem Zhang und dem Li, den Kontakt zum Himmel zu unterbrechen«. In einer späteren Epoche stellte König Zhao, der Herrscher des Staates Chu (楚昭王, 523-489 v. Chr.), an GUAN Shefu (观射父, ca. 515-489 v. Chr.) die naive Frage, ob die Menschen, hätte man damals nicht den Kontakt der Erde zum Himmel unterbrochen, in den Himmel gelangen könnten? GUAN Shefu erklärte ihm ausführlich Gründe und Umstände dieses Vorgangs: »Es geht nicht darum. In alten Zeiten waren Menschen und Götter klar geschieden […]. Jeder lebte in seiner Ordnung, es kam zu keinem Durcheinander.« Aber später »wirbelte man Menschen und Götter durcheinander, man unterschied nicht mehr zwischen dem Echten und dem, was nur dem Namen nach bestand. Jeder vollzog das Ritual nach eigenem Gutdünken, jede Sippe hatte ihren Magier, es gab keinen aufrechten Glauben mehr. Die Leute hörten auf, den Ahnen zu opfern, und das Glück verließ sie. Die Opferzeremonien verliefen ungeregelt, Menschen und Götter standen auf einer Stufe, die Leute gaben leichtfertig Schwüre ab und trugen keine Ehrfurcht im Herzen. Die Götter gewöhnten sich an dieses Verhalten der Menschen und verlangten nicht mehr nach Reinheit der Opferzeremonien. Das Getreide erhielt nicht mehr den Segen der Götter, es gab keine Lebensmittel mehr für die Opferungen. Katastrophen und Desaster folgten aufeinander, die vitalen Kräfte der Menschen konnten sich nicht mehr entfalten.« Daher stellt ZHU-AN Xu »die alte Ordnung wieder her, und, um die ungehörige Vermischung und gegenseitige Lähmung von Göttern und Menschen zu unterbinden, unterbrach er den direkten Kontakt der Erde zum Himmel«.[80] Nach ZHANG Guangzhis (张光直) Recherchen vollzog sich die Popularisierung magischer Praktiken in der Epoche der

Yangshao-Kultur (ca. 5000-3000 v. Chr.) und die »Unterbrechung des Kontaktes der Erde zum Himmel« ereignete sich in der Epoche der Longshan-Kultur (ca. 2500-2000 v. Chr.).[81] Der Vorgang zeigt, dass die damaligen Stammesführer sich der Bedeutung von Diskursmacht und spiritueller Politik bewusst waren. Das Monopol auf Vorhersage bedeutete das Monopol auf die Zukunft. Dass die Autorität des Führers Schaden nehmen würde, wenn jede Sippe über eigene Formen der Kontaktaufnahme zum Himmel verfügte, lag auf der Hand. Die Yin-Shang waren in besonderer Weise religiös durchdrungen, sie ernteten, indem sie die Gottheit mit dem Ahnherrn der Yin-Shang verschmolzen, die Früchte des Monopols auf religiöse Autorität. Sie schufen einen speziellen Schutzgott der Yin-Shang, monopolisierten damit die göttlichen Nachrichten und wurden auf diese Weise zu Repräsentanten des Himmlischen Mandats. (Hier finden sich gewisse Ähnlichkeiten zur Überzeugung der Juden, dass sie als auserwähltes Volk einzig die Nachrichten Gottes empfangen könnten.)

Die Revolution der Zhou-Dynastie war nicht nur eine politische, sondern auch eine theologische. Auch hier erinnert manches an die Reform des Judaismus durch das Christentum. Ich möchte das nicht überbetonen, aber in einem Punkt zumindest besteht Ähnlichkeit: Ebenso wie das Christentum die göttliche Erlösung als eine alle Menschen befreiende Gottesgnade neu interpretierte, gab die Zhou-Dynastie, indem sie Tugendhaftigkeit zum ausschließlichen Auswahlkriterium erhob, dem von den Yin-Shang monopolisierten speziellen Himmelsmandat den Charakter eines für alle Menschen gleichermaßen gültigen universellen Himmelsmandats. Die Universalität des Mandats des Himmels war eine wesentliche Basis für das Konzept des Tianxia. Nur unvoreingenommene Universalität des Himmels konnte dem Tianxia universelle Gültigkeit verleihen und zugleich allgemeine Teilhabe daran gewähren, d. h. aus dem Tianxia einer Sippe das Tianxia aller Menschen unter dem Himmel machen. Vermutlich existierte die Bezeichnung Tianxia bereits vor der Zhou-Dynastie, aber vor der theologischen Revolution der Zhou-Dynastie besaß der Begriff des Mandats des Himmels keine universelle Bedeutung. Die Yin-Shang verwendeten noch anstelle des Begriffs »Mandat des Himmels« den Ausdruck »Göttliches Mandat« (帝命), nämlich das »Göttliche Mandat des Himmels«[82] (womit angedeutet wurde, dass es sich beim Himmelsherrscher der

Yin-Shang um eine spezielle Gottheit handelte). Der Begriff des Tianxia hatte vermutlich nur geografische Bedeutung, er bezog sich auf die bekannte Welt, er stellte noch nicht die Dreieinigkeit von geografischer Welt, Volksseele und politischem System dar. Ohne die Universalität des Himmlischen Mandats konnte es kein Tianxia universeller Öffnung und Teilhabe, kein allumfassendes Tianxia geben. Die theologische Revolution der Zhou-Dynastie führte dazu, dass sich eine Reihe von Fragen grundlegend neu stellte:

1. Tugendhaftigkeit als neue Definition der Qualifikation für die Ausübung des Himmlischen Mandates bedeutete, dass es sich ändern konnte. Wenn der Himmel sich nicht in einem einer Volksgruppe zugehörigen Schutzgott personifizierte, sondern allen Menschen unter dem Himmel gleichermaßen Schutz gewährte, dann konnte der Erwerb des Himmlischen Mandats keine glückliche Zufallsfügung sein. Ihm musste eine vergleichbare moralische Qualität zugrunde liegen, nämlich die Tugendhaftigkeit. Die sogenannte Tugendhaftigkeit meinte, in Vertretung der Gottheit für das Verhalten des Tianxia Verantwortung zu tragen, das ungestörte Fortbestehen der Bevölkerung des Tianxia zu garantieren und die Verpflichtung, jedem das ihm Zustehende zukommen zu lassen. Diese Pflichten nicht zu erfüllen, bedeutete den Verlust der Tugend und damit zugleich den Verlust der Legitimität. Darin bestand die theoretische Grundlage der Revolution.

2. Wenn aber Tugendhaftigkeit über die Vergabe des Himmlischen Mandats entschied, verloren Vorzeichen und Orakelschriften ihre Autorität als Träger göttlicher Nachrichten. Das bedeutete eine Revolution der Zukunftsdeutung. Die Zukunft gab sich nicht mehr durch Orakelinschriften zu erkennen, sie wurde durch Verhalten gestaltet. Verhalten statt Weissagung entschied über das Schicksal. Dass der Erfolg der Zhou-Dynastie durch Tugendhaftigkeit erklärt wurde, führte zu einem neuen Verständnis des Himmlischen Mandats: Es bestand eine Interdependenz zwischen dem Willen der Gottheit und dem menschlichen Verhalten. Dass die Gottheit auf der Grundlage menschlichen Verhaltens entschied, welches Schicksal sie zuteilte, bedeutete, dass die Zukunft nicht vorherbestimmt war, sondern sich nachträglich als Ergebnis der Wechselbeziehung zwischen Mensch und Gottheit gestaltete. Die Menschen der Zhou-Dynastie ver-

warfen die Tradition der Orakelinschriften nicht völlig, aber sie sanken zu einem Medium nachrangiger Überprüfung herab. Im Kapitel »Hong Fan« (洪范) des *Buches der Urkunden* findet sich eine Erzählung, die hilfreich ist, die Stellung der Orakelinschriften in der Frühphase der Zhou-Dynastie zu verstehen. Der König Wu von Zhou fragte den noch vom Yin-Shang-Herrscher bestellten Beamten Jizi (箕子), welchen« aufrichtigen Rat« er ihm zu geben habe. Jizis Rat enthielt einen Passus über künftiges Handeln: Wenn der Herrscher Zweifel am Erfolg eines künftigen Vorhabens im Herzen trage, solle er zunächst mit sich zu Rate gehen, sich dann mit den hohen Beamten und schließlich mit Vertretern des gemeinen Volkes besprechen. Erst danach solle das Schildkrötenpanzer-Orakel und das Schafgarben-Orakel (eine andere Art von Orakel) befragt werden. Wenn die Ansichten des Monarchen, der Beamten, der gemeinen Leute und der beiden Orakel Zustimmung signalisierten, könne es keine Zweifel über die Durchführbarkeit geben. Wenn zwei Personengruppen ablehnende Meinungen abgäben, aber beide Orakelsprüche zustimmten, bliebe die Durchführbarkeit gesichert; wenn ein Orakel eine ablehnende Haltung ergäbe, sei das Vorhaben durchführbar, wenn es eine innere Angelegenheit betraf, nicht aber eine auswärtige; wenn sowohl das Schildkrötenpanzer- als auch das Schafgarben-Orakel ablehnende Voten abgäben, sollte das Vorhaben aufgegeben werden.[83] Falls der Zhou-Herrscher diesem interessanten »aufrichtigen Rat« Folge geleistet haben sollte, wird deutlich, dass bei dieser Form der Zukunftsdeutung menschliche Beratung die Hauptrolle spielte. Ablehnung durch das Schildkrötenpanzer- und das Schafgarben-Orakel zählte nur ein Viertel.

3. Das neue Verständnis des Zukünftigen begründete ein auf Geschichtlichkeit gegründetes Daseinsbewusstsein. Die Bedeutung der Geschichte ersetzte die Bedeutung von Prophezeiung, historisches Bewusstsein verdrängte auf Offenbarung gegründetes Bewusstsein. Wenn Verhalten die Zukunft gestaltete, gestaltete es zugleich auch die Geschichte. Sie wurde zur bestimmenden Variablen des Schicksals: Tugendhaftes Verhalten in der Vergangenheit wurde entscheidend für das Glück in der Zukunft. Daher die unablässigen Ermahnungen der Gründungsmonarchen der Zhou-Dynastie an Söhne und Enkel, Tugendhaftigkeit zu

bewahren, um die Zukunft zu sichern. Die Zhou-Dynastie legte das Fundament für die zentrale Stellung des historischen Bewusstseins im chinesischen Denken (das sogenannte »Alle sechs Klassiker sind Geschichte«). Chinas Kultur wurde zu einer Geschichtskultur anstelle einer Offenbarungskultur. Die Änderung des Zukunftsverständnisses dürfte der entscheidende Faktor für die Verdrängung des Offenbarungsbewusstseins durch das historische Bewusstsein gewesen sein. Auf diese Weise könnte sich vielleicht die »LI-Zehou-Hypothese« erklären lassen, dass nämlich das Geheimnis der chinesischen Kultur in der Umwandlung des magischen in ein historisches Bewusstsein in der kulturellen Frühgeschichte Chinas bestehe. LI Zehou glaubte, dass sich dieser komplexe Umwandlungsprozess »heute kaum mehr konkret nachvollziehen lässt«.[84] Wahrscheinlich sind die historischen Details dieses Prozesses nicht mehr rekonstruierbar. Aber ich glaube, dass das Zhou-zeitliche Konzept der Tugendhaftigkeit zu diesem Umschwung führte. Da Tugendhaftigkeit das künftige Schicksal bestimmte, bildeten die historischen Aufzeichnungen des tugendhaften Handelns den Geheimcode der Entschlüsselung des künftigen Schicksals.

4. Das Mandat des Himmels (die politische Legitimation) war an Tugendhaftigkeit gebunden, die allerdings bedurfte glaubwürdiger und direkter Beweise (*evidence*). Die Zhou erkannten, dass die Seele des Volkes den schlagkräftigsten Beweis für Tugendhaftigkeit lieferte. Der Satz: »Die Stimmung des Volkes bringt alles ans Tageslicht«[85] bedeutete, dass die Volksseele sichtbarer Ausdruck des unsichtbaren Mandats des Himmels war. Das Signal für einen Wechsel des himmlischen Mandats war der Umschlag der Volksseele, diese Ansicht hat sich in zahlreichen Zeugnissen der Zhou-Dynastie niedergeschlagen: »Als Tang und Wu das Mandat des Himmels wendeten, folgten sie dem (Befehl des) Himmel(s) und entsprachen (dem Wunsch) der Menschen«[86], »Den Wünschen des Volkes wird der Himmel mit Bestimmtheit gehorchen«, und: »Der Himmel betrachtet [die Dinge] mit den Augen meines Volkes, der Himmel hört mit den Ohren meines Volkes.«[87] Bei Menzius heißt es: »Jie und Zhou verloren das Tianxia, weil sie die Bevölkerung verloren. Und sie verloren die Bevölkerung, weil sie deren Herzen verloren.«[88] Das Mandat des Himmels stützt sich auf Tugendhaftigkeit, die Volksseele des

Volkes dient als Beweis für Tugendhaftigkeit, dadurch schuf das Denken der Zhou-Dynastie der politischen Legitimität einen perfekten Erklärungsrahmen.

Das Problem stand so aber erst am Anfang seiner Lösung. Wenn die Volksseele zum Beweis für tugendhaftes Regieren erklärt wird, stellt sich die Frage danach, was damit gemeint ist. Handelt es sich um ein statistisches Ergebnis oder um eine Entscheidung universeller Vernunft auf der Basis allgemeiner Übereinstimmung? Ist es ein wirtschaftswissenschaftliches oder ein politikwissenschaftliches Konzept? Befragt man die Dokumente der Zhou-Dynastie, dann folgt die Volksseele ausschließlich dem Nutzen. Tugendhaftes Regieren besteht darin, den Menschen Nutzen zu verschaffen, dann wird die Volksseele mit Gewissheit die tugendhafte Regierung unterstützen. »Will der Herrscher das Volk erreichen, muss er zuerst seinen Interessen dienen, dann wird das Volk sich ihm von allein zuwenden. Gleich wie sich (die Menschen) in den Wintertagen der Sonne zuwenden und in der Sommerzeit den Schatten aufsuchen. Ohne sie herbeizurufen, werden sie von selbst kommen. Dies heißt: sich dem Tugendhaften zuwenden.«[89] Ein weiteres Beispiel: »Der Herrscher des Himmels kennt keine Bevorzugung, er hilft nur den Tugendhaften. Die Herzen des Volkes kennen keine Beständigkeit, sie bevorzugen nur die, die ihnen wohlgesinnt sind.«[90] Das Verständnis der Volksseele in der Epoche der Streitenden Reiche unterscheidet sich davon nicht. Bei GUAN Zhong heißt es: »Regierung gedeiht, wenn sie der Seele der Bevölkerung entspricht. Regierung scheitert, wenn sie der Voksseele zuwiderhandelt. Das Volk hasst Kummer und Plackerei, also halte ich es unbeschwert und sorgenfrei. Das Volk verabscheut Armut und niedere Stellung, also gebe ich ihm Reichtum und Nobilität. Das Volk verabscheut Gefahren, also halte ich es sicher. Das Volk verabscheut Tod und Vernichtung, also gebe ich ihm die Möglichkeit, zu leben und sich fortzupflanzen.«[91] Und bei Xunzi heißt es: »Die Bevölkerung des Tianxia folgte ihnen, weil sie den Nutzen des Volkes mehrten und Schaden von ihm abwendeten.«[92] Das fälschlicherweise dem JIANG Taigong (姜太公, 1156-1017 v. Chr.) zugeschriebene, während der Zeit der Streitenden Reiche verfasste Werk *Sechs Strategien* (六套) nimmt zu dieser Frage ebenfalls klar Stellung: »Wer den Nutzen des Tianxia teilt, erringt das Tianxia, wer den Nutzen des Tianxia für sich allein beansprucht, verliert das Tianxia.

Der Himmel sorgt für vier Jahreszeiten, die Erde für Reichtümer, sie gemeinsam mit allen zu genießen, zeugt von Menschenliebe. Wo Menschenliebe herrscht, dort sammeln sich (die Menschen) des Tianxia. Mit anderen Freud und Leid zu teilen, mit anderen das Gute zu schätzen und das Schlechte zu verabscheuen, bedeutet Rechtschaffenheit. Wo Rechtschaffenheit herrscht, dorthin eilen (die Menschen) des Tianxia. Jedermann fürchtet den Tod und liebt das Leben, schätzt die Tugend und strebt nach Nutzen. Wer Nutzen schafft, folgt dem Dao, wo das Dao herrscht, versammelt sich das Tianxia.«[93] Vereinfacht gesagt, äußert sich die Seele des Volkes in dreifacher Weise:

1. Dem Volk liegen vor allem die Existenzbedingungen und materieller Nutzen am Herzen. Durch die Befriedigung der materiellen Interessen gewinnt man am ehesten die Seele des Volkes, sie ist keine hinreichende, aber eine notwendige Bedingung.

2. Unterstützung oder Ablehnung durch die Volksseele zeigt sich an der Bereitschaft der Bevölkerung, zu folgen, mit anderen Worten, die »Abstimmung mit den Füßen«.

3. Unterstützung oder Ablehnung durch die Volksseele sind nicht nur der Beweis für die Legitimität politischer Führung, sondern auch für die Legitimität von Revolutionen. Daran wird deutlich, dass das Verständnis politischer Legitimität in der Zeit vor der Qin-Dynastie vor allem politökonomisch war. Das Wesen tugendhafter Regierung bestand darin, dass sie Nutzen beförderte und Übel beseitigte. In moderner Terminologie: in der Garantie der umfassenden Bereitstellung von Sicherheit und Wohlfahrt. Vereinfacht gesagt, gute Politik diente dem Glück der Menschen im Tianxia. Dieser Maßstab prägte für lange Zeit das Verständnis der Chinesen von guter Politik.

Es ist klar, dass man im antiken China unter der Volksseele die empfundene Lebenssituation der Bevölkerung verstand und nicht den Volkswillen im modernen Sinn. Der Volkswille ist ein statistisches Ergebnis, die empfundene Lebenssituation des Volkes besteht aus den Bedürfnissen, deren Berechtigung jedermann zustimmt, das heißt, aus der mittels der Methode, sich an die Stelle anderer zu versetzen, intuitiv erfassbaren universellen menschlichen Empfindung. GUAN Zhong drückt es so aus: »Das menschliche Empfinden bleibt sich stets gleich, wer es sich zu eigen macht, erlangt die Kontrolle über das Volk.«[94] Nun sind allerdings subjektive

Wünsche (*wants*) und objektive Bedürfnisse (*needs*) schwer klar zu trennen. Vereinfacht gesagt, gehörte die empfundene Lebenssituation des Volkes primär zur Kategorie existenzieller Grundbedingungen, einschließlich der existenziellen Notwendigkeiten von Sicherheit und materiellem Nutzen. Ideale, Werte und religiöser Glaube dagegen gehörten nicht dazu. Das hat womöglich mit der Situation antiker Gesellschaften zu tun, wo sich über grundlegende Werte noch keine prinzipiellen Meinungsverschiedenheiten entwickelt hatten. Das bedeutet, diese Gesellschaften verfügten über die, verglichen mit der öffentlichen Entscheidung (*public choice*), viel stabilere Möglichkeit gemeinsamer Entscheidung (*common choice*). Die empfundene Lebenssituation des Volkes bedurfte daher keiner Statistik, um sie zu verstehen, bedurfte es nur rationaler Urteilskraft hinsichtlich der Lebenssituation der Menschen. So verstanden, bedeutete die der Volksseele entsprechende tugendhafte Regierung die Organisation eines Systems, von dem jedermann profitierte.

Die Volksseele zur Richtschnur zu nehmen, hatte seinen Preis. Sich auf die Empfindungen der Menge zu stützen, kann zu falschen Entscheidungen führen, es kann nicht einmal in jedem Fall den gemeinsamen Nutzen garantieren. Zu leiden hat unter irrationalen kollektiven Entscheidungen gewöhnlich das Interesse der Massen selbst. So wie sich Plato und andere griechische Philosophen gegen die Demokratie aussprachen, so wandten sich Konfuzius und die vor-Qin-zeitlichen Philosophen dagegen, den schwankenden Stimmungen der Menge zu gehorchen, auch wenn sie betonten, dass Politik der Seele des Volkes zu entsprechen habe. Sie begründeten das damit, dass die Menge nicht wisse, worin ihr wahrer Nutzen liege. Die griechischen wie die vor-Qin-zeitlichen Philosophen suchten nach dem unbezweifelbaren und von jedermann akzeptierten Guten. Die griechischen Philosophen fanden es im durch universelle Vernunft beweisbaren Wissen, die vor-Qin-zeitlichen Philosophen fanden es in der im universellen menschlichen Empfinden enthaltenen Moral.

Die Schranke universeller Vernunft liegt darin, dass richtiges Wissen die Menschen nicht von falschen Entscheidungen abhält, da die letzte Begründung für das Handeln nicht in der Wahrheit, sondern im Nutzen oder in den Begierden liegt. Aus diesem Grund ist die universelle menschliche Empfindung besser geeignet, als allgemeiner Grundpfeiler vernünftiger Entscheidungen zu dienen.

Der Konfuzianismus erkannte intuitiv, dass ein rationales Prinzip, gleichgültig, wie perfekt es ist, seine Wirkung verliert, wenn es die Grenzen menschlicher Empfindung überschreitet. Den Bezug zur menschlichen Empfindung zu verlieren, bedeutet Negation des Lebens, Verlust von Lebenssinn. Die Menschen entscheiden sich fürs Leben und nicht für perfekte Konzepte. Aber auch die menschliche Empfindung ist mit einem ernsthaften Problem konfrontiert: Selbstsucht ist ihre wirkungsmächtigste Kraft. Hier stieß der Konfuzianismus auf ein Paradoxon: Universelle Prinzipien müssen in der menschlichen Empfindung gründen, aber sie lassen sich nicht daraus ableiten.

Jedes mögliche Leben manifestiert sich als Beziehung zwischen dem Selbst und den Anderen, ohne die Anderen gibt es kein Leben, die Außenbeziehungen zu den Anderen bestimmen die Möglichkeiten des Lebens. Es ist daher klar, dass eine von Anderen abgelehnte menschliche Empfindung nicht zum universellen Prinzip werden kann. Universelle menschliche Empfindung kann daher nur aus zwischenmenschlichen Beziehungen und nicht aus der menschlichen Natur selbst abgeleitet werden. Das universelle Prinzip menschlicher Empfindung ist daher die optimale zwischenmenschliche Beziehung. Die bahnbrechende Entdeckung des Konfuzius bestand darin: Die Beziehung zwischen zwei Menschen ist die unterste Grenzlinie jeglicher Möglichkeit von Leben. Daher muss das universelle Prinzip menschlicher Empfindung in der Beziehung zweier Menschen verborgen sein. Die ursprüngliche Bedeutung des Konzeptes der Menschlichkeit ist daher, wie es das entsprechende Schriftzeichen 仁 (ren) zum Ausdruck bringt, die Verbindung zwischen zwei Menschen. Es verweist auf die »bestmögliche Beziehung in gegenseitiger Übereinstimmung zwischen zwei beliebigen Menschen«. Nur eine Beziehung, die vorteilhaft für andere oder zumindest für sie nicht nachteilig ist, kann vom anderen akzeptiert werden, das Gegenteil macht Menschlichkeit unmöglich. Nach Konfuzius besteht Menschlichkeit in der »Liebe zum anderen Menschen«,[95] das bedeutet Respekt vor dem Anderen (seinem Leben und seinem Nutzen). Das Prinzip lautet: »Wer sich eine Stellung im Leben zu verschaffen wünscht, muss anderen helfen, sich eine Stellung zu verschaffen, wer etwas erreichen möchte, muss andern helfen, etwas zu erreichen« (aktives Prinzip),[96] und: »Was du nicht willst, das man dir tu, das füg auch keinem andern zu« (passives Prinzip).[97] Das passive Prinzip entspricht nahezu gleichlautend dem passiven Prinzip des Christentums, das aktive jedoch übertrifft das christliche Gebot bei weitem, es bringt zum Ausdruck, dass ich synchron mit den Anderen meinen Nutzen steigere.

Universelle menschliche Empfindung und universelle Vernunft können sich ergänzen: Universelle Vernunft bedeutet das Prinzip der Gerechtigkeit, universelle menschliche Empfindung bedeutet das Prinzip der Angemessenheit (*reasonability*). Universelle Vernunft kann die Regeln erklären, die jedermann respektieren muss, universelle menschliche Empfindung kann die Regeln erklären, die jeder aus freien Stücken einhalten möchte. Das öffentliche Produkt universeller Vernunft ist daher das Gesetz, das öffentliche Produkt universellen menschlichen Empfindens ist die Moral. In den Augen des Konfuzius ist die durch menschliches Empfinden definierte Moral identisch mit der ewig unverrückbaren Volksseele. Da Volksseele und Moral eins sind, entspricht das, was der Moral entspricht, auch der Volksseele. In diesem Sinne hielt Konfuzius Moral für den Grundpfeiler politischer Legitimität. Das macht verständlich, warum die Zhou-Dynastie glaubte, dass der Respekt gegenüber der Tugend sich im Schutz der Bevölkerung manifestierte und der Schutz der Bevölkerung zugleich die Bewahrung des Mandats des Himmels bedeutete. WANG Guowei besaß ein klares Verständnis der Politik der Zhou-Dynastie: »Die vier Elemente Himmel, Mandat, Volk und Tugend bilden ein kohärentes Ganzes« sowie »die Essenz der großen Methode, das Tianxia zu regieren«, und »das Zhou-System der Zeremonien und Riten wurde zur Aufrechterhaltung der Moral geschaffen«.[98] HOU Weilu (侯外庐) meint, die Umkehr des Satzes sei noch zutreffender: »Die Moral der Zhou wurde zur Aufrechterhaltung ihres Systems geschaffen.«[99] Jedenfalls bilden die moralischen Prinzipien das ideelle Herzstück ihres Systems und das System die konkrete Umsetzung der moralischen Prinzipien.

8. Tugend und Kompatibilität

»Tugendhafte Regierung« und das »Miteinander der zehntausend Staaten« bildeten die beiden grundlegenden politischen Strategien der Zhou-Dynastie, und das System war darauf zugeschnitten.

Uns stellt sich die Frage: Was hatte Vorrang, die Strategie oder das System? Damals fragte niemand danach, die Frage war lediglich ein implizites Problem der Politik der Zhou-Dynastie. Aus moderner Sicht ist die Wahrscheinlichkeit groß, dass eine Strategie, die im Verlauf ihrer Praxis ein stabiles Gleichgewicht erzielt hat, systemisch wird. Nach diesem Verständnis wäre das System fraglos der wichtigere Teil der Ordnung, das entscheidende gesellschaftliche Element. Doch offenbart diese Vorstellung ein allzu mechanisches Verständnis vom Funktionieren einer Gesellschaft. Als würde sich die gesellschaftliche Realität, sobald das System fixiert ist, automatisch nach der Mechanik des Systems bewegen. Das ist wenig glaubwürdig, weil Menschen fähig und beweglich genug sind, ein System zu biegen oder zu zersetzen und es damit funktionsuntüchtig zu machen.

Ludwig Wittgensteins »Paradox« der Anwendung von Regeln[100] kann als philosophischer Zweifel an der alles entscheidenden Rolle des Systems verstanden werden. Das System ist eine Spielregel, die Bedeutung einer Regel kann sich letztlich nur durch die konkrete Praxis erweisen, weil Regeln nicht in der Lage sind, künftige Zustände und die Details der damit verbundenen Praxis vorherzusagen. Nur die Praxis kann die tatsächliche Anwendung der Regel sichtbar machen, und die praktischen Umstände, worin die Regel angewendet wird, sind nie völlig identisch. Daher kann auch eine klar definierte Regel unmöglich die praktische Widerspruchsfreiheit zwischen sämtlichen Anwendungen der Regel garantieren. Die Situativität und Unwiederholbarkeit der Praxis bewirkt immer eine gewisse Elastizität und Geschmeidigkeit bei der Auslegung der Regeln. Wenn aber die Praxis die Regeln geschmeidig auslegt, dann ist es unmöglich, ein tatsächlich streng einer Regel folgendes Verhalten festzulegen. Ohne Frage enthält Wittgensteins Regel-Paradox einige Übertreibungen, es kann vermutlich nicht sämtliche Regeln in Frage stellen. Sehr spezifische und höchst präzise Regeln können die Elastizität in der praktischen Anwendung beschränken. Dennoch trifft Wittgensteins Regel-Paradox für die Mehrzahl der Regeln im praktischen Leben zu, denn die Mehrzahl der Lebenssituationen findet nicht unter kontrollierten Laborbedingungen statt. Wittgenstein ist kein Dekonstruktivist, höchstens ein Skeptiker, seine Annahme war lediglich: Die Bedeutung einer Regel beschränkt sich auf Auslegungen auf Grundlage bereits stattgefundener praktischer Anwendungen, aber sie kann nicht im Voraus die Auslegungen der Regel für die künftige Praxis festlegen. Einfach gesagt, eine Regel reicht nicht aus, um sich selbst auszulegen, sie kann nur durch die Praxis ausgelegt werden. Das bereits Praktizierte besitzt seine feste Auslegung, aber man kann von keiner vorhandenen Auslegung auf die Auslegung in einer zukünftigen Praxis schließen. Dieses Regel-Problem macht deutlich, dass Strategie mindestens ebenso wichtig ist wie das System, sie kann der politischen Idee sogar näherstehen als das System.

Laut Überlieferung zog das Design des Systems der Zhou-Dynastie Lehren aus den Erfolgen und Misserfolgen der weit zurückliegenden Vorzeit bis zum System der Xia und Shang und ergänzte sie durch revolutionäre Verbesserungen. Das impliziert, dass die Zhou-Dynastie das System nicht als ein unverrückbares politisches Prinzip betrachtete, sondern als eine spezifische Manifestation eines politischen Prinzips. Das politische Prinzip der Zhou-Dynastie war die Definition des Konzepts des Tianxia als Bereich und Wesenskern der Politik. Hinzu kam die Definition guter Politik in Form der Strategien der tugendhaften Regierung und der Kompatibilität. Man kann es so formulieren: Tianxia, tugendhafte Regierung und Kompatibilität sind das wahrhaft geistige Erbe der Politik der Zhou-Dynastie, das Lehnsystem und das System der Riten und der Musik sind dagegen nur zeitgebunden wirkungsvolle Teilsysteme, keineswegs unveränderbare politische Prinzipien. Tatsächlich haben die Lehnfürsten in der Spätphase der Zhou-Dynastie begonnen, das System zu ändern, was von Konfuzius als Zusammenbruch der Riten und Verfall der Musik kritisiert wurde, bis der erste Kaiser der Qing-Dynastie dem System den endgültigen Gnadenstoß versetzte.

Die Politik der Zhou-Dynastie betrachtete die Strategien der tugendhaften Herrschaft und der Kompatibilität als Grundprinzipien guten Regierens. Dahinter stand die Überlegung, dass die Funktionsfähigkeit des Systems nur durch die kontinuierliche Anwendung korrekter politischer Strategien zu gewährleisten war. Das bedeutete, das System war nicht selbsterklärend, sondern rechtfertigte sich nur durch die Praxis. Die Strategien der Praxis waren daher von grundlegenderer Bedeutung als das System, nur gute Praxisstrategien konnten das reibungslose Funktionieren des Systems garantieren. Das System war die durch Dekrete, Gesetze und Riten verfestigte Funktionsform, sie gehörten zum »Werkzeug« (器) von Politik. Die Strategien waren das mit dem Verhalten verschmolzene politische Prinzip und Ausdruck des »Dao« der Politik. Grundlegend formuliert, ist ein System das Ergebnis von bereits stabilisierten Gleichgewichtsstrategien und daher von verfestigten, durch Routinestrukturen gekennzeichneten Regeln. In diesem Sinn ist ein System träge, nur die noch nicht verfestigten Strategien besitzen Dynamik. Nach dem *Buch der Wandlungen* ist das metaphysische Dao deshalb das ewig unveränderbare Grundprinzip, weil es auf ewig das Potenzial der Veränderung in sich trägt. Daher ist die Lebendigkeit bewahrende Strategie dem unveränderlichen Dao näher als das System. Die Strategien von tugendhafter Regierung und Kompatibilität waren politischer Ausdruck dessen, was das *Buch der Wandlungen* als das Prinzip des »Alles Lebendige gewähren und fortleben lassen« (生生, *let all beings be in becoming*) bezeichnet. Tugendhafte Regierung und Kompatibilität unterschieden sich in ihrem Fokus, Ziel der tugendhaften Herrschaft war die Integration der Gesellschaft, Ziel der Kompatibilität die Inklusion der Welt. Aber beide beruhten auf derselben geistigen Grundlage, beide verfolgten die Strategien der Maximierung von Kooperation und der Minimierung von Konflikt. Ihr gemeinsamer Geist war die Schaffung einer für alle Menschen akzeptablen universalen Ordnung, wie sie sich im von Konfuzius definierten Merkmal guter Politik ausdrückt: »Die in der Nähe Lebenden sind froh, die in der Ferne Lebenden kommen herbei«,[101] was bedeutet, die einheimische Bevölkerung ist zufrieden und die Menschen aus der Ferne strömen hinzu.

Der Begriff der Tugend ist seit der Zhou-Zeit zum Kernbegriff chinesischer Politik und Ethik geworden. Die antiken Dokumente und die archäologischen Befunde zeigen, dass der Tugendbegriff wahrscheinlich eine Erfindung der Zhou-Dynastie war, in der Shang-Zeit existierte er nach bislang vorliegenden Erkenntnissen noch nicht. Im für die Zhou-Zeit exemplarischen Dokument, dem *Buch der Urkunden*, ist an zahlreichen Stellen von tugendhaftem Regieren die Rede, wie z. B.: »Tugend (des Herrschers) zeigt sich in guter Politik, (gute) Politik bedeutet, das Volk zu nähren. Der Tugend zum Recht verhelfen, den Nutzen zu steigern, das Leben respektieren, Eintracht im Auge behalten.«[102] Die ursprüngliche Bedeutung von Tugend war die Aufrichtigkeit des Herzens, damit ist das Prinzip der Gerechtigkeit, vor allem der Verteilungsgerechtigkeit gemeint. »Der Tugendhafte gibt«,[103] was meinte, Tugend besteht darin, anderen Wohltaten zu erweisen und Nutzen zu verschaffen. Im *Guanzi* heißt es: »Tugend bedeutet, (die Bevölkerung) zu lieben, ihr die Möglichkeit, zu leben, zu geben, sie zu ernähren, sie wachsen zu lassen, ihren Nutzen zu mehren, ohne sich seiner Tugend zu brüsten, alle unter dem Himmel wie Verwandte behandeln.«[104] Tugend war eine politische Strategie, um die Herzen der Menschen zu gewinnen, indem man die Bevölkerung liebte und sich um ihr materielles Wohlergehen sorgte, ihr Gelegenheit gab, ihren Wohlstand zu mehren, und sich nicht auf ihre Kosten bereicherte. Das Volk erhielt materiellen Nutzen, der Herrscher Macht. So gesehen, war tugendhaftes Regieren eine politische Strategie des Tauschs von materiellem Nutzen gegen Macht: »Als die früheren Herrscher das Tianxia errangen, waren ihre Regierungsmaßnahmen von so großer Tugendhaftigkeit, dass es hieß, alle hätten davon profitiert.«[105] Man sieht, tugendhaftes Regieren meinte in seiner ursprünglichen Bedeutung, das materielle Wohlergehen aller Menschen zu gewährleisten.

Als er sich daran machte, die Shang zu stürzen, erhielt der Zhou-Herrscher aufgrund seiner Tugendhaftigkeit die Unterstützung der Bevölkerung und der Lehnfürsten. Der Überlieferung nach »vervollkommnete der (König von Zhou) unablässig seine Tugend und tat Gutes, so dass viele Lehnfürsten abtrünnig wurden und sich dem König des Westens zuwandten«.[106] Der Herzog von Zhou versuchte, die Erfahrung, dass »der Tugendhafte das Tianxia erringt«, in eine Tradition des »Regierens des Tianxia« zu transformieren. Die Strategie der tugendhaften Regierung zeugte tatsächlich von einem tiefgründigen und weitsichtigen politischen Bewusstsein:

1. Langfristig ist die Politik tugendhaften Regierens wirkungsvoller als die Herrschaft durch Waffengewalt. Xunzi hat das ausführlich dargelegt. Verkürzt dargestellt lautet seine Argumentation wie folgt: Es gibt drei Arten der Herrschaft: durch Waffen, durch Reichtum und durch tugendhaftes Regieren. Mit Waffengewalt gewinnt man nicht die Herzen der Menschen, die Herrschaft ist nicht von langer Dauer. Reichtum ist attraktiv für die Menschen, aber ihre unersättliche Gier ist nicht zu befriedigen, auch diese Herrschaft ist nicht von Dauer. Tugendhaftes Regieren sorgt für gerechte Güterteilung, es ist die einzige Herrschaftsform, die sich dauerhaft erhalten kann.[107]

2. Die Macht tugendhaften Regierens speist sich aus der kollektiven Macht der Volksseele. Solange man am tugendhaften Regieren festhält, verläuft das Leben in geordneten Bahnen, ist materielles Wohlergehen gewährleistet, neigt die Bevölkerung zum Konservativismus, hat kein Interesse an Unruhe und Rebellion. Die beste Strategie ist die Aufrechterhaltung eines hinreichend zufriedenstellenden Status quo der Menschen.

Kernbegriff des tugendhaften Regierens war die Gerechtigkeit. Im *Guo Yu* (国语) heißt es: »Gerechtigkeit ist die dem Dao entsprechende Tugend.«[108] Und bei Konfuzius heißt es: »Politik bedeutet Gerechtigkeit.«[109] Ohne Gerechtigkeit gibt es keine allgemein verbindlichen Normen, man kann mit irgendwelchen Begründungen jede Norm außer Kraft setzen. In der antiken Gesellschaft wurde Gerechtigkeit im Sinne des klassischen Gerechtigkeitsbegriffs verstanden. Er bestand aus zwei Prinzipien:

1. Einem proportionalen Prinzip: Jeder muss das erhalten, was ihm zusteht.
2. Einem symmetrischen Prinzip: Man wird so behandelt, wie man andere behandelt.

Der durch Proportion (*ratio*) und Symmetrie (*symmetry*) definierte klassische Gerechtigkeitsbegriff unterscheidet sich deutlich vom heutigen durch Gleichheit (*equality*) und Billigkeit (*fairness*) definierten Gerechtigkeitsbegriff. Vom heutigen Standpunkt aus betrachtet, ist der klassische Gerechtigkeitsbegriff inakzeptabel, weil er Ungleichheit bedeutet. Vom Standpunkt der Antike aber ist der heutige Gerechtigkeitsbegriff ebenso inakzeptabel, da er umgekehrt durch die Verletzung der proportionalen Beziehungen Gleichheit zerstört und damit gegen das Dao des Himmels verstößt, das besagt: »Auf Gleichheit zu beharren, führt nicht zu Gleichheit.«[110] Damit ist gemeint, Gleichheit bedeutet nicht gleichmäßige, sondern proportionale Verteilung der Güter. Das Problem besteht im unterschiedlichen Verständnis von »Gleichheit« im Altertum und in der Gegenwart.

Das wichtigste Projekt tugendhafter Politik war die Bodenpolitik. Laut Gesetz musste jeder Sippe ein Stück Land von einem bestimmten Umfang zugeteilt werden, es gewährleistete, dass derjenige, der das Land bestellte, darüber verfügte. Zugleich legte es fest, dass Land weder gekauft noch verkauft oder anderen überlassen werden durfte, um sicherzustellen, dass niemand seines Landes verlustig ging. Es liegt auf der Hand, dass gesicherter Lebensunterhalt und Stabilität der gesellschaftlichen Ordnung gewährleistet waren, solange das Nutzungsrecht am Boden erhalten blieb (das Eigentumsrecht lag beim Himmelssohn). Die Regenten der Lehnstaaten und die hohen Beamten des Kronlandes (die Leitungsbeamten der um die Hauptstadt gelegenen Gebiete bzw. die leitenden Hofbeamten, etwa der Premierminister, der Generalfeldmarschall und die Minister) erhielten je nach Rangstufe Land im Umfang zwischen fünfzig und hundert Li; die leitenden Beamten der Vasallenstaaten (z. B. deren Premierminister, Generäle und die Minister) erhielten je nach Rangstufe achthundert bis dreitausendzweihundert Mu Land, die technischen Beamten und Spezialisten (士, *shi*) je nach Rang zwischen hundert und vierhundert Mu. Das gewöhnliche Volk erhielt pro Familie hundert Mu (so viel wie der unterste Beamtenrang).[111] Ob diese Politik als gerecht angesehen werden kann, muss vermutlich vor dem Hintergrund der historischen Bedingungen beurteilt werden. Der Überlieferung nach beschränkten die »Weisen Herrscher« ihren persönlichen Nutzen und teilten ihn mit der Bevölkerung: »Sie übten sich selbst in Bescheidenheit und waren dem Volk gegenüber freigiebig, sie legten sich selbst Sparsamkeit auf und waren der Welt gegenüber großzügig.«[112] Sie steigerten, wo es die Umstände erlaubten, den materiellen Nutzen der Bevölkerung. Die relative Begünstigung der einfachen Leute zu Ungunsten der Mächtigen und Vornehmen bei der Verteilung des materiellen Nutzens wurde als höchster Grad tugendhaften Regierens betrachtet. Die Gesellschaft der Zhou-Dynastie war schließlich eine hierarchische Gesellschaft, eine Verteilung des materiellen Nutzens der die Rangordnungen missachtete, wäre undenkbar gewesen. Genauer gesagt, bedeutete Maximierung des Nutzens des Volkes durch tugendhaftes Regieren Verringerung der Ausbeutung durch die Herrschenden.

Des Weiteren betonte das tugendhafte Regieren die Verpflichtung der Regierung, für den Lebensunterhalt der Bevölkerung günstige Voraussetzungen zu schaffen. Das hat mit dem Glauben an »Alles Lebendige gewähren und fortleben lassen« (生生) zu tun: Da die hohe Tugend von Himmel und Erde der Fortführung des Lebens diente, musste auch die hohe Tugend der Politik des Tianxia diesem Ziel dienen. Die Förderung des Lebensunterhalts entspricht daher dem Dao des Himmels. Guanzi erklärt detailliert,

wie die Politik des tugendhaften Regierens Wirtschaft und gesellschaftliche Wohlfahrt entwickelt:

»Regieren mittels Tugend hat sechs Erscheinungsformen:

- Felder zum Anbau erschließen, günstige Bedingungen für den
  Bau von Wohngebäuden und Altären schaffen, den Anbau von
  Nutzpflanzen kultivieren, die Gelehrten und einfache Leute
  ermutigen, sich der Landarbeit widmen, Mauern und Häuser
  reparieren. Dies heißt ›das Leben bereichern‹.
- Ungenutzte Ressourcen entwickeln, angehäufte Güter zirkulie-
  ren lassen, Straßen bauen, Zölle und Märkte benutzerfreund-
  lich gestalten, Gästehäuser für Reisende bereitstellen. Das heißt
  ›Reichtum verteilen‹.
- Hochwasser kanalisieren, Dämme und Gräben reparieren, Stru-
  del und Sandbänke beseitigen, Schlamm und Anstauungen entfernen, Blockaden durch zugewachsene Flächen frei machen,
  Flussübergänge und Brücken passierbar machen. Das heißt
  ›Nutzen stiften‹.
- Steuereintreibungen verringern, Abgaben mindern, Bestrafun-
  gen lockern, bei Verbrechen Gnade walten lassen, kleine Ver-
  gehen vergeben. Das heißt, ›Milde in der Herrschaft walten zu
  lassen‹.
- Für die Erwachsenen und Alten sorgen, gut zu den Jungen und
  Weisen sein, Mitgefühl für die Witwen und Witwer zeigen, sich
  um das Wohl der Kranken kümmern, den Unglücklichen und
  Hinterbliebenen Trost spenden. Das heißt ›in Notsituationen
  helfen‹.
- Die Frierenden kleiden, die Hungernden ernähren, den in Armut Geratenen helfen, die Erschöpften entlasten, die Mangel
  haben, unterstützen, die in Schulden Geratenen unterstützen.
  Das heißt ›Armut lindern‹.

Diese sechs sind alle ›Erscheinungsformen‹ der Tugendhaftigkeit.
Wenn diese sechs sich verbreiten, dann wird das Volk seine Wünsche erfüllt sehen. Sind seine Wünsche erfüllt, wird es der Obrigkeit Gehorsam leisten. Wenn es der Obrigkeit Gehorsam leistet,
dann kann Politik Gutes bewirken. Deshalb sagt man, dass Regieren mittels Tugendhaftigkeit unbedingt notwendig ist.«[113]

Auch das *Yi Zhou Shu* (逸周书) beschreibt diverse Maßnahmen
tugendhaften Regierens, einige davon zeugen von einem geradezu
modernen rationalen Bewusstsein und machen deutlich, dass die

Alten in Sachen Weisheit es mit uns Heutigen aufnehmen können, wie z. B.: »Auf dem Land Ärzte und Heiler stationieren und 100 Medizinen zur Seuchenbekämpfung bereithalten«, also das Einrichten von Arztpraxen in den Dörfern; das Verbot, »Getreide auszureißen, um Bäume zu pflanzen«, also eine vernünftige Bodennutzung, die das Pflanzen von Bäumen auf unkultivierbare Böden beschränkte; »[i]n den drei Frühlingsmonaten ist der Gebrauch der Äxte in den Wäldern verboten, damit Gräser und Bäume wachsen können«; »[i]n den drei Monaten des Sommers dürfen in Flüssen und Seen keine Netze ausgeworfen werden, damit die Fische und Krebse wachsen können«.[114] Das bedeutete Schutz des ökologischen Gleichgewichts, um einen nachhaltigen Lebensunterhalt zu gewährleisten. Es gibt zahlreiche ähnliche Beispiele.

Tugendhaftes Regieren äußerte sich zudem in einer ebenfalls am Gerechtigkeitsprinzip orientierten Verteilung von Machtpositionen. Die konkrete Politik hatte Priorität und gewährleistete, dass geeignete, integre Personen die Machtpositionen besetzten. »Ämter wurden an die vergeben, die ihrer würdig waren, Aufträge nur an die, welche dazu fähig waren«,[115] um »niemanden unberücksichtigt zu lassen, der tugendhaft und qualifiziert war«.[116] Gemäß der Überlieferung lässt sich die Politik der gerechten Verteilung der Machtpositionen bis auf die Traditionen der »Überlassung des Throns« (禅让) und der »Öffentlichen Empfehlung und Beratung« (公推公议) der grauen Vorzeit der Epoche der »Weisen Herrscher« zurückverfolgen. Mehr noch als die Betroffenen begünstigte die Politik der Wahl integrer und fähiger Personen für hohe Ämter die ganze Gesellschaft, weil integre und fähige Beamte das gemeinsame, allgemeine Interesse im Auge hatten, die Menge dagegen nur den eigenen Vorteil. Eine derartige Begründung dürfte in heutigen Gesellschaften als politisch inkorrekt verworfen werden. Von den Funktionen der Politik her gesehen, liegt die Bedeutung der Wahl integrer und fähiger Personen darin, dass das System nicht durch wirkungslose und unfähige Praxis Schaden nimmt. In Bezug auf den Gemeinnutzen der Gesellschaft handelte es sich um eine korrekte Begründung.

Im Folgenden müssen wir eine weitere wichtige Strategie der Zhou-Dynastie analysieren, und zwar die der Kompatibilität (*compatibility*). Wenn wir sagen, dass tugendhaftes Regieren Antwort auf die Frage geben musste, »was die Regierung für die Bevölkerung zu leisten hat«, dann zielte Kompatibilität auf die Lösung des Problems, »wie Subjekte mit unterschiedlichen Interessen zu Kooperation finden«. Alle Konflikte entstammen dem Eigennutz, wie Guanzi sagt: »Die Eigennützigen sind es, die Unruhe auf der Welt stiften.«[117] Eigennutz gehört zur unveränderbaren Natur des Menschen. Die Geschichte zeigt, dass alle Systemvorkehrungen, wie Egalitarismus, Gemeinbesitz, Wohlfahrt, individuelle Menschenrechte usw. nicht hinreichen, durch Eigennutz herbeigeführte Konflikte zu lösen. Lassen sich unter der gegebenen Voraussetzung des eigennützigen Wesens des Menschen Strategien finden, die zwangsläufig zur Kooperation führen? Die Strategie der Kompatibilität war in Bezug auf diese Frage eine Anstrengung von tiefer und weitreichender Bedeutung. Der Begriff »He« (和) bezeichnet ursprünglich ein altes Instrument, bestehend aus mehreren Pfeifen, die in der Lage waren, harmonische Töne zu erzeugen. Er impliziert die Bedeutung der Harmonisierung von Diversität und gegenseitiger Ergänzung. Für das *Buch der Urkunden* ist Kompatibilität das Prinzip der kooperativen Beziehungen zwischen sämtlichen politischen Entitäten, das sogenannte »Miteinander (Kompatibilität) der zehntausend Staaten«[118] und die »Herstellung und Bewahrung der Eintracht aller Völker sämtlicher Himmelsrichtungen (Regionen)«.[119]

Die ursprüngliche Bedeutung von »He« ist eindeutig, nämlich Eintracht im Sinne von Kompatibilität und gegenseitiger Ergänzung innerhalb der Schöpfung. Aus ungeklärten Gründen kam es zu einem gewissen Zeitpunkt während der Epoche der *Frühlings- und Herbstannalen* zur Verwirrung im Verständnis der Begriffe von »Eintracht« (和) und »Einheitlichkeit« (*uniformity,* 同), woraus ein Disput über die beiden Begriffe erwuchs. Laut *Zuos Erläuterungen zu den Frühlings- und Herbstannalen* (左传) vertrat der Herzog Jing von Qi (齐景公, 547-490 v. Chr.) die Ansicht, dass Eintracht und Einheitlichkeit identisch seien. Yanzi (晏子, ?-500 v. Chr.) erläuterte ihm ausführlich den Unterschied zwischen beiden Begriffen:

»Der Herzog fragte: ›Gibt es einen Unterschied zwischen Eintracht und Einheitlichkeit?‹ Antwort: ›Ja. Mit der Eintracht verhält es sich wie mit der Herstellung einer Fleischpaste, die man benutzt, um einen Fisch oder Fleisch zuzubereiten. Man braucht Wasser, Feuer, Essig, Sojasauce, Salz und Pflaumen, man brät oder kocht es. Der Koch schmeckt ab, ob die Zutaten richtig dosiert und abgestimmt sind, fehlt etwas, fügt er es hinzu, ist es zu stark, mildert er. Der Genuss dieser Fleischpastete macht den Fürsten mit sich und der Welt zufrieden. Mit der Beziehung zwischen dem Herrscher und den Beamten verhält es sich ebenso. Ist der Herrscher der Ansicht, eine Sache sei durchführbar, aber es gibt darin etwas, das der Durchführbarkeit im Weg steht, dann erhöht der Hinweis des Beamten auf das Hindernis die Durchführbarkeit. Ist der Herrscher der Meinung, eine Sache sei nicht durchführbar, sie enthält jedoch eine Möglichkeit der Durchführung, dann bewirkt der Hinweis des Beamten auf diese Möglichkeit, dass der Herrscher seine Meinung ändert. [...] Die früheren Herrscher stimmten die fünf Geschmäcker aufeinander ab und brachten die fünf Töne harmonisch zum Klingen, um die Gemüter zu befrieden und erfolgreich zu regieren. Die Töne sind wie Geschmäcker. Es gibt einen Lebensatem (气), zwei Körper (体), drei Arten (类), vier Dinge (Materialien) (物), fünf Töne (声), sechs Tonhöhen (律), sieben Noten (音), acht Winde (风), neun Gesänge (歌), [sie alle dienen dazu,] einander zu vervollkommnen. Klar und trüb, groß (forte) und klein (piano), kurz und lang, schnell (presto) und langsam (adagio), traurig (bedrückt) und freudvoll, hart und weich, verzögert und rasch, hoch und tief, eingehend und ausgehend, einheitlich und getrennt, [sie alle dienen dazu,] einander zu vervollständigen. Der Fürst lauscht ihnen und findet innere Ruhe. Wenn das Herz gelassen und friedlich ist, ist die Tugend im Einklang mit dem Handeln. [...] Wenn man Wasser mit Wasser abschmeckt, wer will das essen? Wenn Qin und Se völlig gleich klingen, wer will sie hören? Genau so verhält es sich mit der Unmöglichkeit von Einheitlichkeit.«"[120] Nach Auskunft des *Guo Yu* lieferte SHI Bo (史伯, 9./8. Jahrhundert v. Chr.) eine noch gründlichere Analyse: »[Verschiedene]Dinge einträchtig zusammenzubringen, führt zum Entstehen von [neuen] Dingen, Vereinheitlichung [der Dinge] führt dazu, dass nichts [Neues] daraus folgt. Zwei Dinge gleichberechtigt zusammenzubringen, bezeichnet man als Eintracht, die Dinge wenden sich dorthin, wo Vielfalt und Wachstum herrschen. Gesellt man Gleiches zu Gleichem, stößt sich alles ab. [...] Gäbe es nur einen Ton, gäbe es nichts mehr zu hören, gäbe es nur einen Gegenstand, gäbe es nichts mehr zu lesen, gäbe es nur einen Geschmack, gäbe es keine (verschiedenen) Früchte, gäbe es nur einen Gegenstand, gäbe es nichts zu erzählen.«"[121] Diese Diskussionen zeigen, dass »He« Zusammenklang in Diversität meint, »Tong« (同) dagegen meint allgemeine Uniformität. »Tong« ist insofern nicht wünschenswert, als es die Diversität und Fülle der Schöpfung auslöscht, Leben dadurch bedeutungs- und kraftlos wird. Außerdem kann kein Lebewesen isoliert existieren. Im »He« dagegen steckt die Vitalität der Schöpfung, das sich ergänzende Miteinander in Diversität und Fülle bewirkt das Wachsen und Gedeihen der Schöpfung, daher ist Kompatibilität eine Bedingung für ihre Existenz und ihr Wachstum. Im *Guanzi* wird das wie folgt umrissen: »Kompatibilität bewirkt Leben, ohne Kompatibilität gibt es kein Leben.«[122]

Der Begriff des »He« beinhaltet eine Art von Beziehungsontologie:

1. Beziehungen sind existenzentscheidend. Keine Kreatur kann isoliert existieren, die Verbindung zu anderen Kreaturen ist existenzielle Bedingung für jede Art von Kreatur, daher ist Koexistenz (*coexistence*) notwendige Voraussetzung jeder Existenz (*existence*).
2. Der niedrigste Maßstab koexistenzieller Beziehungen ist die Minimierung gegenseitiger Schädigung.
3. Der höchste Maßstab koexistenzieller Beziehung ist die Maximierung gegenseitigen Nutzens und die Bildung von Beziehungen, die auf Interdependenz, auf geteilte Freude und geteiltes Leid gründen, so dass einseitige Vorteilsoptimierung ausgeschlossen ist.

Die Strategie der Kompatibilität lässt sich so darstellen:

1. Für zwei beliebige Spieler X und Y besteht eine wechselseitig günstige Gleichgewichtssituation, die bewirkt, das X den ihm zustehenden Vorteil x dann und nur dann erhalten kann, wenn Y den ihm zustehenden Vorteil y erhalten kann. Zugleich erleidet X dann und nur dann einen Nachteil, wenn auch Y einen Nachteil erleidet.
2. X erhält dann und nur dann einen zusätzlichen Vorteil x+, wenn auch Y einen Vorteil y+ erhält und umgekehrt. Das Eintreten des Vorteils x+ wird damit zur Vorzugsstrategie für Y, da Y, um den zusätzlichen Vorteil zu erhalten, das Eintreten von x+ akzeptieren und befördern muss. Und umgekehrt.

In der wechselseitig begünstigenden Balance überwiegt die Steigerung des jeweils gegenseitig zu erzielenden Nutzens die des jeweils einseitig zu erzielenden Nutzens.

Die Strategie der Kompatibilität ist eine perfekte Kooperationsstrategie. Sie ist in der Lage, stabile Kooperation und eine für alle Beteiligten befriedigende Nutzensteigerung zu verwirklichen. Die Strategie der Kompatibilität führt zu besseren Ergebnissen als das Pareto-Optimum. Das Pareto-Optimum kann nur eine gesellschaftliche Gesamtentwicklung abbilden, aber sie kann keine allgemeine soziale Zufriedenheit gewährleisten. Das Pareto-Optimum steigert lediglich den materiellen Nutzen bestimmter Personen und sorgt dafür, dass niemand Schaden nimmt, bzw. hält die Nutzensteigerung mancher Personen mit dem Ausmaß der Gesamtnutzenverbesserung nicht Schritt. Personen, die an der Nutzensteigerung nur geringen Anteil haben, werden sich nicht unbedingt für den vergrößerten »volkswirtschaftlichen Kuchen« begeistern, für sie zählt eher der »psychologische Kuchen«. Ist der Verlust an »psychologischem Kuchen« größer als der Gewinn an »volkswirtschaftlichem Kuchen«, führt das höchstwahrscheinlich zu Unzufriedenheit. Nur mit der Strategie der Kompatibilität lässt sich Zufriedenheit erreichen, und hinsichtlich des Ziels der einheitlichen Gesamtverbesserung ist sie dem Pareto-Optimum gleichwertig. Die Strategie der Kompatibilität entspricht genau dem Prinzip des Konfuzius: »Wer sich eine Position zu verschaffen sucht, muss andern zu einer Position verhelfen, wer etwas erreichen will, muss anderen helfen, etwas zu erreichen« (*established iff let established; improved iff let improved*).[123] Aus Respekt vor Konfuzius ließe sich die Strategie der Kompatibilität auch als »Konfuzianisches Optimum« (*Confucian Improvement*) bezeichnen. Der Schwachpunkt der Strategie der Kompatibilität liegt in den relativ anspruchsvollen Voraussetzungen ihrer Anwendung, offensichtlich sind nicht überall und jederzeit die objektiven Bedingungen dafür gegeben.

Betrachtet man die Praxis der Zhou-Dynastie, muss man feststellen, dass sie die Strategie der Kompatibilität nur partiell umgesetzt hat, die Realität hinkte der Idee deutlich hinterher. In Wahrheit begann Mitte der Zhou-Zeit das Tianxia-System den Charakter von Kompatibilität mehr und mehr zu verlieren, es verfiel zunehmend, bis es schließlich verschwand. Dennoch verfügte die Zhou-Zeit, obgleich mit Mängeln behaftet, zumindest über eine positive Ordnung. Warum konnte sie dennoch zusammenbrechen? Ebenso wie die Schaffung des Tianxia-Systems durch die Zhou-Dynastie war sein Untergang das Ergebnis besonderer Umstände. Wir werden im

Folgenden versuchen zu erklären, dass eine gute Ordnung zusammenbrechen kann, weil sie zu gut ist.

9. Warum können gute Ordnungen zusammenbrechen?

Die Geschichte des Tianxia-Konzepts nähert sich ihrem Ende. In der Zeit der Frühlings- und Herbstannalen verfiel die Zhou-Dynastie, bis sie schließlich zusammenbrach, das Tianxia verwandelte sich erneut in Chaos, die Lehnfürsten fielen übereinander her, stritten um die Hegemonie, gegenseitige Annexion von Territorien war an der Tagesordnung, Kriege und Machtintrigen beherrschten die Szene. Stellt man die historischen Bedingungen in Rechnung, war die Zhou-Dynastie zweifellos eine gute Gesellschaft, über zweitausend Jahre galt sie als modellhafte Dynastie. Dennoch ist sie zusammengebrochen. Das zeigt, dass auch eine gute Ordnung schwerlich auf Dauer Frieden und Stabilität aufrechterhalten kann. Hier stehen wir vor einer ernsthaften Frage. Die literarisierte Tradition schreibt den Zusammenbruch einer Dynastie häufig oberflächlich und klischeehaft der Degeneration und Korruptheit der Herrscher ihrer Endphase zu. Auch wenn über die Mittel- und Spätphase der Zhou-Dynastie ein paar abstruse Erzählungen kursieren, kann man die Zhou-Dynastie über die Gesamtdauer ihrer Existenz nicht als verkommen bezeichnen. Nicht an ihrer Verkommenheit ist sie zugrunde gegangen, sondern an den noblen Mängeln einer guten Ordnung. Darin besteht das Problem.

Politische Ordnungen sind auf weltliche Bedürfnisse zugeschnittene, nicht-natürliche Daseinsordnungen, und in diesem Sinne ist Geschichte ein von Menschen geformter Prozess. Auch die menschliche Ontologie ist eine Weltschöpfungstheorie, die Schöpfungstheorie der Erschaffung der Welt ist eine göttliche, die Schöpfungstheorie der Erschaffung der Geschichte ist eine menschliche Angelegenheit. Sämtliche Menschheitsfragen wurzeln in den Schwierigkeiten der Weltschöpfungstheorie, die der Welt ihre Geschichte verschafft. Die Menschheit ist zwar imstande, Ordnungen zu schaffen, aber sie ist unfähig, völlig widerspruchsfreie Ordnungen zu konzipieren. Sie ist in der Lage, Geschichte zu schaffen, aber sie ist unfähig, die Zukunft zu kontrollieren. Die Zukunft ist daher immer eine Frage von Leben und Tod.

Wie oben geschildert, diente die Erfindung des Tianxia-Systems durch die Zhou-Dynastie der Schaffung einer wirkungsvollen politischen Ordnung unter der Voraussetzung, dass »der Kleine über den Großen und der Einzelne über die Menge herrscht«. Das war eine einzigartige Sondersituation, die sich bis heute nicht wiederholt hat. Um ihre politische Macht zu sichern, nötigte sie die Zhou-Dynastie zum Verzicht auf Maximierung des Eigennutzes bzw. zu dessen Minimierung und zur Etablierung einer annähernd gerechten Ordnung und rationalen Nutzenteilung. Damit wurde die Zhou-Dynastie zur modellhaften Dynastie. Die antiken Gesellschaften waren in der Regel reine Diktaturen, die politische Ordnung der Zhou-Dynastie bildete vermutlich eine Ausnahme, sie als Diktatur zu bezeichnen, trifft den Sachverhalt vermutlich nicht korrekt. Auch wenn sie gewisse diktatorische Charktermerkmale besaß, z.B ein monarchisches System und eine erbliche Aristokratie, war das Tianxia-System der Zhou-Dynastie dennoch durch Nutzen- und Herrschaftsteilung und die Aufgabe des Macht- und Nutzenmonopols gekennzeichnet. Zudem leistete das Kronland um des tugendhaften Regierens willen einen Anteil an den Kosten öffentlicher Güter, der die Einnahmen aus den Abgaben der Vasallenstaaten bei weitem übertraf, daher trug vor allem das Kronland selbst die Ausgaben für die Aufrechterhaltung von »Frieden und Ordnung der Welt«. Die Steuerleistungen der Vasallenstaaten bestanden vor allem aus lokalspezifischen Gütern (von Gebrauchsgütern wie Eisen, Salz, Schwertern u. Ä. bis zu Luxusgütern wie Edelsteinen und Pelzen sowie seltenen Tieren, wie Elefanten, Rassepferden etc.), die eher den Charakter von Tributgeschenken als von regulären Steuern besaßen. Die wirtschaftliche Potenz des Kronlands der Zhou-Dynastie profitierte keineswegs durch die Steuerleistungen der Einzelstaaten, sondern schwächte sich im Gegenteil durch die Übernahme von Kosten der Gemeingüter. Das macht deutlich, dass das Kronland der Zhou-Dynastie hauptsächlich politische Autorität, nicht aber die massiven materiellen Vorteile einer Diktatur genoss. Außerdem übernahm die Zhou-Dynastie die Tradition der »Weisen Herrscher«, nämlich die »gemeinsame Regierung« des Himmelssohns und der Gelehrtenbeamten über das Tianxia. Die sogenannte gemeinsame Regierung bedeutete, dass der Himmelssohn nicht die alleinige Entscheidungsgewalt besaß, er hatte nicht nur das etablierte System zu respektieren, er musste zudem die hohen Beamten zu Rate ziehen. Gemeinsame Regierung bedeutete nicht Demokratie, aber sie hatte den Charakter einer Politik des Verhandelns. Zusammenfassend müsste man die Regierung der Zhou-Dynastie aufgrund ihrer spezifischen Wesensmerkmale eher als eine »Aufsichtsregierung« (*supervisorship*) denn als eine Diktatur bezeichnen. Die moderne Politikwissenschaft beschreibt sämtliche politischen Systeme in den beiden Kategorien Diktatur und Demokratie. Das ist offenkundig zu simpel und wird den Möglichkeiten des Politischen nicht gerecht.

Da es sich bei der Zhou-Dynastie um eine hinreichend gute politische Ordnung handelte, muss uns die Frage nach dem Zusammenbruch dieser Ordnung ernsthaft beschäftigen. Welche nachteiligen Elemente führten letztendlich zur Zerstörung der Zhou-zeitlichen Ordnung? Die Angriffe der Nomadenstämme im Nordwesten gegen Ende der Westlichen Zhou, welche die Dynastie zwangen, die Hauptstadt zu verlegen, mögen zum Untergang beigetragen haben. Die Dynastie wurde von da an als Östliche Zhou bezeichnet. Die Verlegung der Hauptstadt wird häufig als Ausdruck des Niedergangs der Zhou-Dynastie betrachtet. Aber diese Erklärung verwechselt Ursache und Wirkung: Erst der Niedergang der Zhou-Dynastie, ihre Unfähigkeit, die Ordnung zu schützen, führte zur Rebellion einiger Vasallenstaaten. Das Tianxia der Zhou umfasste zahlreiche Ethnien, sie hatten sich einst erfolgreich zur Union der »zehntausend Staaten« vereint und eine universale Friedensordnung geschaffen. Aber die Kooperation zwischen dem Kronland der Zhou und den Nomadenstämmen besaß eine Schwäche: Die Beziehungen zwischen den nördlichen Nomadenstämmen und dem Staat der Zhou waren rein politischer Natur, es fehlte eine substantielle wirtschaftliche Kooperation. Die Lebensweise der Nomaden ließ die Akkumulation von lebensnotwendigen Gütern nicht zu, der materielle Reichtum der Nordchinesischen Ebene stellte eine permanente Versuchung dar. Wäre es der Nordchinesischen Ebene gelungen, mit den Nomadenstämmen faire und stabile Handelsbeziehungen zu etablieren, hätte sich deren Lust zu Raubzügen beträchtlich verringert. Aber die Nordchinesische Ebene war wirtschaftlich entwickelt und verfügte über großen materiellen Reichtum, sie hatte kaum Bedarf an Dingen aus den Nomadenregionen, der Anreiz, über einen beschränkten und unregelmäßigen Austausch hinaus, systematische Handelsbeziehungen dorthin aufzubauen, war daher gering. Außerdem propagierte die Zhou-Dynastie einen einfachen Lebensstil und verurteilte den Drang nach »Luxusgütern« aus fernen Regionen. Im *Buch der Urkunden* ist vermerkt, dass die Zhou-Dynastie zwar Beziehungen mit den »acht Barbarenvölkern im Norden und den neun Barbarenvölkern im Süden« unterhielt: »Die Barbarenvölker (夷) ringsum unterwarfen sich allesamt (und schworen Allianz), von nah und fern brachten sie die Güter ihrer Regionen (als Tribut) dar.«[124] Aber sie verurteilte die Schwächung der Moral durch den Drang nach unnützen Gütern, die »Wertschätzung fremder und ferner Dinge«. Diese Geringschätzung von aus der Ferne herangeschafften Gütern verminderte zusätzlich den Anreiz, mit den Nomadenvölkern wirtschaftlich zu kooperieren. Natürlich wäre es grundsätzlich schwierig gewesen, die politische Kooperation mit den Nomadenvölkern und ihre Loyalität auf Dauer aufrechtzuerhalten. Aber die Rebellion der Nomaden war nicht die Haupt-, sondern nur eine Nebenursache für den Untergang der Zhou-Dynastie.

Ihr Untergang ist eher auf den kaum einlösbaren hohen Anspruch des tugendhaften Regierens zurückzuführen. Man kann sagen, das tugendhafte Regieren hat das Regieren mittels Tugend zu Fall gebracht. Tugendhaftes Regieren ist an sich gut, aber das System der Zhou hatte Konstruktionsfehler, die dazu führten, dass sich tugendhaftes Regieren nicht auf lange Sicht aufrechterhalten ließ. Nach XU Zhuoyun (许卓云) und GE Zhiyi (葛志毅) wurde etwa zur Mitte der Periode der Westlichen Zhou die Lehnvergabe gestoppt. Nicht etwa, weil es keinen Bedarf mehr gab, sondern weil es an verteilbarem Grund und Boden fehlte,[125] ein bei der Gründung der Zhou-Dynastie nicht vorhergesehener Mangel. Von der Beschränktheit des von der Zhou-Dynastie kontrollierten Grund und Bodens ganz zu schweigen, selbst die Kontrolle über die gesamte Welt hätte früher oder später nicht ausgereicht. Die Lehnvergabe kam zum Stillstand. Die nachkommenden Verwandten des Herrschers und die hohen Beamten hatten keine Chance, die »ihnen zustehenden« Lehn zu erhalten, so dass ihr Eifer erlosch, schließlich waren nur wenige Menschen bereit, sich selbstlos für den allgemeinen Nutzen des Tianxia einzusetzen. Es breitete sich das Gefühl aus, ungerecht behandelt zu werden. Auf der anderen Seite war Erblichkeit der Lehn Bestandteil des Zhou-Systems. Lehnbesitz durfte nicht enteignet oder auf andere übertragen werden, es sei denn, jemand ließ sich besonders schwere Fehler zuschulden kommen. Es war daher für die Lehnfürsten strategisch nutzbringender, die eigene materielle Basis zu schützen, als sich für das Allgemeinwohl des Tianxia einzusetzen. Es war weit einfacher, schwere Fehler zu vermeiden, als sich Verdienste fürs Ganze zu erwerben, die Sorge um den Familienbesitz überwog natürlich die um das Allgemeinwohl des Tianxia.

Ein Vorzug des Tianxia-Systems der Zhou war die netzwerkartige Interdependenz, die wechselseitige Begünstigung und gemeinsame Übernahme von Lasten, aber das Tianxia-System eilte den wirtschaftlichen und technologischen Bedingungen der Antike weit voraus und konnte daher seine Vorzüge nicht voll entfalten. Zwar gelang es der Zhou-Dynastie, ein Netzwerksystem gemeinsam geteilten Nutzens zu schaffen, aber tatsächlich war der »gemeinsam geteilte« Nutzen umfangmäßig gering. Vor allem fehlte ihm ein entsprechendes Netzwerk der Zirkulation von Wirtschaftsgütern und es war kaum in der Lage, öffentliche Güter bereitzustellen, von denen das Gesamtsystem profitierte. Da die materiellen Bedingungen mit der Idee des Tianxia nicht Schritt halten konnten, überwogen die politischen Funktionen des Tianxia- System seine ökonomischen bei weitem. Das Tianxia der Zhou-Dynastie lässt sich als ein rein politisches Tianxia bezeichnen, es war noch nicht in der Lage, ein wirtschaftliches Tianxia zu schaffen. Die Wirtschaft der Zhou-Dynastie war im Wesentlichen lokale Subsistenzwirtschaft, es gab zwar Handelsbeziehungen, doch entwickelten die Einzelstaaten keine hinreichend lebensfähige ökonomische Abhängigkeit. Die Ausführung von auf Riten und Zeremonien gestützten politischen Symbolhandlungen übertraf an Bedeutung die wirtschaftliche Kooperation bei weitem. Das macht verständlich, warum Konfuzius im Ritensystem das Kernstück des Zhou-Systems erblickte. Im Ergebnis erkannten die Vasallen und die einflussreichen Sippen der Gelehrtenbeamten, dass das Tianxia ein bloßes Ideal war und der einzelstaatliche Nutzen offenkundig den gemeinsamen Nutzen des Tianxia weit überwog. Die Einzelstaaten begannen daher, ihre Anstrengungen auf die Stärkung der eigenen Macht zu richten. Die immer mächtiger werdenden Lehnfürsten benötigten den Schutz des Kronlandes nicht mehr. Auf der anderen Seite erschöpften die Aufwendungen des Kronlandes für die öffentliche Ordnung und allgemeine Sicherheit allmählich seine Ressourcen, und als es zur regionalen Nutzenverteilung unfähig wurde, verkümmerte das tugendhafte Regieren zu einer leeren Worthülse. Die militärische Kraft des Kronlandes der Zhou-Dynastie büßte bereits in deren mittlerer Phase ihre Abschreckungskraft derart ein, dass es dem Angriff eines rebellierenden mächtigen Vasallenstaates nicht mehr widerstehen, geschweige denn die Sicherheit des gesamten Tianxia aufrechterhalten konnte.

Da sie den Überfällen der Nomadenstämme nicht standhalten konnte, verlegte die Zhou-Dynastie die Hauptstadt nach Osten und verlor dabei den größten Teil des von ihr direkt verwalteten Kronlandes. Ihre Wirtschaftskraft und politische Autorität nahmen erheblichen Schaden, ihr Einfluss war geringer als der eines großen Vasallen, sie waren nicht mehr imstande, die Vasallen zu kontrollieren. Rituell erwiesen die Vasallen dem Herrscherhaus noch immer ihren Respekt, aber sobald es substantiellen Nutzen betraf, gaben sie keinen Fußbreit nach. In der Epoche der *Frühlings- und Herbstannalen* brach der Staat Zheng (郑国) als Erster die Ordnung des Tianxia und verleibte sich einen kleinen Staat ein. Das Zhou-Herrscherhaus konnte nichts dagegen unternehmen, obwohl unter dem Zhou-System die Lehnstaaten nur Nutzungs-, aber kein Eigentumsrecht an Grund und Boden besaßen und jede Einverleibung oder Weitergabe rechtswidrig war. Im Anschluss kam es zum Konflikt zwischen dem Staat Zheng und den Zhou um Ernteerträge, die Zheng-Armee verwundete den Zhou-Herrscher durch einen Pfeilschuss und fügte den Streitkräften der Zhou eine Niederlage bei. Diese beiden bedeutungsträchtigen Regelverstöße signalisierten eine Änderung der Spielregeln, die Führung des Tianxia durch das Kronland der Zhou verkam zu einem Ehrentitel. Obwohl seine nur dem Namen nach bestehende Autorität noch einige Jahrhunderte fortexistierte, sank sein politischer Einfluss unter den der heutigen Vereinten Nationen. Die Bedeutung des Himmelssohnes der Zhou beschränkte sich darauf, als Vorwand für politische Korrektheit zu dienen. Die hegemonialen Staaten griffen unter dem Vorwand, den Himmelssohn bei der Aufrechterhaltung der Ordnung des Tianxia zu vertreten, andere Staaten an und annektierten sie. Formal gehörten die Staaten noch immer dem System des Tianxia an, in Wahrheit war die Weltpolitik des Tianxia bereits zu einer internationalen Hegemonialpolitik regrediert. Diese politische Entwicklung kann als einzigartig gelten: Eine Politik, die als Weltpolitik begann

(Zhou-Dynastie), regredierte zu internationaler Politik (Epoche der Frühlings- und Herbstannalen) und entwickelte sich am Ende zu Staatspolitik (Qin- bis Qing-Dynastie).

Die Staatsgründung durch den ersten Qin-Kaiser markiert eine Scheidelinie in der chinesischen Politik: Den Abschied von der Weltpolitik des Tianxia-Systems und den Beginn einer absolutistischen Staatspolitik. Nach dem Verfall der Macht der Zhou-Dynastie drehte sich das Denken der hegemonialen Lehnfürsten der Epochen der Frühlings- und Herbstannalen und der »Streitenden Reiche« um die Frage, wie sie das Durcheinander beenden, eine neue Tianxia-Ordnung schaffen und sich zu neuen Herren über das Tianxia machen konnten. Es gibt keine Belege dafür, dass der Qin-Staat einem fertigen politischen Plan folgte, als er nacheinander die verbleibenden sechs Großstaaten annektierte. Auch wenn SHANG Yang, wie auch HAN Fei und LI Si (李斯, vermutlich 284-208 v. Chr.) gegen die »Ordnung der früheren Herrscher« wetterten und eine Innovation des Politischen forderten, existierte noch keine klare Vorstellung einer neuen Politik. Erst als sich nach der Annexion der sechs Staaten die Frage stellte, wie ein vereinigtes riesiges Staatsgebiet zu regieren sei, kam die Frage einer neuen Politik auf die Tagesordnung.

Im Verlauf der 800 Jahre lang währenden Zhou-Dynastie war das Tianxia-System zu einer allseits respektierten Tradition geworden. Die Annexion der Teilstaaten durch den ersten Kaiser der Qin-Dynastie änderte eine Tradition, die weit hinter die Zhou-Dynastie zurückreichte: Der Lehnadel, die kaiserliche Sippe der Qin-Dynastie ausgenommen, verlor mit dem Verlust seiner Territorien auch seinen Status. Diese Unterbrechung der Adelstradition veränderte die gesellschaftliche Struktur von Grund auf. Die zahlreichen Stämme des Tianxia blickten auf eine lange historische Existenz zurück, die meisten konnten sie auf eine unergründbare Vorgeschichte zurückverfolgen. Der Adel, der sich auf jahrhundertelange Vererbung gründete, bildete die Herrschaftselite der Stämme. Er bildete die unverrückbare organisatorische Basis der antiken Gesellschaft. Die Herrscher über das Tianxia mochten wechseln, doch der Adel blieb unbestritten der legitime Vertreter der Stämme. Durch die Jahrhunderte ständiger Annexionen während der Epochen der Frühlings- und Herbstannalen und der »Streitenden Reiche« waren jedoch viele der Adelsfamilien von der Bildfläche verschwunden, der Gründungskaiser der Qin-Dynastie machte den letzten von ihnen den Garaus, einzig die kaiserliche Sippe besaß noch Adelsrang. Der Adel als soziales System hörte auf, zu existieren. Die Annexion der Teilstaaten durch Qin erfolgte ausschließlich durch militärische Unterwerfung, der Unterwerfende war nicht genötigt, mit irgendeinem Stamm zu verhandeln, er besaß die Macht, sein Herrschaftssystem zu etablieren. Die Frage, wie man eine gewaltsam unterworfene Welt ordnet, unterscheidet sich grundlegend von der Frage, wie man eine durch freiwillige Unterordnung entstandene Welt ordnet.

Auch wenn das Tianxia-System faktisch nicht mehr existierte, bestand die Idee des Tianxia weiter. In der Herrschaftselite der Qin entspann sich ein heftiger Disput darüber, ob es einer neuen Art von Politik bedürfe. LI Si befürwortete nachdrücklich eine Systemerneuerung und wandte sich gegen eine Neuauflage des Tianxia-Systems. Im *Shiji* lesen wir: »Der Kanzler Wan und andere (Beamte) erklärten: ›Die Macht der Lehnfürsten wurde gerade erst zerschlagen und die Gebiete Yan, Qi und Jing liegen weit entfernt. Ohne [dort] (Lehn-)Könige einzusetzen, können wir sie nicht kontrollieren. Wir ersuchen daher, Prinzen (aus der kaiserlichen Sippe) einzusetzen. Möge der Herrscher dies gütigerweise gestatten.‹ Der Höchste Kaiser gab ihren Vorschlag an die hohen Beamten weiter, die ihn alle unterstützten. Justizminister LI Si merkte dagegen an: ›Die Herrscher Wen und Wu der Zhou belehnten Mitglieder ihrer Sippen, die ebenfalls den Namen Zhou trugen. Aber die späteren [Generationen] entfremdeten sich untereinander immer mehr, bis sie übereinander herfielen wie verhasste Feinde. Die Lehnfürsten griffen sich gegenseitig an und töteten einander, und der Sohn des Himmels der Zhou war nicht in der Lage, es zu verhindern. Nun sind [die Gebiete] innerhalb der Meere dank der göttlichen Weisheit Eurer Majestät geeint und wurden in Präfekturen und Distrikte aufgeteilt. Die Prinzen und verdienstvollen Beamten wurden großzügig mit staatlichen Steuereinnahmen belohnt. Sie haben mehr als genug und sind leicht zu kontrollieren. Eine einheitliche Gesinnung unter dem Himmel zu schaffen, das ist die Kunst, Frieden und Ruhe herbeizuführen. Lehnfürsten einzusetzen, wäre ein Fehler.‹ Der Höchste Kaiser sagte: ›Das Tianxia hat unter den unaufhörlichen Kriegen und Kämpfen gelitten, weil es Lehnfürsten und Könige gab. Durch den Segen unserer Ahnen ist das Tianxia nun stabil. Erneut Lehnstaaten zu errichten, würde bedeuten, Krieg zu säen und darauf zu hoffen, dass wieder Frieden einkehrt. Damit schaffen wir nur Schwierigkeiten! Die Anmerkung des Justizministers ist richtig.«"[126] LI Sis Analyse der Schwächen des Tianxia-System ist zwar einseitig, aber tiefgründig: Das Tianxia-System der Zhou-Dynastie war zwar theoretisch rational, aber in der Praxis unfähig, die allmählich zunehmende Entfremdung in den zwischenstaatlichen Beziehungen aufzuhalten und dauerhafte Kooperationsbeziehungen aufrechtzuerhalten. Das Problem resultierte aus der Tatsache, dass das System der Machtverteilung das Kronland soweit schwächte, dass es nicht mehr in der Lage war, die Vasallenstaaten davon abzuhalten, Unruhe zu stiften. Daher etablierte der Gründungskaiser der Qin-Dynastie einen auf ein einheitliches Verwaltungssystem und eine Zentralgewalt gegründeten Staat, der das Ende des Tianxia-Systems bedeutete.

10. Das Tianxia als Methodologie

Das Ende der Zhou-Dynastie bedeutete keineswegs das Versagen des Systems – die Mängel des Systemdesigns wären reparabel gewesen –, sondern es beruhte darauf, dass es seiner Zeit zu weit voraus war. Das Experiment des Tianxia-Systems der Zhou-Dynastie hinterlässt sein Erbe in der politischen Methodologie. Darin liegt seine Bedeutung.

Das Konzept des Tianxia schafft einen immensen Rahmen für politische Analyse, es liefert einen politischen Maßstab für die Analyse der Weltprobleme. Gleichgültig ob es sich um Globalpolitik, internationale oder nationalstaatliche Politik handelt, sie alle können im Rahmen von Tianxia einheitlich analysiert werden. Hinzu kommt, daß die Theorie des Tianxia die Welt als politisches Subjekt betrachtet und nicht nur als eine physische Existenz. Die Welt selbst besitzt eine ihr innewohnende politische Bedeutung. Das bedeutet, sie besitzt eigene Interessen, die sich nicht auf nationalstaatliche Interessen zurückführen lassen, die Probleme der Welt müssen vom Standpunkt der Welt aus als Ganzheit betrachtet werden. Diese Form der politischen Methodologie findet sich in zwei klassischen Darstellungen: Im *Guanzi*: »Behandle die Sippe, wie es sich für die Sippe gehört, die Gemeinde, wie es sich für die

Gemeinde gehört, den Staat, wie es sich für den Staat gehört, das Tianxia, wie es sich für das Tianxia gehört.«[127] Und bei Laozi heißt es: »Nach dem (Charakter des) Einzelnen beurteile den Einzelnen, nach dem (Charakter der) Familie beurteile die Familie, nach dem (Charakter des) Dorfes beurteile das Dorf: nach dem (Charakter des Staates) beurteile den Staat; nach dem (Charakter der) Welt (Tianxia) beurteile die Welt (Tianxia).«[128]

Das Konzept des Tianxia birgt in sich eine Art politischer Ontologie, man kann sie als »Ontologie der Koexistenz« (*ontology of coexistence*) bezeichnen, als ontologischen Grundpfeiler einer zu schaffenden politischen Ordnung. Ohne die Bildung einer allgemein akzeptierten koexistenziellen Ordnung der Welt (*order of coexistence*) lassen sich Antagonismus, Konflikte und Kriege nicht überwinden, geschweige denn eine gemeinsame Existenz der Menschheit aufbauen. Solange Teilung und gegenseitige Feindseligkeit den Zustand der Welt bestimmen, ist jede Gesellschaft mit einem negativen Außen konfrontiert. Darin besteht das Versagen der Politik, und dieses Versagen beeinflusst das gesamte Leben der Menschheit. Mit anderen Worten, Politik ist nicht nur eine Frage der Politik, sie entscheidet zugleich über die existenzielle Frage des Überlebens der Menschheit. Hieran lässt sich die Bedeutung des apriorischen Konzepts der »Allumfassenheit« des Tianxia ermessen. Die Idee der »Allumfassenheit« begreift die Welt apriorisch als eine vollkommen internalisierte gesamtheitliche Existenz ohne ein Außen, sie anerkennt apriorisch, dass die Welt dem gemeinsamen Nutzen und als gemeinsame Ressource aller Menschen dient, sie schließt apriorisch jede Idee einer inkompatiblen Verschiedenheit aus, zugleich anerkennt sie apriorisch die Diversität der Welt und die darin enthaltene Möglichkeit kompatibler Beziehungen. Sie verwirft einseitigen Universalismus und Kulturimperialismus. Genau darin besteht das im *Buch der Riten* aufgeführte Prinzip »Die Riten zwingt man niemandem auf« (礼不往教): »Folgt man den Riten, so habe ich nur davon gehört, dass man von anderen zum Vorbild gewählt wird, nie davon, dass man sich selbst zum Vorbild für andere macht, nur davon, dass man gerufen wird, um zu lehren, aber nie davon, dass man seine Lehren anderen aufdrängt.«[129]

Die Inklusion der Welt ist die apriorische Mission der Weltpolitik. Zu ihrer Verwirklichung ist die kooperative relationale Rationalität der Kooperation offenkundig dienlicher als die individuelle

Rationalität der Konkurrenz. Relationale Rationalität schließt individuelle Rationalität nicht aus, die beiden stehen sich nicht »alternativ« (*alternative*) unversöhnlich gegenüber, sondern bilden die zwei Seiten der Rationalität. Relationale Rationalität ist vor allem darauf gerichtet, sich gegenseitig so wenig Schaden wie möglich zuzufügen und Racheakte anderer auszuschließen, um im nächsten Schritt maximalen gegenseitigen Nutzen zu befördern. Vorausgesetzt, die Anwendung relationaler Rationalität besitzt Priorität vor der Anwendung individueller Rationalität und individuelle Rationalität wird durch Anwendung relationaler Rationalität im Zaum gehalten, lässt sich Konkurrenz durch Ausgleich beschränken. Die Minimierung von Konflikten hat zum Ziel, die Maximierung von Kooperation und damit größtmöglichen gemeinsamen bzw. teilbaren Nutzen zu gewährleisten. Das Ziel relationaler Rationalität ist die Schaffung einer gesellschaftlichen Ordnung, worin der Nutzen von Kooperation den Nutzen von Konkurrenz übertrifft. Es handelt sich um den Versuch, das »konfuzianische Optimum« (*Confucian Improvement*) zu realisieren, dass nämlich jede Nutzenverbesserung zwangsläufig zugleich eine Verbesserung des Nutzens aller Beteiligten mit sich bringt. Das konfuzianische Optimum ist äquivalent der Erreichung des Pareto-Optimums für jeden Menschen, es kann daher als stabile und zuverlässige Systemgrundlage dienen.

Das Tianxia-System ist das System einer internalisierten Welt (*an internalized world-system*), es unterscheidet sich grundsätzlich vom Dominierungssystem des Imperialismus (*a dominating world-system*). Wallerstein gibt eine präzise Darstellung der imperialistischen Weltordnung: »Die Lebenskraft des globalen Systems wird durch alle Arten konfligierender Kräfte geformt, die konfligierenden Kräfte halten mittels Anwendung von Zwang die Weltordnung zusammen, aber die unablässigen Versuche jedes einzelnen dieser Konglomerate, sie im Interesse des eigenen Nutzens umzugestalten, bewirkt die Spaltung dieser Weltordnung.«[130] In der Tat haben innerhalb der imperialistischen Weltordnung die Großmächte den entscheidenden Einfluss. Im Gegensatz dazu versucht das Tianxia-System einen Weltsouverän zu etablieren, um mittels der Macht über die Welt gemeinsamen Nutzen für die Welt zu schaffen. Präziser gesprochen, das Ziel des Tianxia-Systems ist die Minimierung der Weltkonflikte und die Maximierung der Kooperation.

Im *Liu Tao* (六韜) findet sich eine Zusammenfassung der Idee

des Tianxia: »König Wen fragte Tai Gong: ›Wie muss man beschaffen sein, um das Tianxia regieren zu können?‹ Tai Gong antwortete: ›Bedeckt deine Größe das ganze Tianxia, wirst du es in dich aufnehmen. Erstreckt sich deine Glaubwürdigkeit über das ganze Tianxia, wirst du das Einverständnis aller darin erhalten. Erstreckt sich deine Menschenliebe über das ganze Tianxia, wirst du alle darin beherbergen. Erstreckt sich deine Güte über das ganze Tianxia, werden sich alle darin beschützt fühlen. Erstreckt sich deine Autorität über das ganze Tianxia, wirst du es nie verlieren. […] Daher, wer den Menschen des Tianxia Nutzen bringt, dem werden sie folgen. Wer den Menschen des Tianxia Schaden zufügt, von dem werden sie sich abwenden. Wer den Menschen des Tianxia Leben gibt, wird von ihnen als tugendhaft betrachtet. Wer die Menschen des Tianxia tötet, der wird von ihnen als Verbrecher angesehen. Wer sich auf die Menschen des Tianxia einlässt, dem werden sie sich verbunden fühlen. Wer die Menschen des Tianxia arm macht, den werden sie hassen. Wer den Menschen des Tianxia Frieden bringt, auf den werden sie sich stützen. Wer das Tianxia in Gefahr bringt, den wird man als Unheil betrachten. Das Tianxia gehört nicht einem allein. Nur wer das Dao besitzt, kann es verwalten.«‹«[131] Bei aller Übertreibung beschreibt diese deklaratorische Darlegung im Großen und Ganzen die idealisierte Vorstellung der Menschen der Antike von der Politik des Tianxia.

2. Kapitel
Das in China verborgene Tianxia

1. Das Mahlstrom-Modell

Das Narrativ China ist schwieriger zu erzählen als das Narrativ Tianxia. Innerhalb des Tianxia gibt es Staaten, innerhalb der Staaten Sippen, das ist ein klar geschichtetes System und eine geordnete Struktur. China dagegen ist ein Staat, der die Struktur des Tianxia in sich einschließt, es beansprucht für sich die Idee des Tianxia, handelt aber in der Praxis als Staat. Wie nun lassen sich die Strukturen eines Staates mit den Strukturen des Tianxia vereinbaren? Und welche Form nimmt das an?

Bevor wir die Struktur der Triebkräfte analysieren, die China haben entstehen und fortbestehen lassen, müssen wir einige Begriffe klären: Das Tianxia-System der Zhou-Dynastie verfiel während der Epochen der Frühlings- und Herbstannalen und der »Streitenden Reiche« und endete mit der Qin-Dynastie. Die Zeit vor der Qin-Dynastie ist die Epoche des Tianxia, bevor es China gab. Der Gründungskaiser der Qin schuf ein System vereinheitlichter Administration des Landes, es wurde in Präfekturen und Distrikte gegliedert.[1] Das Tianxia kontrahierte zum Staat China, damit verwandelte sich das Narrativ Tianxia ins Narrativ China. Wir sprechen daher beginnend von der Qin-Dynastie (221 v. Chr.) bis zum Ende der Qing-Dynastie (1911 n. Chr.) vom alten China.

Das System der Qin beendete das Tianxia-System, aber die Idee des Tianxia lebte als politisches Gen im Wesenskern Chinas weiter. China wurde zum Staat, der sich das Wesen des Tianxia einverleibte. Obwohl China sich seit den Qin- und Han-Dynastien nicht mehr als Sachwalter der Welt verstand, versuchte es, sich als eine Miniaturausgabe des Tianxia zu organisieren. Die beiden politischen Konzepte verfolgten jeweils unterschiedliche Ziele: Das Regierungshandeln des Tianxia verfolgte letztlich das Ziel der Internalisierung der Welt (*internalization of the world*), um dadurch die Welt in eine Gesellschaft von Externalitäten (*externalities*) zu verwandeln, an der alle Völker teilhaben und in der alle politischen Entitäten einträchtig koexistieren konnten, das sogenannte »Miteinander (Kompatibilität) der zehntausend Staaten«.² Hauptsächliches Anliegen des Regierungshandelns Chinas ist dagegen das Fortbestehen Chinas durch die Zeiten, die Inklusion der Welt spielt dabei keine Rolle mehr. Damit wurde die Außenwelt zur Bedrohung und Herausforderung. Zu Zeiten der Zhou wurde der »Mangel an Respekt der Barbaren, die nicht mehr am Hof erschienen«,³ als ein durch Fehler des Königs Mu der Zhou-Dynastie (周穆王, 1054-949 v.Chr.) herbeigeführter Verstoß gegen die Ordnung betrachtet.⁴ Mit Beginn der Qin- und der Han-Zeit sprach man von guten und ruhigen Zeitläuften und einem prosperierenden Reich, wenn die »Barbaren« (荒服) keine feindseligen Absichten gegen die Nordchinesische Ebene hegten. Mit dem Verschwinden der »Allumfassenheit« des Tianxia wurde das Innen/Außen-Verhältnis des Staates zu einer drängenden Frage. Das Augenmerk des Regierungshandelns Chinas richtete sich auf die Errichtung einer dauerhaften inneren Ordnung und den Versuch, China zu befähigen, sich jeden äußeren Gegenspieler vom Leibe zu halten. Das Motto des Tianxia war ursprünglich »Das Tianxia wie eine Sippe, das Land der Mitte wie eine Person betrachten«,⁵ davon blieb nach dem Ende des Tianxia-Systems nur der zweite Halbsatz übrig, der sich ins Prinzip der Diversität und Kompatibilität im Inneren des Landes übertrug. Dieses Prinzip bewirkte, dass ein China, das die Struktur des Tianxia verinnerlicht hatte, zur politischen Realität wurde.

Der Doppelcharakter Chinas bewirkte, dass das alte China von Beginn an bis zu seinem Ende als Konzept unvollendet und als konkrete Daseinsform offenblieb. D.h., Chinas Existenz befand sich in kontinuierlicher Evolution, sein Existenz-Modus orientierte sich am »Yi« (易). »Yi« bedeutet das unveränderliche Dao, das sich in ständiger Veränderung manifestiert, zugleich sich ändernd und unveränderbar. Daher folgte China einem spezifischen Wachstums-Modus: Größe und Substanz waren ständiger Änderung unterworfen: Zentriert wie in der Qin-Dynastie, ausgreifend in der Tang-, der Yuan- und der Qing-Dynastie oder geteilt, wie zur Zeit der 16 Reiche (304-439 n.Chr.), der Nördlichen und Südlichen Dynastien (420-589 n.Chr.), der fünf Dynastien und der zehn Staaten (907-979 n.Chr.), der Aufspaltungen während der Song- (960-1279 n.Chr.), Liao- (916-1125 n.Chr.) und Jin-Dynastien (1115-1234 n.Chr.) sowie der Herrschaft der Westlichen

Xia-Dynastie (1038-1227 n. Chr.). In den Jahrhunderten nach den Qin- und Han-Dynastien war China länger gespalten als vereint, aber die Einheit blieb immer ein Glaubenssatz der politischen Theologie. Historisch gesehen befand sich China in einem Prozess abwechselnder Teilung und Einheit, doch obwohl sich dieser Kreislauf ständig wiederholte, blieb die Einheit das inhärente Ziel. Staatliche Einheit war nicht allein das Bestreben der Macht, sie war auch eine Notwendigkeit für friedliche Existenz. Gemäß dem ontologischen Prinzip des *Buchs der Wandlungen* galt »Alles Lebende gewähren und fortleben lassen« bzw. »Sein als Werden« als grundlegendes Ziel. Eine politische Situation, die das »Sein als Werden« der Schöpfung und der Bevölkerung begünstigt, ist der vernünftige Seinszustand. Doch bei aller Bedeutung des Glaubens brauchte es letzten Endes darüber hinaus einen wirkmächtigen objektiven Antrieb. Der Glaube an die Einheit allein erklärt nicht zwingend die Kontinuität und Kohäsion Chinas, es musste darüber hinaus einen unwiderstehlichen objektiven Antrieb geben. Diese Frage verlangt eine Analyse.

In den historischen Narrativen des modernen Menschen steckt unvermeidlich implizit das retrospektive Verständnis des modernen Denkens. Die gegenwärtige Moderne darf zwar Fragen an die Moderne anderer Zeiten richten, doch darf sie sich nicht an deren Stelle setzen. »Gegenläufige Konstruktionen«, die den Dingen des Altertums heutige Begrifflichkeiten überstülpen und sie unter heutigem Blickwinkel deuten, zerstören die Konsistenz des historischen Ablaufs. Geschichte wird auf diese Weise zu einem bruchstückhaften Kaleidoskop von Episoden ohne inneren Zusammenhang und verliert die ihr innewohnende kohärente Geschichtlichkeit (*historicity*). Wendet man z. B. aus dem Ablauf der westlichen Geschichte stammende und mit ihr organisch verbundene akademische Begriffe wie Nationalstaat, Nationalismus, Eroberer-Dynastie, Imperialismus usw. auf die chinesische Geschichte an, zerreißt man deren historischen inneren Zusammenhang. Zwar ist das Narrativ Chinas nach 1911 in hohem Maß Teil der vom Westen dominierten Geschichte geworden (möglicherweise findet das heutige China nach einem Bruch erneut zu irgendeiner eigenen Form des Wachstums), doch wenn man das Narrativ des alten Chinas nach dem Muster westlicher Denktraditionen retrospektiv konstruiert, dann wird aus einem Hirschen ein Pferd.

Chinas spirituelle Welt ist aus dem Schamanentum geboren und zum historischen Bewusstsein gereift, in den Worten CHEN Mengjias (陈梦家) ein Entwicklungsprozess »vom Schamanismus zur Geschichtsschreibung«.[6] Folgt man ZHANG Guangzhis Forschungsergebnissen, war der mit spiritueller Deutungsmacht ausgestattete »Schamane« (巫) identisch mit dem »König« (王) als politischem Führer. Das zeigt die Bedeutung spiritueller Macht gegenüber der politischen. Nach Entstehung der Schriftlichkeit erhielt der Geschichtsschreiber (史) die größere Deutungsmacht, so dass Geschichtsschreibung und Schamanentum in einer Person verschmolzen.[7] LI Zehou vertritt die Auffassung, dass aus dem Schamanen der Geschichtsschreiber erwachsen ist und am Ende die von geschichtlichem Bewusstsein dominierte geistige Tradition zum entscheidenden Faktor der chinesischen Zivilisation wurde. Er bezeichnete das als »Tradition des Schamanismus und der Geschichtsschreibung«.[8] Seit die Geschichte die Deutungsmacht über das Dasein übernahm, ist die Art und Weise des chinesischen Nachdenkens über das Sein eine historisch geprägte, das Sein (*being*) wird als Werden (*becoming*) verstanden. Im westlichen Denken seit dem Griechentum ist die Art und Weise des Nachdenkens über das Sein im Gegensatz dazu begrifflich geprägt, das Sein verlangt eine für immer gültige Begrifflichkeit. Die geistige Welt Chinas nimmt die Geschichte als Messlatte, die Bedeutung allen Seins nimmt von seiner Historizität ihren Ausgang. Die Wendung »In den sechs klassischen Schriften ist alles Geschichte« bringt das zum Ausdruck.

Konfuzius interpretierte die *Frühlings- und Herbstannalen* als Manifestation des »Da Yi« (大义), d. h. des richtigen, dem Dao des Seins entsprechenden Verhaltens.[9] Jedes Narrativ hat ein anderes Verständnis von der orthodox korrekten Interpretation des »Da Yi« und jede dieser Interpretationen dient der Unterstützung eines spezifischen Narrativs. Daher kann eine Argumentation darüber, was orthodox gerechtfertigt ist, sich nicht einfach auf ein Narrativ berufen, weil sie dadurch selbstreferentiell und damit ungültig wird. »Das ›Da Yi‹ drückt sich zwar durch schlichte Worte aus«, aber es ist nicht selbstevident. SIMA Qians Bewusstsein des »Fortführens durch Verändern« (通变) scheint mir näher am Wesen historischer Veränderung und am Dao des sich verändernden Seins zu sein. Ich habe nicht vor, die orthodox korrekte Auffassung irgendeines Narrativs zu zitieren, sondern beschränke mich darauf, zu analysieren, welche Art kollektiven Handelns China geformt hat. Mit anderen Worten, es geht nicht darum, mit Hilfe der Wertvorstellungen von Autoren historischer Narrative zu verstehen, wie China ist, sondern anhand der Entscheidungen der historisch Handelnden für bestimmte Spielzüge zu verstehen, wie China geworden ist, was es ist. Chinas Entstehungsprozess kann daher als ein Langzeitwettkampfspiel verstanden werden, dessen jeweilige historische Umschwünge von jedem Spieler unterschiedlich bewertet wurden. Aber entscheidend geformt hat China die rationale Vorgehensweise der Spieler. Die Vorgehensweisen der Handelnden definierten die Probleme, Ziele und das Wesen des Wettkampfs. Im Zusammenhang der Sichtweisen der historisch Handelnden verdienen zwei Fragen besondere Beachtung:

1. Welche Antriebsstruktur verbarg sich hinter Chinas kontinuierlicher Existenz?
2. Die für die Existenz vorteilhaftesten Gene haben die Fähigkeit, sich unaufhörlich zu reproduzieren, daher stellt sich die Frage, welche sich reproduzierenden Gene China in seiner historischen Existenz immer wieder erneuert haben.

Aufgrund historischer Zufälligkeiten begann die Politik in der Frühzeit Chinas mit Weltpolitik, d.h., sie organisierte Staat und Sippe im politischen Rahmen des Tianxia-Systems. Die westliche Politik dagegen nahm ihren Ausgang mit dem Staat als Polis. Diese beiden politischen Gene sind verschieden, sie mögen sich ergänzen, aber sie lassen sich nicht fusionieren. Mit den Dynastien der Qin und der Han wechselte China zur Staatspolitik, aber der Begriff des Staates ist nicht identisch mit dem westlichen Staatsbegriff, da der chinesische Staat weder eine Polis noch ein Nationalstaat war. Er war nicht einmal nach den politischen Begriffen des Westens ein Imperium, auch wenn es äußerlich gewisse Ähnlichkeiten zwischen dem alten China und einem Imperium gibt (z. B. das Fehlen gesetzlich festgeschriebener Grenzen). In Wahrheit handelt es sich um äußerliche Ähnlichkeiten bei wesensmäßiger Verschiedenheit. Dem alten China fehlte das Wesensmerkmal des Imperialismus. Auch dehnte es sich zwar gelegentlich aus, aber nicht getrieben von der Absicht, China als Nation zu begründen. Man könnte China zur Not als »Führungsmacht« (*leading power*)[10] bezeichnen, aber diese Bezeichnung bringt das politische Charakteristikum eines Staates nicht zum Ausdruck. Eine andere, gegenwärtig im Westen wie in China recht gebräuchliche Betrachtungsweise sieht China im Unterschied zum Nationalstaat als »Zivilisationsstaat«.[11] Mit Gewissheit war China kein Nationalstaat, aber China als »Zivilisationsstaat« zu bezeichnen, ist irreführend. Wenn seine Zivilisation den Staat China definieren könnte, dann gälte das ebenso für andere Staaten, deren Zivilisationen ebenfalls Merkmale besitzen, die ihre Identität definieren können, wie z. B. Russland, Indien und die USA, die ebenfalls multikulturell und multiethnisch sind. Hinzu kommt, dass der politische Charakter von Staaten, die sich national definieren, weit eindeutiger ist, als der Charakter von Staaten, die sich zivilisatorisch definieren. Der Staat als politische Existenz muss in seiner Definition letztlich seinen politischen Charakter zum Ausdruck bringen. Versteht man China lediglich anthropologisch, dann ist WANG Mingmings (王铭铭) Terminologie vom »Zivilisationssystem« angemessener als der »Zivilisationsstaat«.[12]

Chinas Begriff bzw. Prinzip von Politik beruhten in wesensmäßigem Unterschied zum Nationalstaat auf den Ursprungsgenen des Tianxia-Systems mit seinen Prinzipien der »Allumfassenheit« und »Kompatibilität«. In diesem Sinne stellte China im Inneren eine Miniaturausgabe (*microcosm*) des Tianxia dar, ein Staat nach dem Tianxia-Modell (*a world-pattern state*). Legt man den Begriff des Nationalstaates zugrunde, müsste man China als »Staat der zehntausend Völker« bezeichnen, als inklusiven Staat (*inclusive state*). Der hier beschriebene Staatsbegriff gilt nur für das alte China. Der moderne chinesische Staat besitzt einen Doppelcharakter: Den des traditionellen plus den des modernen Staatscharakters. Das moderne China überführte die Gene des alten China in den Charakter des modernen Staates und machte ihn zum modernen Souveränitätsstaat, allerdings nach wie vor nicht zum Nationalstaat. Der Disput über den Charakter des modernen China gründet sich auf ein zu enges Verständnis des modernen Staates, nämlich dass der moderne Staat unbedingt ein Nationalstaat zu sein hat. In Wahrheit gibt es zwei Grundtypen des modernen Souveränitätsstaates, den Nationalstaat (z. B. die europäischen Staaten) und den Föderationsstaat oder Vielvölkerstaat (z. B. die USA, China, Russland, Indien). Auch der Föderationsstaat hat Charaktermerkmale des Nationalstaates, wie legal festgelegte Grenzen und legal fixierte Souveränität, aber er unterscheidet sich durch Multikulturalität und Multiethnizität vom Nationalstaat. Betrachtet man die aktuellen Tendenzen, verwandeln sich immer mehr Nationalstaaten in multiethnische Staaten. Innerhalb vieler europäischer Staaten steigt der Bevölkerungsanteil von Arabern, Afrikanern, Osteuropäern und Ostasiaten rasch an, so dass man kaum noch von Nationalstaaten im ursprünglichen Sinn sprechen kann. Möglicherweise entwickelt sich der multiethnische Staat zum Haupttypus des modernen Staates.

Auch wenn das Tianxia auf China zusammengeschrumpft war, fehlte dem antiken China aufgrund des der chinesischen Politik inhärenten Tianxia-Gens der Drang zum Nationalstaat und zum Nationalismus. Erst als China am Ende der Qing-Dynastie sich mit der Herausforderung durch die westlichen modernen Nationalstaaten konfrontiert sah, erwachte das Interesse am Nationalstaat und am Nationalismus. Um Chinas Umwandlung in einen modernen Staat zu befördern, propagierte LIANG Qichao (梁启超, 1873-1929) vermutlich als Erster das Studium des Nationalstaates und des Nationalismus.[13] Das alte China kannte nur den Begriff der politischen Macht, nicht den der Souveränität, es besaß keine gesetzlich fixierten Grenzen, das sogenannte Staatsgebiet war lediglich eine quantitative Einheit, die sich mit den Machtverhältnissen ändern konnte. Die Kriege des alten China waren keine nationalen Kriege, sondern Kriege zwischen politischen Mächten. HAN Derang (韩德让, 941-1011 n. Chr.), der Oberbefehlshaber der Liao-Armee im Krieg gegen die Song, und ZHANG Hongfan (张弘范, 1238-1280 n. Chr.), Befehlshaber der Yuan-Armee, welche die Song-Dynastie auslöschte, waren beide Han-Chinesen. Nach den Begriffen des modernen Nationalismus müssten sie nachträglich zu Verrätern des Han-Volkes gestempelt werden, aber im historischen Kontext waren sie im Gebiet der Nördlichen Dynastien geborene und lebende Bewohner, das Gebiet gehörte ebenso zu China, wie das Gebiet der Südlichen Song-Dynastie. ZHANG Hongfan glaubte an das Himmelsmandat der Yuan (Mongolen) wie WEN Tianxiang (文天祥, 1236-1283 n. Chr.) an die Legitimität der Song (Han).

Worin aber lagen die Triebkräfte der Teilung und Einheit des alten China, wenn keine nationalistischen Motive dahinterstanden? Wie bildeten sich diese historischen Triebkräfte heraus? Chinas Territorium umfasste »zehntausend Völker« (nach heutigem Sprachgebrauch war es »multiethnisch«), Chinas Geschichte ist das Ergebnis gemeinsamer Anstrengung der »zehntausend Völker«, eine Geschichte, worin sich zahlreiche Erzählstränge ineinander verwoben. In jeder Geschichte, die Kontinuität besitzt, treten bestimmte Phänomene oder Probleme immer wieder auf. Welche Ursachen bewirken dieses immer erneute Auftreten? Die simpelste Erklärung ist ihre Subsumierung unter den Begriff der »Tradition«. Das Verdienst der kontinuierlichen Existenz Chinas wird häufig der kulturellen Tradition Chinas zugeschrieben, die wiederum als konfuzianische Tradition zusammengefasst und als auf bemerkenswerte Weise von Moral geprägt angesehen wird. Dieser kulturelle Mythos ist in mehrfacher Hinsicht fragwürdig: Zunächst muss gefragt werden, welche historischen Tatsachen belegen, dass Chinesen moralisch höher stehen als andere Völker? Wir dürfen die Differenz zwischen moralischen Lehrsätzen und tatsächlichem Handeln nicht vernachlässigen[14] und müssen daher zur Kenntnis nehmen, dass das tatsächlich Geschichte formende Handeln anderen, weit stärkeren Gründen und Triebkräften unterliegt. Außerdem erhielt das Ideengut des Konfuzianismus erst nach der Song-Dynastie seine absolut autoritative Stellung. Zu dieser Zeit hatte sich die spezifische Existenzweise Chinas längst ausgebildet, was bedeutet, dass die Ausformung des Begriffs von China einer anderen Logik folgte. Fraglos ist der Konfuzianismus die wichtigste Tradition Chinas, doch ist die Vielfalt der Traditionen Chinas eine unbestreitbare Tatsache. Und schließlich ergibt sich als weitere Frage: Selbst wenn die Tradition hinreichende Überzeugungskraft für die Erklärung der Geschichte besäße, so kann sie doch nicht als letztendliche Erklärung dienen, denn es bleibt die Frage, wieso sich gerade diese und keine andere Tradition gebildet hat. Worin liegt die Attraktivität dieser Tradition letztlich begründet? Und warum ist die Verbreitung einer bestimmten Tradition begrenzt bzw. warum hat sie kulturelle Grenzen?

Historische Ereignisse sind lediglich Geschichten, dahinter steckt immer eine der Geschichte inhärente dynamische Struktur. Zu klären ist die Frage, welche Triebkräfte hinter dem immer erneuten Auftreten eines Ereignisses stecken? Historische Ereignisse haben zweifellos ihre kreativen und wandelbaren Aspekte, aber ihre Historizität verbirgt sich in der sich ständig wiederholenden dynamischen Struktur innerhalb der sich ständig ändernden Ereignisse. Diese inhärente dynamische Struktur bestimmt, wie das Kräftespiel einer bestimmten historischen Epoche abläuft und drängt die Akteure, sich unaufhörlich ins Spiel zu stürzen. Da sich Historizität nicht direkt in der historischen Erzählung abbildet, verbirgt sie sich in der Wiederholbarkeit, die unwiederholbare Ereignisse als Gegenerzählung innerhalb der historischen Erzählung durchzieht. Aus diesem Grund besitzt Historizität metaphysische Bedeutung, die den Daseinsgrund einer Existenz erklären kann. Besitzt die Temporalität einer Existenz eine eigenständige dynamische Struktur, schafft sie Historizität, ergreift Geschichte von der Zeit Besitz. Historizität kann auf unterschiedliche Art und Weise interpretiert werden, entweder in Form einer transzendentalen oder einer natürlichen Theologie: Wird Geschichte als auf ein Endziel ausgerichtet verstanden, ist Historizität eine Mission. Wird Geschichte als ein sich endlos entfaltender Prozess verstanden, bedeutet Historizität das Streben einer Existenz nach einer Form ewigen Fortexistierens. Letzteres ist die Orientierung der chinesischen Geschichte, nämlich »ständiger Wechsel im Gewähren- und Fortlebenlassen bei täglicher Erneuerung«.

Die unmittelbare Triebkraft der Existenz ist die Suche nach Ressourcen der Existenz, das ist der Naturzustand. Sobald die Existenz aber nach stabilem und zuverlässigem Fortexistieren strebt, anders ausgedrückt, sobald eine Existenz danach strebt, von der Zukunft Besitz zu ergreifen, muss sie nach politischen Ressourcen suchen und betritt damit den Zustand des Politischen. Man kann es auch so formulieren: Zu Beginn ist das Streben nach Existenz lediglich eine wirtschaftliche Frage, erst das Streben nach einer Zukunft, die nicht von anderen geraubt werden kann, wird zur politischen Frage. Die rein wirtschaftlichen Aktivitäten zur Aufrechterhaltung der Existenz beziehen sich lediglich auf die Beziehung zwischen Mensch und Natur, sie sind Teil der natürlichen Prozesse und bilden noch nicht Geschichte. Sobald jedoch die Nutzenbeziehungen die Frage der Macht aufwerfen, tritt man ins Kräftemessen zwischen Menschen ein, daher beginnt Geschichte immer mit Politik. Macht bedeutet die Herstellung einer Ordnung, sie verwandelt frei verfügbare Ressourcen (*available resources*) in »kontrollierte« Ressourcen (*controlled resources*), die der Fortexistenz eine zuverlässige Erwartbarkeit verleihen. In diesem Sinne ist Politik der Versuch, durch Ordnung Besitz von der Zukunft zu ergreifen. Wenn eine Ordnung versucht, den Verlauf der Zukunft zu bestimmen, dann schafft sie Geschichte. Auf diese

Weise wird Eric Voegelins Aussage, dass die Ordnung der Geschichte aus der Geschichte der Ordnung hervorgeht, verständlich.[15]

Falls eine historische Ordnung zur von der Menge angestrebten politischen Ressource wird, formt sich ein Kräftespiel, woran sich alle gemeinsam beteiligen, und daraus erwächst gemeinsame Geschichte. Um was für eine historische Ordnung, um was für ein Kräftespiel handelte es sich im Falle Chinas, die dafür gesorgt haben, dass die Geschichte Chinas zur gemeinsamen Geschichte der »zehntausend Völker« wurde? Werden eine historische Ordnung bzw. ein Kräftespiel zum gemeinsamen Anziehungspunkt von »zehntausend Völkern«, werden sie zum »fokalen Punkt« (*focal point*). Ich entlehne hier einen von Thomas C. Schelling geprägten Begriff aus der Spieltheorie: Ein »fokaler Punkt« verweist auf eine nicht verabredete übereinstimmende Entscheidung von Personen ohne vorausgegangene Abstimmung.[16] An dieser Stelle kann der Begriff zur Erklärung der Herausbildung einer gemeinsamen Geschichte verwendet werden.

Die früher allgemein akzeptierte Hypothese (ihre Herkunft ist unklar), dass China aus der stetigen »Ausdehnung« bzw. »Ausstrahlung« der Kultur der Zentralebene in die umliegenden Gebiete hervorgegangen sei, hält ZHANG Guangzhi für falsch. In Wahrheit habe es sich um einen wechselseitigen Austausch verschiedener territorialer Zivilisationen gehandelt. Die Ursache für das Missverständnis läge darin, dass sich das archäologische Interesse auf die Nordchinesische Ebene konzentriert und »dadurch das Missverständnis von der zentralen Rolle der Nordchinesischen Ebene unterstützt« habe.[17] Betrachtet man das China der jüngeren Steinzeit, so existierten zahlreiche territoriale Zivilisationen auf gleichem Niveau, die untereinander in Wechselbeziehungen standen. Für die Frühgeschichte Chinas vor der Xia-, der Shang- und der Zhou-Zeit ist die Ansicht ZHANG Guanzhis vermutlich zutreffend. Aber beginnend mit der Xia-, Shang- und Zhou-Zeit wurde die Zentralebene tatsächlich zum Zentrum Chinas und die Frage, wie man das Wesen dieses Zentrums und die Beziehung zwischen dem Zentrum und der Peripherie verstehen soll, wird entscheidend. Mit anderen Worten, zu klären ist, wie China zu einem Ganzen werden konnte, welches die Zentralebene und »sämtliche Territorien« umschloss. Tatsächlich spielen im Entstehungsprozess Chinas sowohl wechselseitiger kultureller Austausch als auch Ausdehnung des Zentrums eine Rolle, aber beide Phänomene reichen für eine zwingende Erklärung nicht aus: Das Modell vom wechselseitigen Austausch deshalb nicht, weil wechselseitiger kultureller Austausch nicht zwangsläufig zu Einheit führt, es gibt hinreichend begründete Möglichkeiten, an der Unabhängigkeit festzuhalten. Das Modell der Ausdehnung und Ausstrahlung eines Zentrums nach außen ebenso wenig, da das ständige Einströmen umliegender Völkerschaften in die Zentralebene eine unmöglich zu übersehende historische Tatsache ist. Wichtiger noch ist, dass Ausdehnung nicht notwendig Einheit garantiert, sie kann auf Widerstand stoßen oder sogar an Konkurrenz scheitern. Theoretisch gesprochen, ist Attraktion die entscheidende Ursache für das Entstehen einer großen politischen und kulturellen Entität, also das konfuzianische Prinzip des »Die in der Nähe Wohnenden freuen sich, die in der Ferne Lebenden strömen herbei«.[18] Aus diesem Grund habe ich das »Fokaler-Punkt-Modell« gewählt, um China zu erklären, es muss das Vorhandensein einer spezifischen Attraktivität gewesen sein, die China zu einer gemeinsam gewählten Option werden ließ.

In der chinesischen Geschichte gab es seit jeher zahlreiche fokale Punkte, die der Untersuchung wert sind. Wir analysieren hier einen fokalen Punkt des politischen Kräftespiels, der sich durch die alte Geschichte Chinas hindurchzieht, nämlich das Kräftespiel der »Jagd auf den Hirschen des Tianxia«, in dessen Zentrum die Zentralebene stand. Seine Antriebskraft ist wie ein mit mächtiger Zentripetalkraft ausgestatteter Mahlstrom strukturiert, nahezu alle, die damit in Berührung kamen, konnten sich seiner Anziehungskraft nicht entziehen und stürzten sich voller Ungeduld »freiwillig« als Konkurrenten ins Kräftespiel, andere wurden passiv hineingezogen. Der Mahlstrom des Kräftespiels dehnte sich immer weiter aus, erreichte am Ende den Zustand der Stabilität und formte das riesige Territorium China.

Geografisch gesehen, bildet die gewaltige Fläche von den Wüsten im Norden zu den Gebieten südlich des Jangtse, vom Ostchinesischen Meer zu den Westregionen einen einheitlichen Raum des »Kampfes um den Hirschen«. Das Zentrum dieses riesigen Territoriums, üblicherweise als Nordchinesische oder Zentralebene bezeichnet, bildet das Ausgangsgebiet der Entwicklung des frühen China (was mit geografischen, klimatischen und Verkehrsbedingungen zusammenhängt). Hier entstand nicht nur das früheste ökonomische und politische, sondern auch das kulturelle Zentrum, was dazu führte, dass nur hier im Kräftespiel um die Herrschaft das Ziel der Erlangung der höchsten Macht erreicht werden konnte, dass hier die Entscheidung im Kampf über die Herrschaft über das Tianxia fiel. Die Redewendung »Jagd auf den Hirschen der Zentralebene« umreißt sehr lebendig das Muster des Kräftespiels von Chinas Geschichte. ZHAO Hui (赵辉) vertritt daher die Auffassung, dass diese Redewendung die Hauptströmung der Entwicklung der chinesischen Geschichte zutreffend widerspiegelt.[19] Vorausgesetzt es stimmt, dass sämtliche Konkurrenten, die über entsprechende Machtmittel verfügten, sich um die Teilnahme an der »Jagd auf den Hirschen« der Zentralebene bemühten, stellt sich eine weitere Frage: Warum nahm das Kräftespiel um die Herrschaft über die Zentralebene die Form eines »Mahlstroms« an, und zwar in einem Maße, dass er, gewollt oder ungewollt, die historische Kontinuität Chinas formte? Warum bildete die Herrschaft über die Zentralebene die Zentripetalkraft für das Streben nach der »Großen Einheit«, anstatt ein Gleichgewicht selbstgenügsamer separatistischer Territorien zu bilden?

ZHANG Guangzhi geht davon aus, dass die Verbindung von Politik mit materiellem Reichtum die zivilisatorische Triebkraft Chinas gewesen sei.[20] Dass Politik nach materiellem Besitz strebt, ist ein Allgemeinplatz, das Problem, das sich hier stellt, ist vielmehr, dass die Gebiete am Mittellauf des Gelben Flusses in der Antike zwar hinsichtlich ihrer materiellen Zivilisation alles in allem über eine relative Überlegenheit verfügten, die aber nicht absolut war und sich nicht auf alle technologischen Bereiche erstreckte. Die archäologischen Funde zeigen, dass es in der Frühzeit Chinas im Norden, von der Inneren Mongolei bis Liaoning, und im Süden entlang des Jangtse zivilisatorisch produktive Regionen mit hoher Bevölkerungsdichte gab, die in Bezug auf Ressourcen ihre jeweiligen Vorzüge besaßen und deren technologisches Niveau und der Lebensstandard annähernd gleich hoch waren. Warum also begnügten sie sich nicht damit, in Ruhe und Frieden in ihren Territorien zu leben, sondern verlangten nach Herrschaft über die Zentralebene. Auch ein leichtes Übergewicht in Hinblick auf materiellen Wohlstand erklärt nicht, warum sie zum von allen auserkorenen Kampfplatz um die Herrschaft werden musste. Vor allem erklärt es nicht, was sie so wertvoll machte, dass sie unaufhörlich und ein ums andere Mal zum Austragungsort des Kampfes um den Thron wurde. Wir müssen der Frage nachgehen, was tatsächlich die Zentralebene so begehrenswert machte. Materieller Reichtum und verkehrsgünstige Lage sind sicherlich wichtige, aber vermutlich nicht entscheidende Elemente. Womöglich müssen wir nach Attraktionen jenseits des materiellen Reichtums suchen und sie analysieren. Im Unterschied zur auf Konsum ausgerichteten materiellen Welt ist die spirituelle Welt auf den Zuwachs von Werten angelegt. Je mehr man von ihrer Fähigkeit, Wertzuwachs und magische Kräfte in sich zu versammeln, Gebrauch macht, desto anziehender wirkt sie auf eine wachsende Zahl von Herzen. Wir haben daher Grund anzunehmen, dass die besondere Rolle der Zentralebene in der Verfügung über eine spirituelle Welt lag, um die zu kämpfen es lohnte, eine spirituelle Welt, die jedem beim Erringen und Bewahren der Macht zusätzliche Vorteile versprach.

Die Anziehungskraft dieser spirituellen Welt, ihre allgemeine Akzeptanz und der Wunsch, an ihr teilzuhaben, gründeten sich vor allem auf folgende Elemente:

1. Die Schriftzeichen. Sie entstanden in der Frühzeit der Zentralebene zur Niederschrift von Texten und formten damals auf dem Gebiet Chinas das größte Datensystem, womit Informationen notiert und archiviert werden konnten, ein schriftlicher Träger für komplexe Gedanken und inhaltsreiche Geschichten. Daher verfügte die von Schriftzeichen getragene spirituelle Welt des frühen China über die umfangmäßig größte Fähigkeit der Verbreitung von Nachrichten und Wissen.[21]

2. Ein Ideensystem. Die Kultur der Zentralebene verfügte damals über das überzeugungsmächtigste und gedankenreichste Ideensystem, eine Weltanschauung und ein Geschichtsverständnis, die menschliches Handeln reflektierten und die Phänomene dieser Welt erklärten. Konzentriert zum Ausdruck gebracht wurde das in Werken wie dem *Buch der Wandlungen*, dem *Buch der Urkunden*, dem *Buch der Riten*, dem *Buch der Lieder*, den *Frühlings- und Herbstannalen* und anderen schriftlichen Zeugnissen der Frühzeit. Das bedeutete, dass die Kultur der Zentralebene die Möglichkeit bereitstellte, den Raum zu organisieren und über die Zeit zu verfügen, von der Geschichte und der Öffentlichkeit Besitz zu ergreifen, d. h., sie besaß die Fähigkeit, große Gesellschaften zu organisieren und ein Ordnungssystem

zu etablieren. Und sie besaß die Fähigkeit, eine in sich schlüssige Deutung der historischen, sozialen und systemischen Legitimation von Macht bereitzustellen. Sie wurde damit zur am besten nutzbaren geistigen Ressource des damaligen China.

3. Ein weiteres entscheidendes Element war das von der Zhou-Dynastie geschaffene Konzept des Tianxia. Das Prinzip der All-umfassenheit des Tianxia-Konzepts bedeutete ein Höchstmaß an Kompatibilität, es verweigerte niemandem die Teilnahme, es stellte ein Modell des Kräftespiels zur Verfügung, das für jedermann das Versprechen auf Teilnahme bereithielt, und damit eine politische Ressource, die für jedermann gleichermaßen Anziehungskraft besaß und von jedermann in gleicher Weise genutzt werden konnte. Dazu passte die Tatsache, dass das Zhou-zeitliche Konzept des Mandats des Himmels die Tugend zur Ursache erfolgreicher Herrschaftsübernahme erklärte, was die Legitimierung von Revolutionen implizierte. Die »Jagd auf den Hirschen« verfügte daher über schlagkräftige Gründe. Die Weltanschauung des Tianxia ist ein überzeugendes Beispiel dafür, wie Spezifisches zu Universellem wird: Das Tianxia-Konzept war zwar eine spezielle Erfindung der Zhou-Dynastie, aber ihr Inhalt besaß universelle Bedeutung, daher konnte es allgemein akzeptiert und zu einer politisch-theologischen Ressource werden.[22]

4. Der Schneeball-Effekt der politischen Theologie. Die Sieger der »Jagd auf den Hirschen« wählten nahezu ausnahmslos das von der Zhou-Dynastie geschaffene Narrativ der Weitergabe des Mandats des Himmels, um sich die Berechtigung zur Nutzung und dauerhaften Aneignung dieser vorteilhaften Ressource zu sichern. Sie reihten ihre Dynastie als ein weiteres Kapitel ins ehrwürdige politische Narrativ des großen Romans der Herrschaftsweitergabe ein und begründeten so ihre politische Legitimität. Die sich ständig anreichernde Geschichte wurde zum politischen Mythos. Nahezu niemand verzichtete darauf, diese vorteilhafte bereitstehende Ressource zu nutzen.

Vermutlich gibt es weitere Elemente, aber diese waren entscheidend und reichten aus, den Mahlstrom des Kampfes um die Herrschaft über die Zentralebene zu formen. Die Wirkung des Mahlstroms lag in seiner nachhaltigen Zentripetalkraft. Die Geschichte zeigt, dass sich zu Beginn gewisse politische Kräfte aktiv ins Kräftespiel des Kampfes um die Herrschaft über die Zentralebene stürzten, um sich diese nutzbare Ressource anzueignen, und damit den Mahlstrom erzeugten. In ihrem Gefolge mischten sich weitere politische Kräfte ein, wodurch sich das Volumen des Mahlstroms unablässig erweiterte, das Gewicht der Ressource und ihrer politischen Bedeutung wuchs ständig und verstärkte die Wirkung der Zentripetalkraft immer weiter. Der unaufhörliche Mahlstrom-Effekt des Spiels der »Jagd auf den Hirschen des Tianxia« schuf China, und die Offenheit des Mahlstrom-Spiels – dank des Tianxia-Konzeptes – bedingte, dass China ein ständig im Wachsen begriffenes Konzept wurde.

2. Die Miniaturausgabe des Tianxia

Die Archäologie betrachtet üblicherweise die Jungsteinzeit als Ausgangspunkt der Zivilisation. Im Vergleich zur mesopotamischen Zivilisation des Zweistromlandes und der ägyptischen Zivilisation ist die chinesische vermutlich jünger,[23] aber die technischen Merkmale der vorliegenden Grabungsfunde weisen darauf hin, dass sie unabhängig entstanden ist. Landwirtschaftliche Produktion begann in der Zentralebene bereits in der mittleren Periode der Jungsteinzeit, doch handelte es sich um eine Mischwirtschaft von Ackerbau, Nomadentum und Fischfang. Die handwerklichen Techniken erlaubten die Herstellung von Keramik und Jadeobjekten, es existierte eine archaische Form der Viehzucht.[24] In der Spätphase der Jungsteinzeit finden wir Seidenspinnerei und die Herstellung von Bronzegefäßen, vor allem entstehen große Ansiedlungen, es gibt Städte. Die Ausgrabungsstätte am Tao-Kloster im Linfen-Becken im südlichen Shanxi umfasst eine zweihundertachtzigtausend Quadratmeter große Stadt,[25] eine derartig große Ansiedlung wird allgemein als Herrscherresidenz angesehen (zeitlich vor der Xia-Dynastie, womöglich Sitz eines der legendären Weisen Herrscher), dabei wurden Symbole ausgegraben, die vielleicht als Urform von Schriftzeichen gedeutet werden können.[26] Folgt man ZHANG Guangzhi, so besaß die Zentralebene am Ende der Jungsteinzeit bereits alle grundlegenden Merkmale der »chinesischen« Zivilisation, er geht davon aus, dass es damals bereits Anbau von Hirse, Reis und Sorghum gab, die Haltung von Schweinen, Hunden, Rindern,

Schafen und Pferden, gemauerte Gebäude, Seidenraupenzucht und Handweberei, Keramik, Holzschnitzerei und Bronzegerätschaften, Taotie-Muster, Schildkrötenpanzer- und Knochen-Orakel sowie Piktogramme. Diese Merkmale definieren vermutlich die frühchinesische Kultur, deren Zentrum die Gebiete entlang des Gelben Flusses waren.[27] Außerdem zeigen die Grabungsfunde in Yangshao, Daxi und Hongshan, dass Bilder von Drachen im gesamten Bereich des Gebiets von der Inneren Mongolei über die Nordchinesische Ebene bis zu den Gebieten südlich des Jangtse existierten (der Jade-Drache aus Hongshan in der Inneren Mongolei ist gegenwärtig das früheste Drachen-Bild). Das bedeutet, dass es auf diesem riesigen Territorium grenzüberschreitende Gemeinsamkeiten gab.[28] ZHANG Guangzhi vermutet, dass sich bereits etwa um 4000 v. Chr. die Kulturen der Gebiete Nord- und Südchinas zu einem größeren Kreis kultureller Interaktion (*sphere of inter-action*) zusammengeschlossen hatten.[29]

Der Überlieferung nach beginnt etwa um 2000 v. Chr. Chinas dynastische Epoche, aber über die Dauer der ersten Dynastie, der Xia-Dynastie, fehlen uns Belege. Die 1960 begonnenen Ausgrabungen in Erlitou deuten auf die Existenz einer Xia-Kultur hin. (Die Radiocarbonmessungen ergeben einen Zeitraum von 1900 bis 1500 v. Chr., das entspricht den Überlieferungen über die Xia-Dynastie.)[30] Ob die Existenz einer Xia-Kultur auch die einer Xia-Dynastie beweist, bleibt abzuwarten.[31] Die archäologische Fundstätte von Erlitou befindet sich in der Ebene von Luoyang, die seit alters her als Mittelpunkt des Tianxia angesehen wurde, die Hälfte aller chinesischen Dynastien, einschließlich die der Xia, Shang und Zhou stammen aus dieser Gegend. Vor der Erlitou-Kultur waren Luoyang und die angrenzenden Gebiete das Zentrum jungsteinzeitlicher Kultur in der Zentralebene, dort befanden sich die Shaoyang- und die Longshan-Kultur, das lässt die kulturelle Kontinuität erkennen. Nach Ansicht von XU Hong muss die Fundstätte von Erlitou als der Prototyp Chinas angesehen werden, das früheste »China«.[32] Als wichtiger Beweis dient die Tatsache, dass sich im Zentrum der Fundstätte von Erlitou ein gewaltiger angeblicher Herrscherpalast im Umfang von 100 000 Quadratmetern befand, die Haupthalle umfasste 10 000 Quadratmeter, die Anlage weist auf den ersten Blick Ähnlichkeiten mit dem Konzept der »Verbotenen Stadt« auf,[33] wenn auch stark vereinfacht. Auf einem 1963 in der

Provinz Shaanxi ausgegrabenen als »Hezun« (何尊) bezeichneten Bronzegefäß befindet sich als Inschrift die Anweisung des Gründers der Zhou-Dynastie zum Bau der Östlichen Hauptstadt, darin ist der Passus enthalten: »Ich habe diesen Ort als Hauptstadt (中国), Land der Mitte) gewählt«, das ist die früheste bekannte schriftliche Verwendung der Bezeichnung »Land der Mitte«. Das »Land der Mitte« auf dem Hezun meint die Ebene von Luoyang, wo sich Erlitou befindet.[34]

Der Reichtum an Ausgrabungsfunden in Erlitou zeigt, dass die politische Macht Erlitous (ob es sich um den Regierungssitz der Xia handelte, ist noch Gegenstand der Forschung) bereits über erhebliche Ressourcen und Techniken verfügte, über eine Mischwirtschaft aus Ackerbau, Viehzucht, Viehfang und Jagd und über die Fähigkeit, Jadeobjekte, Keramiken, Lackarbeiten, Bronzegeräte, Seidenstoffe, Trinkgefäße etc. als Gegenstände des Alltagsgebrauchs und als Geschenke herzustellen, es gab sogar bereits zweirädrige Fahrzeuge. Die zahlreichen ausgegrabenen Meeresmuscheln zeigen, dass die Nordchinesische Ebene mit der weit entfernten Meeresküste in Verkehr stand.[35] (Von der nächstgelegenen Küste ist Erlitou ca. 600 km Luftlinie entfernt.) Aus Xu Hongs Bericht geht allerdings hervor, dass es sich bei den ausgegrabenen Meeresmuscheln um Kaurimuscheln aus tropischen Gewässern handelt (im Volksmund »Schätzchen« genannt), die unmöglich aus dem näher gelegenen Gelben Meer stammen können. »Zu behaupten, dass diese aus dem Südmeer stammenden Muscheln auf ihrem Weg nach Norden beim Überqueren der südöstlichen Regionen keinerlei archäologische Spuren hinterlassen hätten, widerspräche der Logik.«[36] Möglicherweise stammen die Muscheln von Erlitou aus dem weit entfernten Indischen Ozean, wurden von Nomaden über die Eurasische Steppe mitgebracht und waren deshalb so wertvoll. Vor allem bedeutungsvoll und zugleich umstritten ist die Frage, ob es sich bei den in Keramikgefäße eingeritzten Symbolen um primitive Schriftzeichen handelt. Sie haben Ähnlichkeit mit Schriftzeichen, sind aber nicht entzifferbar. Denkbar ist, dass die Symbole der Jungsteinzeit einer der Ursprünge der Schriftzeichen sind. Angesichts ihrer strukturellen Ähnlichkeit glaubt XU Hong, dass die eingeritzten Symbole aus Erlitou der Ursprung der späteren Zeichen auf Schildkrötenpanzern und Knochen (甲骨文) sowie der Schriftzeichen auf den Bronzegefäßen (金文) sind, ob sie jedoch bereits ein ausgereiftes Schriftsystem darstellen, bedarf weiterer Forschungen. ZHANG Guangzhi dagegen vertritt die Ansicht, dass »die hier und dort auftretenden« Symbole noch keine »zu einem System geordnete Schriftzeichen« sind.[37] Die Yin-Shang-Kultur einige Jahrhunderte später verfügte jedenfalls mit Sicherheit bereits über ein ausgereiftes System von Schriftzeichen, die Schriftzeichen auf den Schildkrötenpanzern und Orakel-Knochen beweisen das, darüber hinaus gibt es auch Aufzeichnungen in alten Texten: »(Eure) Vorfahren der Yin (Yin-Shang-Dynastie) besaßen bereits Archive und Statuten.«[38] All das beweist, dass die Schrift der Yin-Shang-Epoche bereits hinreichend ausgereift war, um die Regeln des Systems klar und verständlich aufzuzeichnen und Dinge zu beschreiben. Der Prozess der Reifung einer Schrift zieht sich über einen langen Zeitraum hinweg, daher vermuten die Archäologen, dass »es unvorstellbar ist, dass die Xia-Dynastie noch keine Schriftzeichen verwendet hat«.[39] CHEN Mengjia kommt zum Schluss, dass die Entstehung der chinesischen Schriftzeichen mindestens 3500 Jahre, jedoch nicht mehr als 4000 Jahre zurückliegt und wahrscheinlich der »speziellen Kultur des Shang-Volkes« zuzuschreiben ist.[40] Dafür spricht vieles und nur wenig dagegen.

Man kann feststellen, dass die Erlitou-Kultur bereits die grundlegenden Gene der Kultur der Zentralebene enthält. Auch wenn es nicht möglich ist, eine Schautafel der kulturellen Gene der Frühzeit der Zentralebene zu erstellen, so lassen sich doch einige dieser Gene aufzeigen: Der Herrscherpalast von Erlitou zeigt die Anfänge des über Jahrtausende weitergeführten Konzepts der »Mittelachse«, nach den Worten XU Hongs handelt es sich um die früheste »Verbotene Stadt«.[41] Als theologische Metapher durchzieht das Konzept der Mittelachse den Großteil der Raumordnungen Chinas, von Wohnhäusern über Wohnhöfe und Paläste bis zu den Städten, ja bis hin zum Verständnis des Staates und des Tianxia. Die achsensymetrische Anordnung der Wohnanlage steht für das Haus und die Sippe, sie ist auch Staat in Miniaturausgabe und ein Mikro-Modell des Tianxia. Daneben zeigt die Struktur der Gebäude in Erlitou den Beginn eines über Jahrtausende geltenden Grundmusters traditioneller Gebäude. In seinem Abriss der chinesischen Architekturgeschichte zeigt LIANG Sicheng (梁思成), dass das chinesische Pfosten- und Querbalkengebäude einen besonderen Fassadenaufriss besitzt, oben das »flügelartig ausschweifende Dach«, unten die Betonung durch das »wuchtige Stufenplateau«.[42] Diese Gebäudeform hatte zugleich eine transzendente metaphorische Funktion: Das in vier Richtungen auskragende Hausdach symbolisierte den Himmel, die dicken Plateaufundamente die Erde, der Mensch wohnt zwischen Himmel und Erde, das verweist auf die Beziehungsstruktur von »Himmel – Erde – Mensch«. Für den Menschen waren Himmel und Erde der größtmögliche Wohnraum und das Haus die kleinstmögliche Form eines Himmel-und-Erde-Raums, die Bedeutung von Himmel und Erde wurde auf das Wohnen übertragen, was dem Prinzip der »Übereinstimmung mit dem Himmel«, einem Begriff aus dem *Buch der Mitte* (中庸),[43] entsprach.

Die Kultur der Zentralebene besaß keine transzendentale Religion, aber sie verstand die Natur theologisch. Natur war der letztgültige Maßstab für das Dao der Schöpfung. Das Dao der Natur nimmt sich selbst als Richtschnur, in den Worten Laozis: »Das Dao ist Richtschnur der Natur.« Die Fähigkeit, sich selbst als Richtschnur zu nehmen, ist das Wesensmerkmal sakraler Existenz. Natur war daher für China ein theologischer Begriff. Einssein mit der Natur (in Übereinstimmung mit dem Himmel sein) war das theologische Kriterium zur Gewichtung der Menschenwelt. Die Ordnung von Himmel und Erde im »Haus«, d. h. der Sippe zu duplizieren, bedeutete symbolisch, »in Übereinstimmung mit dem Himmel« zu sein und dem Himmel Respekt zu erweisen. Man kann daraus schließen, dass das Wort »jia« (家) sich im Chinesischen nicht auf die Bedeutung von Familie/Sippe und Haus beschränkte, sondern zugleich ein naturtheologischer Begriff war. Himmel und Erde waren grenzenlos und nahmen die gesamte Schöpfung in sich auf, das nach dem Muster von Himmel und Erde strukturierte Haus (Sippe) kopierte die unendliche Ausdehnung und Aufnahmebereitschaft von Himmel und Erde. Die Ordnung von Himmel und Erde duplizierte sich in Heimstätten unterschiedlicher Größe, aber gleicher Struktur, die Sippe war die kleinste, der Staat eine relativ große und das Tianxia war die Heimstätte aller Menschen. Eine derartige Duplizierung und Strukturierung nach dem Muster von Himmel und Erde duplizierte zugleich das sakrale Wesen von Himmel und Erde. Daher formte die Duplizierung der beiden gegenläufigen Kreisläufe Tianxia – Staat – Sippe – Staat – Tianxia im nächsten Schritt die Sakralität des Begriffs »Land der Mitte«, er gewann damit politisch-theologische Bedeutung.

Religiosität und Theologie sind nahezu ausnahmslos natürliche Empfindungen der gesamten Menschheit. Religiosität erwächst aus einem jedem Zweifel entzogenen Glauben an Göttliches. Häufig ist sie es, die einer Kultur Stabilität verleiht, daher ist es kaum vorstellbar, dass eine Kultur mit stabiler Kontinuität keine Religiosität besitzt, auch wenn sie sich nicht unbedingt als organisierte, dogmatisch fixierte Religion manifestiert. Am einfachsten ist das Göttliche als Transzendenz zu begreifen, daher nehmen die meisten Religionen ein transzendentes höchstes Wesen an. Es mag irritieren, dass die indigene chinesische Kultur mit ihrer stabilen Kontinuität keine transzendente Religion hervorgebracht hat. Die akademische Welt versucht seit jeher, diese unerklärliche Tatsache zu erklären, z. B. »Tugend anstelle von Religion« (LIANG Shuming/梁漱溟) oder »ästhetische Erziehung anstelle von Religion« (CAI Yuanpei/蔡元培). Tugend und Dichtung genießen in der chinesischen Kultur tatsächlich höchste Wertschätzung, aber sie besitzen keineswegs den Rang eines höchsten göttlichen Wesens. Anders als das Dao der Natur können Tugend und Poesie nicht die Stellung eines in sich begründeten absoluten, also letzten Kriteriums beanspruchen, da ihnen die Göttlichkeit und damit auch der Charakter der unangefochtenen Richtschnur abgeht (ethische und ästhetische Kriterien sind stets disputabel). Sie können daher nicht wirklich die Religion ersetzen. Sucht man nach Antwort auf die Frage, ob die Chinesen des Altertums einen Begriff des Göttlichen hatten, muss an erster Stelle das »Dao der Natur« genannt werden, als Nächstes das dem Dao der Natur sehr nahestehende »Tianxia« und schließlich das symbolisch die Ordnung von Himmel und Erde abbildende und daher die Sakralität von Himmel und Erde duplizierende »Land der Mitte«. Wenn man davon spricht, dass der Tugendglaube des antiken China als Verkörperung des Göttlichen angesehen werden muss, dann deshalb, weil das menschliche Dao dem himmlischen Dao entspricht: Die Natur ist der Ort des Göttlichen, Tugend ist nur eine Manifestation des Göttlichen der Natur, ebenso ist die Poesie die Bestätigung des Dao der Natur, die Bedeutung der von ihr besungenen Sonne und des Mondes, der Flüsse und Berge oder Gräser und Bäume liegt nicht in der ästhetischen Wirkung der Landschaft, sondern in der Göttlichkeit der Natur bzw. im Leben, im Heimatland und im heimatlichen Boden, die in sich die Göttlichkeit der Natur tragen.

Der theologische Charakter des Begriffs China macht die tieferen Ursachen der Irritation verständlich, die der Begriff des »Reiches der Mitte« (*middle kingdom*) auslöste. Würde der Begriff lediglich China als Zentrum der geografischen Welt meinen, dann bezeichnete er lediglich ein an jedem Ort der Welt häufig anzutreffendes, subjektives Empfinden, auf dessen Wahrheitsgehalt man nicht weiter eingehen muss. Aber wegen seiner theologischen Konnotation musste das Konzept vom Standpunkt einer monotheistischen Religion aus mit aller Strenge als heidnisch verurteilt werden. Der Konfuzianismus glaubt, dass sein Tugendkonzept den grundlegenden Unterschied zwischen der chinesischen und anderen Kulturen darstellt. In Wahrheit ist die konfuzianische Tugendlehre keineswegs so einzigartig. Diese Erfahrung machte gegen Ende der Ming-Zeit Matteo Ricci, als er entdeckte, dass sich die konfuzianische Tugendlehre von der christlichen nicht wesentlich unterschied, und er daher glaubte, China biete den idealen Boden für Missionierung. Die Schwierigkeiten, auf die christliche Missionare in China stießen, hatten mit ethischen Meinungsverschiedenheiten so gut wie nichts zu tun, vielmehr mit gravierenden Differenzen in der Denkweise. Die damaligen chinesischen »Gläubigen« des Christentums glaubten weiterhin an den Konfuzianismus, den Buddhismus, den Daoismus, den Gott des Reichtums und andere Gottheiten, und für die Missionare war diese »Unaufrichtigkeit« inakzeptabel. In Wahrheit sind die Grundfragen des Lebens überall ähnlich, und das Tugendverständnis nicht sonderlich verschieden. Daher geben Ethik und Tugend wahrscheinlich nicht viel her, um die Besonderheit Chinas aufzuzeigen.

Die Theologisierung des Konzepts China als Land der Mitte folgte einer eigenen Herkunftslinie. In der Vorstellung des antiken China lag im Zentrum des Tianxia das Land der Mitte. Diese Vorstellung hatte ihren Ursprung vermutlich im geografischen Empfinden. Wie oben geschildert, befand sich das »Land der Mitte« ursprünglich in der Ebene von Luoyang, später erweiterte es sich auf das Gebiet zwischen Xian, Jinnan und Luoyang, d. h. auf das Gebiet, das später »Nordchinesische« oder »Zentralebene« genannt wurde. Die Erweiterung und Kommunikation dieser Position in alle Himmelsrichtungen gab ihr die Funktion eines geografischen Zentrums. Zwar brachte der Begriff des Landes der Mitte die in der Vorstellung der räumlichen Anordnung von Himmel und Erde enthaltene natürliche Sakralität zum Ausdruck, aber in der Xia- und der Shang-Zeit war er noch kein Ausdruck einer politischen Theologie. Die Zhou-Dynastie schuf das »die Welt umfassende« Tianxia-System, worin sich die »zehntausend Staaten« versammelten. Das Land in der Mitte wurde zwar zum Kronland, aber das Tianxia-System war in seiner Struktur auf jeder Ebene isomorph. Als das Tianxia zu China schrumpfte, übernahm China das Tianxia-Gen und wurde zum Staat, der die Weltstruktur in sich trug. Das Gewicht des Tianxia bewirkte, dass aus einem die Ordnung von Himmel und Erde duplizierenden Konzept der natürlichen Theologie ein die Ordnung des Tianxia kopierendes Konzept der politischen Theologie wurde.

Die Evolution des chinesischen Raumes ist zugleich die Evolution des Raumbegriffs. Die ursprüngliche Bedeutung des Zeichens für Staat/Land »guo« (国) ist die Hauptstadt, das alte Piktogramm 國 zeigt die bewaffnete Bewachung der Stadtmauer und des umgebenden Gebietes. Die vom »guo« verwaltete Fläche umfasste nicht nur die Hauptstadt, sondern auch die »Vorstadt« (郊) und das davor gelegene Territorium »Ye« (野) jenseits der Vorstädte. Die Gebiete, die unmittelbar die Hauptstadt umgaben, waren, einschließlich zahlreicher kleinerer Städte und Gemeinden (乡), das Wohngebiet der Staatsbewohner mit ihren politischen Rechten und Pflichten. »Ye« dagegen ist das weite landwirtschaftlich genutzte Territorium jenseits der Vorstadt, es ist das Wohngebiet der »niedrigen« oder »einfachen« Bevölkerung ohne politische Rechte.[44] Das »Land der Mitte« war die Hauptstadt des Kronlandes, d. h. der Herrschersitz der Dynastie. Der Herrscher Cheng der Zhou (周成王, ?-1021 v. Chr.) verkündete die Gründung einer neuen Hauptstadt mit den Worten »Ich verlege meinen Wohnsitz ins Land der Mitte« und dieses »Land der Mitte« bezeichnete das heutige Luoyang. Später erweiterte sich der Begriff des »Landes der Mitte« auf das gesamte Gebiet des Kronlandes (bzw. das vom Herrscher unmittelbar regierte Gebiet/王畿). Im weiteren Verlauf, wahrscheinlich in der Epoche der Frühlings- und Herbstannalen bezog sich der Begriff des »Landes der Mitte« auf das Gesamtgebiet der Zentralebene, im System der Zhou-Dynastie waren die zahlreichen von Clansmitgliedern des Herrscherhauses regierten und zur Kultur der Riten und der Musik gehörenden Vasallenstaaten sämtlich Teil des »Landes der Mitte«, einschließlich der heutigen

Provinzen Henan, Shaanxi, Shanxi, Shandong und Hebei entlang des Gelben Flusses, im Unterschied zu den »barbarischen« Gebieten südlich des Jangtse und der nördlichen Hochebene. Das macht deutlich, dass das »Land der Mitte« neben seiner geografischen zusätzlich eine kulturelle Konnotation besaß. Als die Kulturen der »barbarischen« Vasallengebiete am Jangtse (Staaten wie Jing, Chu, Wu etc.) sich mehr und mehr derjenigen der Zentralebene anglichen und sie über ausreichend Macht verfügten, in den Kampf um die Oberherrschaft über die Zentralebene einzugreifen, wurde der Begriff des Landes der Mitte auf die Gebiete am Jangtse ausgedehnt, im weiteren Verlauf erweiterte sich mit dem Eingreifen weiterer Gebiete in den Wettkampf um die »Jagd auf den Hirschen« der Begriff des »Landes der Mitte« allmählich immer mehr, bis er ein Gebiet umfasste, das erheblich größer als das heutige China war. Seine größte Ausdehnung erreichte es während der Yuan-Dynastie, im Westen überschritt es den Pamir, im Osten grenzte es ans Japanische Meer, im Norden reichte es nach Sibirien hinein, im Süden grenzte es ans Südchinesische Meer. Das zweitgrößte ebenfalls über einen langen Zeitraum stabile Territorium war das der Qing-Dynastie, im Westen ebenfalls bis zum Pamir, im Osten ans Japanische Meer grenzend, im Süden ans Südchinesische Meer, im Norden die Mongolei und einen Teil Sibiriens umfassend. Der Begriff »Land der Mitte« hing vom Mahlstrom-Effekt der »Jagd auf den Hirschen« des Tianxia ab. Anders ausgedrückt, die jeweilige Größe Chinas hing von der Zahl der Teilnehmer am Wettkampf um die Herrschaft ab. Zugleich bewirkte der Mahlstrom-Effekt, dass Chinas Kultur eine Synthese sehr heterogener Elemente bildete.

Die Art und Weise, in der sich Chinas synthetische Kultur formte, wird im Chinesischen als »hua« (化) bezeichnet. Hua bezeichnet Assimilierung durch wechselseitige Beinflussung, nicht durch einseitige Veränderung. Dadurch unterscheidet sich »hua« von religiöser Konvertierung (*converting*). Es handelt sich um eine durch gemeinsame Anstrengung erzielte Restrukturierung einer multikulturellen Daseinsordnung. Am nächsten kommt der Art und Weise von Veränderung des »hua« die genetische Mutation oder die genetische Rekombination. So betrachtet, könnte man das zu Assimilierung durch wechselseitige Beeinflussung neigende Konzept China in gewisser Weise als »biologistisch« bezeichnen oder, um einen Begriff Nassim Nicholas Talebs zu verwenden, es besitzt eine die Verfestigung des Status quo verweigernde und zur Mutation neigende »Antifragilität« (*antifragile*).[45] Die Fähigkeit Chinas zu Assimilierung durch wechselseitige Beeinflussung hat mit dem Glauben an das Tianxia zu tun. Nur das Prinzip des Tianxia ist in der Lage, eine vernünftige und gesetzmäßige Erklärung der Assimilierung durch wechselseitige Beeinflussung zu liefern, und genau darin besteht ein Teil der Wirkung des Tianxia-Gens im Konzept China.

Im Prozess der Assimilierung durch wechselseitige Beeinflussung der zahlreichen Volksstämme und Kulturen war die Kultur der Zentralebene stets die wichtigste Ressource. Auch wenn die dorthin eindringenden Nomadenvölker häufig Teile ihrer Ursprungskultur bewahrten (die Hanisierungskampagne des Kaisers Xiaowen [孝文帝, 467-499 n. Chr.] der Nördlichen Wei-Dynastie [386-534 n. Chr.] bildete eine Ausnahme), übernahmen die meisten aus rationalen Gründen die bereitstehenden kulturellen Ressourcen der Zentralebene, da ihnen selbst das dort existierende hochgradig ausgereifte System der Wissensproduktion fehlte (ein umfassender Bestand an Dokumenten und Schriften, ein komplettes Erziehungs- und akademisches System), und wurden so zu Miteigentümern und Förderern der Kultur der Zentralebene. Das System der Beamtenprüfungen, das als eine der bedeutenden Erfindungen der chinesischen Kultur gilt, wurde von dem der Volksgruppe der Toba angehörenden Kaiser Wen der Sui-Dynastie (隋文帝, 541-604 n. Chr.) geschaffen. Der Eifer, mit dem die in die Zentralebene eingedrungenen Herrscherdynastien der nomadischen Volksstämme den Konfuzianismus propagierten, stand dem der Han-stämmigen Dynastien in nichts nach, die Ehrentitel, welche nomadische Dynastien Konfuzius verliehen, bewegten sich auf dem gleichen Niveau wie die der Han-stämmigen Dynastien. Die Han-Dynastie verlieh ihm den Titel eines Herzogs, die Tang-Dynastie den eines Königs, die Ming-Dynastie den eines »Ehrwürdigen Lehrers«, die Dynastie der Westlichen Xia (Tibeter) hingegen verlieh ihm den Titel eines Kaisers (der höchste Ehrentitel überhaupt), die Yuan-Dynastie (Mongolen) wie auch die Qing-Dynastie (Mandschuren) ebenfalls den eines »Ehrwürdigen Lehrers«. Ein weiteres bedeutsames Beispiel ist die Tatsache, dass die Yuan-Dynastie als Erste den Neo-Konfuzianismus (理学) von CHEN Hao (程颢, 1032-1085

n. Chr.) und ZHU Xi (朱熹, 1130-1200 n. Chr.) in die vorgeschriebenen Prüfungsfragen der Beamtenprüfungen aufnahm, nicht einmal die Song-Dynastie gab ihm diese Ehre.[46] Der Herkunftsort der kulturellen Produktionen besaß keineswegs die ausschließliche Deutungsmacht darüber, sobald eine Kultur von anderen Kulturen geteilt wird, wird sie zur gemeinsamen Ressource. Das Phänomen der von vielen Volksgruppen geteilten Kultur der Zentralebene ähnelt dem der von ganz Europa geteilten, aus Griechenland, Rom und Jerusalem stammenden Kulturen.

Die Assimilierung durch gegenseitige Beeinflussung ist eine unbestreitbare historische Tatsache, doch berührte die Führungsrolle dabei die sensitive Frage, wer die chinesische Orthodoxie repräsentierte. Diese Sensitivität war Resultat des jeweiligen historischen Kontextes. In den meisten Fällen mutierten die Konkurrenten, die sich unablässig in den Mahlstrom des Wettkampfes der »Jagd auf den Hirschen« stürzten, zu Chinesen, und als Ergebnis des Wettkampfes verschmolzen ihre Herkunftsgebiete mit China. Das gilt für die Hunnen, die Toba, die Gök-Türken, die Khitan, die Jurchen, die Mongolen, die Mandschuren usw. Vor der Song-Dynastie waren die Herrschaften der siegreich in die Zentralebene eingedrungenen Nomadenstämme relativ kurzlebig, während der Song-Dynastie sorgten sie jedoch für eine über 300-jährige Teilung des Landes, die Liao (Khitan) besetzten den Nordteil Chinas, ein Gebiet größer als das der Song, die Westlichen Xia (Tibeter) den Westteil, die Song behielten die Zentralebene und den Süden. Als die Jin (Jurchen) die Liao ablösten, erweiterten sie ihr Herrschaftsgebiet um die Territorien am Huaihe und okkupierten den größeren Teil der Zentralebene. Damit wurde die Frage, wer die chinesische »Orthodoxie« repräsentierte, zu einem Problem.

Hinsichtlich ihrer Macht war die Song-Dynastie in der Auseinandersetzung mit den Liao in der schwächeren Position, sie zahlte sogar Tribute, um den Frieden aufrechtzuerhalten. Daher erhoben die Liao den Anspruch, Vertreter des offiziellen China zu sein, aber im Gebrauch der diplomatischen Sprache wurde das zu einer gleichberechtigten Herrschaftsteilung abgemildert: »Das Gebiet ist in zwei Staaten geteilt«, aber die »beiden Dynastien verwalten es wie eine gemeinsame Sippe« (so steht es in Noten, welche die Liao-Kaiser Xingzong [辽兴宗, 1016-1055 n. Chr.] und Daozong [辽道宗, 1032-1101 n. Chr.] jeweils den Song-Kaisern Renzong [宋仁

宗, 1022-1063 n. Chr.] und Shenzong [宋神宗, 1048-1085 n. Chr.] übersandten). Besonders interessant ist, dass dem Liao-Kaiser Taizong der Liao (辽太宗, 902-947 n. Chr.) nach der Vernichtung der späteren Jin-Dynastie (936-947 n. Chr.) das Jadesiegel zur Thronübergabe in die Hände fiel, das angeblich der erste Kaiser der Qin-Dynastie und Reichsgründer als Zeichen der »ewigen Dauer« Chinas hatte anfertigen lassen. Das Jadesiegel zur Thronübergabe galt seit jeher als sakraler Beweis des Himmlischen Mandats, seine Inbesitznahme galt daher als Symbol der Legitimität. Der Liao-Kaiser Xingzong bestimmte einmal das Thema »Der Besitz des Kleinods zur Thronübergabe als Unterpfand der Rechtmäßigkeit« zum Gegenstand der Beamtenprüfungen.[47] Aus ihrer Position der Schwäche heraus verwendete die Song-Dynastie ein dem der Liao-Dynastie konträres Argument, indem sie die Unterscheidung zwischen Chinesen (华) und Barbaren (夷) betonte. WANG Tongling (王桐龄) vertritt die Meinung, dass die Song-Dynastie, die aufgrund ihres kleineren Staatsgebietes und ihrer militärischen Unterlegenheit den Liao, den Xia, den Jin und Yuan kein ebenbürtiger Gegner war, zum Mittel griff, die »Loyalität zum legitimen Herrscher und die Zurückweisung der Barbaren als übereinstimmend mit den Prinzipien des Himmels und zur gerechten Sache auf Erden« zu erklären.[48] Nach GE Zhaogang (葛兆光) führte das Nebeneinander der Song mit den Liao, den Jin und den Westlichen Xia dazu, dass die Song in eine »nie zuvor da gewesene tiefe Besorgnis über das Schicksal Chinas« verfielen.[49] Diese Besorgnis nötigte die Song-Dynastie, das politische Narrativ des universellen Mandats des Himmels auf etwas Spezifisches zu reduzieren und die Idee des »Tianxia aller Menschen unter dem Himmel« durch das China der Han-Chinesen zu ersetzen. Damit brach sie mit der von der Zhou-Dynastie eingeführten Tradition der allgemeinen Fürsorge des Himmlischen Mandats und erklärte das Mandat des Himmels zum Privatbesitz einer Volksgruppe bzw. zu etwas der Vorstellung der Yin-Shang Analogem, dass nämlich die Fürsorge des Himmels nur einer speziellen Gruppe gelte. Dieses reduzierende Narrativ stärkte zwar die interne Kohäsion, aber zum Preis des Verlustes der umfassenden Inklusionskraft des politischen Narrativs.

Der Yuan-zeitliche Gelehrtenbeamte Xie Duan (谢端, 1279-1340 n. Chr.) unterschied in seinem Essay *Diskurs über die Legitimität der Liao, Song und Jin* auf der Grundlage der jeweiligen

Situation von Teilung und Eroberung zwischen den Nördlichen (Liao und Jin), und den Südlichen (Südlichen Song) Dynastien und reihte beide unter die legitimen Herrschaften ein.[50] Diese Einteilung wurde zumeist als provisorisch angesehen, zwar von jedermann kommentiert, aber ohne zu einem abschließenden Ergebnis zu kommen. Während der Yuan- und der Qing-Dynastie wurde ganz China von Nicht-Han-Chinesen regiert, beide Dynastien übernahmen zwar zu gewissem Grad die Kultur der Zentralebene, es kam auf beiden Seiten zu tiefgreifenden Veränderungen, aber der Charakter der beiden Dynastien überschritt die Beschränktheit des seit der Song-Dynastie geltenden neo-konfuzianischen Narrativs. Die Frage der Orthodoxie musste daher neu interpretiert werden. Am schwierigsten tat man sich mit der Interpretation der Yuan-Dynastie. Sie exerzierte eine diskriminierende Nationalitätenpolitik, Grundzug ihrer Innenpolitik war die Bevorzugung der Mongolen und ihrer Traditionen. Aus Gründen der politischen Notwendigkeit übernahm sie zwar Teile des Systems und der Kultur der Zentralebene, aber die Entscheidungspositionen waren zu mehr als der Hälfte mit Mongolen besetzt und auch die Zahl der Semu übertraf die der Han-Chinesen.[51] Die Yuan-Dynastie verließ zudem die Tradition der Verwendung des Qin-kaiserlichen Jadesiegels zur Thronübergabe und schuf ein neues kaiserliches Siegel aus einem anderen Material und in einem anderen Design.[52] Diese Vorgehensweisen deuten darauf hin, dass sie beabsichtigte, ein neues System zu etablieren.

Bei der Beurteilung der historischen Einordnung der Yuan-Dynastie stand ZHU Yuanzhang (朱元璋, 1328-1398 n. Chr.), der Gründer der Ming-Dynastie, nach Analyse ZHANG Zhaoyus (张兆裕), vor einer »zuvor unbekannten Schwierigkeit«. ZHU Yuanzhangs Antwort darauf war zwiespältig: Da der mongolische Kaiser nahezu das gesamte Tianxia unterworfen habe, ein historisch einzigartiger Vorgang, musste er das Mandat des Himmels erhalten haben, sonst wäre er gescheitert. Da die Mongolen kraft Mandat des Himmels das gesamte Tianxia regieren, so entspreche auch ihre Herrschaft über China der Absicht des Himmels. Da aber die Mongolen letztlich ungeeignet seien, China zu regieren, sei das Mandat des Himmels zwangsläufig auf chinesischen Boden zurückgekehrt und ihm der Thron zugefallen.[53] Daher reihte ZHU Yuanzhang den Gründer der Yuan-Dynastie, Kublai Khan, in den Tempeln der Kaiser, welche die legitime Thronfolge in der Geschichte Chinas symbolisierten, unter Chinas legitime Herrscher ein. Diese Neuinterpretation von Legitimität war nicht ganz neu, sie negierte lediglich die von der Song-Dynastie verordnete Unterscheidung in Chinesen und Barbaren und kehrte zur seit der Zhou-Dynastie traditionellen Interpretation des Himmlischen Mandats zurück. Das Gedankengut der Zhou-Dynastie genoss in der Tradition Chinas höchstes Ansehen, seine Autorität übertraf die des Song-zeitlichen Neo-Konfuzianismus bei weitem. ZHU Yuanzhangs Interpretation konnte deshalb ohne große Schwierigkeiten akzeptiert werden. Die von den Konfuzianern der Song- und Mingzeit vertretene Unterscheidung zwischen Chinesen und Barbaren lässt sich zwar bis auf die vor-Qin-zeitlichen klassischen Schriften zurückverfolgen und konnte sich auf das »Da Yi« des Konfuzius der *Frühlings- und Herbstannalen* berufen, wo Konfuzius von der »Zurückweisung der Barbaren« spricht. In Wirklichkeit widerspricht sie der Zhou-zeitlichen Tradition von Tianxia und Mandat des Himmels. QU Shisi (瞿式耜, 1590-1650 n. Chr.) hat seinerzeit darauf hingewiesen, dass die Unterscheidung zwischen Chinesen und Barbaren auf einem Missverständnis beruhte: »Der Meister Konfuzius erwähnte, als er von den *Frühlings- und Herbstannalen* sprach, die Zurückweisung der Barbaren. Er machte darauf aufmerksam, dass die Wu und die Chu in Wahrheit Vasallen der Zhou waren, aber sie hatten den Herrscher erzürnt und deshalb verglich er sie mit Barbaren. Er wollte damit nicht sagen, dass alle, die in weit entfernten und verlassenen Gebieten leben, Barbaren seien.«[54] Für QU Shisis Lesart spricht die Nähe zum ursprünglichen Sinn des Tianxia der Zhou-Dynastie. Die Yuan-Dynastie verfügte zwar über außerordentliche militärische Fähigkeiten, aber in kultureller Hinsicht bedeutet sie im Vergleich zur Song-Dynastie, von einigen bemerkenswerten Leistungen abgesehen, einen erheblichen Abstieg. Sie wählte das Argument der Reichseinigung als Legitimitätsgrundlage, die Formulierung lautete: »Seit alters war kein Kaiser rechtmäßig, der nicht das Land zwischen den vier Meeren zu einer Sippe gemacht hat.«[55] Damit wurde das Mandat des Himmels auf ein geografisches Kriterium reduziert: Es ging darum, die Reichseinheit zu erreichen. Die Frage der Volksseele verschwand aus dem Blickfeld.

Die ursprüngliche Bedeutung des Begriffs der Legitimität (正

统) war allerdings »Einheit« (一统), der Aspekt der »Richtigkeit« (正) spielt kaum eine Rolle. Das entspricht auch RAO Zongyis (饶宗颐, 1917-2018) Forschungsergebnissen: »Seit jeher ist von der großen Bedeutung der Legitimität die Rede, ursprünglich war damit Einheit gemeint«, und der Begriff stamme aus einem Zitat von LI Si.[56] Die Legitimitätstheorie der Nach-Songzeit gründete auf OUYANG Xius (欧阳修, 1007-1072 n. Chr.) Ansichten über Legitimität, dessen Verständnis vom ›Da Yi‹ der *Frühlings- und Herbstannalen* auf den Lehren der konfuzianischen Gongyang-Schule (公羊学) beruhte. Er postulierte in einer Verbindung der Theorien des »Aufrechten Verhaltens in großen Angelegenheiten« (大居正) und der »Großen Einheit« (大一统): »Richtigstellung (正, zheng) heißt das Unrechte im Tianxia berichtigen, Einheit (统, tong) heißt das Unvereinte im Tianxia vereinen.«[57] Einheit meinte die umfassende Einheit des Raums, Richtigstellung meinte gerechtes und aufrechtes Verhalten (大义) der Gemeinschaft gegenüber, mit der natürlichen Folge der Gewinnung der Volksseele, so etwas wie die große Einheit der Volksseele. Realistisch gesehen, ist die »Einheit der Volksseele« ein Ding der Unmöglichkeit, Systeme und politische Macht erhalten nie mehr als die Unterstützung eines Teils der Menschen, die Frage ist immer nur, von wie vielen. Die räumliche Einheit blieb daher grundlegendes Merkmal des Himmlischen Mandats.

Für die Qing-Dynastie ist festzustellen, dass der von den Mandschuren bewohnte Nordosten ursprünglich zum Herrschaftsgebiet der Ming-Dynastie gehörte und ihre Machtübernahme mehr oder weniger eine Fortsetzung des Systems der Ming bedeutete. Ihr Herrschaftsgebiet übertraf das der Ming-Dynastie bei weitem und der Lebensstandard der Bevölkerung war hoch. Die 150 Jahre der Prosperität während der frühen und mittleren Periode der Qing-Dynastie suchen in der Geschichte ihresgleichen, daher wurde ihre Legitimität weit weniger in Zweifel gezogen als die der Yuan-Dynastie. Aber in den Augen der konfuzianischen Ming-Loyalisten war die Legitimität der Qing-Dynastie nach wie vor zweifelhaft. WANG Fuzhi (王夫之, 1619-1692 n. Chr.) besprach den Untergang der Ming-Dynastie unter dem Deckmantel einer Diskussion über den Untergang der Song-Dynastien: »Der Untergang der Song, die den durch den Gelben Kaiser und die Weisen Herrscher Yao und Shun weitergegebenen Lehren des Dao folgten, bedeutete

den Untergang des Tianxia.«[58] Der Ausdruck »Untergang des Tianxia« stammt aus einem Text von GU Yanwu (顾炎武, 1613-1682),
wo es heißt: »Die Änderung der Namen und Regierungsdevisen bedeutete den Untergang des Staates. Das Versiegen von Menschlichkeit und Gerechtigkeit bis zum Punkt, wo Menschen den wilden
Tieren zum Opfer fielen oder sich gegenseitig auffraßen, bedeutete den Untergang des Tianxia.«[59] WANG Fuzhis Verwendung des
Ausdrucks entfernt sich offenkundig ein Stück von GU Yanwus
ursprünglicher Absicht. Letzterer war zwar erfüllt von Nostalgie
über den verlorenen Staat, doch richtete sich seine Theorie vom
Untergang des Tianxia keineswegs gegen die Qing-Dynastie. Der
Ausdruck »Versiegen von Menschlichkeit und Gerechtigkeit« bezog sich auf die Jin-Dynastie (266-420 n. Chr), deren Angehörige
jedoch nicht zu den »Barbaren« gehörten. WANG Fuzhis veränderte Interpretation des »Untergangs des Tianxia« zielt offenbar auf
einen Bruch in der kulturellen Kontinuität der Zentralebene, was
nicht den Tatsachen entspricht. Die Verehrung der Qing-Dynastie für die Kultur der Zentralebene, deren Weltanschauung, Geschichtsverständnis und ethischer Ordnung sie strikt folgte, steht
außer Zweifel.

Der tatsächlich zweifelhafte Aspekt der Legitimität der Yuan-
und der Qing-Dynastie liegt darin, dass deren Kaiser den Status
eines Großkhans beibehielten. Dieses Argument wurde verwendet,
um zu beweisen, dass die beiden Dynastien nicht in die legitime
Thronfolge der chinesischen Herrscher gehörten, sondern Auslän-
der waren, die China unterworfen hatten. Hinsichtlich dieses Zwei-
fels muss gesagt werden, dass wir Heutigen nicht in der Lage sind,
der historischen Wahrheit völlig habhaft zu werden, sondern nur
nach möglichst plausiblen Erklärungen suchen können. Mit Hilfe
moderner Theorien rückwirkend den Versuch zu unternehmen, die
Wirklichkeit vergangener Zeiten zu rekonstruieren, verringert eher
die Wahrscheinlichkeit, der historischen Wahrheit zu entsprechen.
Geht man von den rationalen Gründen des größtmöglichen Nutzens der Menschen der Vergangenheit aus, um ihre Entscheidungen
zu enträtseln, kommt man der historischen Wahrheit wahrscheinlich näher. Schlussfolgert man gemäß dem »größtmöglichen Nutzen« (das umfasst vor allem den politischen und den wirtschaftlichen Nutzen), dann entsprach die Entscheidung, den Status einer
aus der Linie der Thronfolgen ausgeschlossenen Eroberer-Dynastie

von Invasoren zu wählen, vermutlich nicht dem »größtmöglichen Nutzen« der Yuan- und der Qing-Dynastie, es wäre in beiden Fällen eine höchst irrationale Entscheidung gewesen. Die beiden Dynastien behielten den doppelten Status, weil sie die einhellige Unterstützung zweier Traditionslinien benötigten, um zwei große Territorien mit unterschiedlichen Lebens- und Produktionsweisen zu kontrollieren. Beide Dynastien waren der Auffassung, dass sie mit der Reichseinigung ein großes, nie zuvor da gewesenes Werk vollbracht hatten, sie betrachteten keineswegs das von ihnen regierte Gebiet als geteilt in zwei Staaten. Für beide waren das aus der Tradition der Zentralebene stammende Mandat des Himmels und die Idee der Reichseinigung die politisch-theologischen Narrative mit dem größten Nutzen. Nur als legitime Herrscher des geeinten Reiches waren sie in der Lage, Ressourcen, politische Macht und und materielle Vorteile maximal auszubeuten. Da es für beide den größtmöglichen Nutzen bedeutete, Teil von Chinas historischer Traditionslinie zu sein, ist es kaum vorstellbar, dass sie auf eine für sie so vorteilhafte politische und historische Ressource verzichtet hätten. Noch bevor er sich auf den Kampf mit der Ming-Dynastie um die Herrschaft über die Zentralebene einließ, erläuterte der damalige Herrscher der Mandschuren, Nurhazi (1559-1626 n.Chr.), in einem Schreiben an den Ming-Kaiser Wan Li (万历, 1563-1620 n.Chr.) unter Berufung auf das Konzept des Himmlischen Mandats die Rechtmäßigkeit der Herrschaft der Mandschuren über die Zentralebene: »Zwischen Himmel und Erde, gleichgültig ob du aufsiehst zu den Menschen oder hinunter zu den Insekten, sie alle werden vom Himmel geboren und vom Himmel genährt. Ist es denn die Südliche Dynastie,[60] die sie nährt? [...] Der Himmel, der alle Lebewesen am Leben erhält, kennt keinen Eigennutz, er übt keine Nachsicht mit der Südlichen Dynastie, weil sie ein großes Territorium regiert. [...] Wem sich das Mandat des Himmels zuwendet, der erringt das Tianxia.«[61]

Betrachtet man die Sache realistisch, so ist das Konzept China von Anfang bis Ende das Ergebnis von Assimilation durch wechselseitige Beeinflussung verschiedener Kulturen und deren gemeinsame Konstruktion, es beruht weder auf Vereinheitlichung durch Hanisierung noch auf wechselseitiger Repulsion und Absonderung. Aber innerhalb der synkretistischen chinesischen Kultur übernahmen die kulturellen Gene der Zentralebene aufgrund ihres vom

Medium der Han-Schriftzeichen getragenen geistigen Reichtums und ihrer Tiefe eine Führungsfunktion. Das ist eine Tatsache, der wir nicht ausweichen dürfen. Auch nach dem Eindringen der nördlichen Völker (besonders der Mongolen und Mandschuren) blieb die Kultur der Zentralebene die Hauptressource der Assimilation durch wechselseitige kulturelle Beeinflussung. Die Einbettung in die historische Kontinuität Chinas bot, wie oben beschrieben, den eindringenden Nordvölkern den größten Nutzen und stellte daher eine Macht dar, der sie sich nicht entziehen konnten. Die politische Legitimität sowohl der Yuan- als auch der Qing-Dynastie konnte im Kontext des chinesischen Denkens erklärt werden, zumindest im Kontext der Zhou-zeitlichen Tradition. Mit anderen Worten, für einen Staat, der die Struktur des Tianxia in sich aufgenommen hatte, war die Verschmelzung der ›zehntausend Völker‹ zu einem Ganzen durchaus nicht rätselhaft.

Erst am Ende der Qing-Zeit stieß China auf ein Identitätsproblem, das keine in sich schlüssige Antwort mehr zuließ: Nicht nur, dass China erkennen musste, dass es keineswegs das geografische Zentrum des Tianxia war, es war auch als politische Macht nicht Zentrum des Tianxia, selbst in Hinblick auf Wissensproduktion war es nicht Zentrum des Tianxia. Betrachtete man die Welt nach der Logik des Tianxia-Konzepts, dann war China seit Ende der Qing-Dynastie nicht mehr das »Land der Mitte« innerhalb des Tianxia-Konzeptes, sondern nur noch ein »Vasallenstaat«. Gleichzeitig wurde das Eigennarrativ Chinas von der Außenwelt in Zweifel gezogen, die von den Fremden mitgebrachten Narrative folgten der Logik einer anderen Welt. Das führte zu kontextuell fehlerhaften Interpretationen und Schwierigkeiten interkulturellen Verstehens.

Ein klassisches Beispiel ist die Ansicht, dass es sich bei den seit der Han-Zeit (vor allem während der Ming- und Qing-Zeit) bestehenden Tributauflagen (朝贡) um ein von China der Welt aufgezwungenes hierarchisches System gehandelt habe. Fairbank bezeichnet es als »Tributsystem«,[62] er betrachtet die Tributzahlungen als die »chinesische Weltordnung, ein komplettes gedankliches und methodisches Regelsystem. Über Jahrtausende haben die Herrscher Chinas dieses Regelsystem fortentwickelt, um es am Leben zu erhalten.«[63] Ich dagegen halte die Bezeichnung der Tributauflagen als Tributsystem für eine maßlose Überinterpretation. Die seit der Han-Zeit erhobenen »Tribute« behielten zwar die seit der

Zhou-Zeit gebräuchliche Bezeichnung bei, aber ihnen lag längst keine substantielle Dominanz mehr zugrunde, sie waren wesentlich eine bloße Bezeichnung ohne reale Basis. Die Tributleistungen der Zhou-Dynastie waren politische und wirtschaftliche Verpflichtungen der Vasallen zur Aufrechterhaltung des Tianxia-Systems. Die von den Vasallen zu leistenden Tribute waren zwar nicht gleichbedeutend mit Steuern (weniger verpflichtend als Steuern), aber sie dienten der Lastenteilung für die der Zhou-Dynastie zur Aufrechterhaltung der Tianxia-Ordnung entstehenden Unkosten. Die seit der Han-Zeit zu leistenden Tributleistungen hatten dagegen eher politische Symbolbedeutung. Abgesehen von einigen mit China eng verbundenen Vasallenstaaten (Korea, Vietnam, Ryukyu-Inseln) erkannte die Mehrzahl der Tribut leistenden Staaten keineswegs die chinesischen Herrscher-Dynastien als Souveräne an. Umgekehrt dominierten die chinesischen Herrscher-Dynastien die Tribut leistenden Staaten weder politisch noch wirtschaftlich. Die Tributleistungen waren daher lediglich Teil des außenpolitischen Systems, weit entfernt von einem System bzw. einer »Ordnung« der Dominanz. Im Zeitraum von der Han- und der Tang-Dynastie bis zur Ming- und der Qing-Dynastie verfolgte man eine Politik der Tributbeziehungen, wo mehr gegeben als genommen wurde, die Tributleistenden wurden großzügig belohnt und erhielten kostbare Gegengeschenke, der größte Teil der Tributstaaten benutzte die präferentielle Tributpolitik, um einträglichen Außenhandel zu betreiben, sie konkurrierten sogar um Tributleistungen. Das ging so weit, dass der Handel mit Tributleistungen zu einem erheblichen Ungleichgewicht zu Ungunsten Chinas führte, so dass Chinas Herrscher gezwungen waren, Anzahl und Umfang der Tributleistungen zu beschränken.[64] Daraus wird deutlich, dass die Nachbarstaaten den Tributleistungen weit mehr wirtschaftliche als politische Bedeutung beimaßen.

Wir müssen zudem das Phänomen der Tributleistungen in die entgegengesetzte Richtung beachten. In den Jahren vor dem Kaiser Wu der Han-Dynastie (汉武帝, 141-87 v. Chr.) litt die Dynastie der Westlichen Han unter der langwährenden Konkurrenz mit den Hunnen, um Frieden zu erbitten, wurden den Hunnen zahlreiche Geschenke überreicht (岁奉). Um es mit LI Yunquans (李云泉) treffenden Worten zu sagen, lieferte die Han-Dynastie Tributleistungen an die Hunnen.[65] Tributzahlungen der Dynastien der Zentralebene an starke Konkurrenten waren absolut keine Ausnahme, auch die beiden Song-Dynastien lieferten den Liao und den Jin solche Tribute. Das Phänomen zeigt, das Tributleistungen eine allgemein gebräuchliche politische Taktik waren, und keineswegs nur eine unilaterale Praxis, der jeweils Stärkere erhielt Tribute.

Die Außenpolitik der Dynastien der Zentralebene beschränkte sich nicht auf das Mittel der Tributleistung, die Realität war die Doppelstrategie von Tributleistung und Herstellung von Verwandtschaftsbeziehungen durch Heiraten. Beide existierten nebeneinander und waren gleichzeitig in Gebrauch. Tributzahlungen waren zwar das hauptsächliche Mittel, aber man darf daraus nicht schließen, dass die Beziehungen zwischen den Dynastien der Zentralebene zu den benachbarten Mächten sich vollständig darin erschöpften. Nach Ansicht von YAN Mingshu (阎明恕) wird die Bedeutung von Verwandtschaftsbeziehungen in der modernen Geschichtswissenschaft eindeutig unterschätzt. Die Taktik der Knüpfung von Verwandtschaftsbeziehungen wurde von der Shang- und der Zhou-Dynastie bis zur Qing-Dynastie ständig geübt, sie erfolgte keineswegs zufällig und sie entsprang durchaus nicht immer als Reaktion auf durch aktuelle Umstände entstandene Zwangssituationen, sondern war eine langfristig angelegte Taktik. Die Dynastien der Zentralebene knüpften zwar »ungewollte Verwandtschaftsbeziehungen«, wenn sie sich in einer passiven Lage befanden, aber ebenso knüpften sie aktiv »gewollte Verwandtschaftsbeziehungen«.[66]

Bis zu einem gewissen Grad essentiell politische Bedeutung hatte innerhalb der Tributbeziehungen die Vergabe von Titeln und die Übernahme des kaiserlichen Kalenders, d. h. der Zeitrechnung nach kaiserlichen Regierungsjahren. Die Vergabe von Titeln bedeutete die Herstellung engerer Beziehungen, auf die man in Krisensituationen mit der Bitte an China um Unterstützung zurückgreifen konnte. Die Übernahme des kaiserlichen Kalenders diente dazu, mittels der Regierungsjahre eines chinesischen Kaisers Zeitabschnitte zu markieren. Wenn der tributäre Staat die Regierungsjahre der chinesischen Dynastie als Zeitmarke verwendete, bedeutete das die Anerkennung des chinesischen Geschichtsnarrativs als Allgemeingeschichte. Folgt man dieser Logik, dann wäre zu fragen, ob die Übernahme der westlichen Zeitrechnung durch China und die Mehrzahl der Staaten auf der Welt eine Tributleistung an den Westen bedeutet.

3. Der Kampf um die Herrschaft über die Zentralebene: Die »Jagd auf den Hirschen«

Der Ausdruck »Das Tianxia jagt den Hirsch« taucht zum ersten Mal im *Shiji* (史记) auf: »Der Qin (Dynastie) war der Hirsch entlaufen, das ganze Tianxia machte Jagd auf ihn.«[67] An dieser Stelle steht der Hirsch für die höchste Macht. Es bleibt einigermaßen rätselhaft, warum als Symbol der Macht ein Hirsch gewählt wurde. Die Macht ist die Jagdbeute des politischen Wettstreits. Die Wahl eines Tieres als Symbol der Macht ist leicht nachvollziehbar, aber in der Frühzeit der Zentralebene gab es zahlreiche jagbare Tiere, es war eine Periode globaler Erwärmung,[68] das Klima feuchtwarm, die Vegetation üppig. Es gab viele Tiere, die weit stärker, größer und machtvoller waren, nicht nur Rinder, Bären, Tiger und Leoparden, es gab sogar Elefanten und Rhinozerosse. Warum also wählte man den Hirschen als Symbol der Macht? Das ist in der Tat schwer verständlich. Das früheste schriftlich dokumentierte Bild eines Hirschen findet sich im *Buch der Lieder*: »You, you ruft der Hirsch«, es ist ein friedvolles, glückverheißendes und warmes Bild, mit Macht hatte es offenbar nichts zur tun. ZHANG Guanzhi äußerte folgende Vermutung: In antiken Grabstätten findet man Knochen von Hirschschulterblättern, die als Orakel-Knochen verwendet wurden, sie haben womöglich eine »rituelle Bedeutung« und stehen so mit der »Jagd auf den Hirschen« in Verbindung.[69] Als Beweis genügt das allerdings nicht. Schulterblätter von Hirschen mochten zu rituellen Zwecken verwendet worden sein, aber Rinderknochen wurden viel häufiger zu Orakelzwecken verwendet. Besonders wertvoll waren Schildkrötenpanzer, das deutet darauf hin, dass die »rituelle Bedeutung« von Rinderknochen und Schildkrötenpanzern die von Hirschschulterblättern übertraf. Auch eine andere Annahme ist denkbar: In der Frühzeit der Zentralebene mochten Tiger und Elefanten besser geeignet sein, Macht zu symbolisieren, aber sie waren wild und gefährlich, sie waren nicht einfach eine Jagdbeute, sondern Gegner von Kämpfen auf Leben und Tod. Nur reine Beutetiere eigneten sich als Gegenstand einer konkurrierenden Jagd und darunter ist der Hirsch das Modell einer Jagdbeute. Er übertrifft an Anmut und Schönheit das Wildschwein, die Gemse, den Fuchs und den Hasen und er hat ein an eine »Königskrone« erinnerndes Geweih, das passt zu einem Symbol der Macht. Es gibt einen indirekten Beweise dafür: Im *Buch der Wandlungen* heißt es: »Wer ohne (Unterstützung) seine(r) Jäger dem Hirsch nachspürt, findet sich allein inmitten des Waldes. Der Edelmann verschmäht die Gelegenheit und zieht sich zurück.«[70] Damit wird gesagt, dass ein Adliger ohne Anleitung durch den Forstverwalter, den Hirsch, der sich im dichten Wald verbirgt, nicht blindlings verfolgen soll. Das ist ein Hinweis darauf, dass zu jener Zeit die Jagd auf den Hirschen ein unter Anleitung von fachlich kompetenten Gefolgsleuten durchgeführtes, dem Monarchen und dem Adel vorbehaltenes Wettkampf-Spiel war. Auf diese Weise könnte der Hirsch zum Symbol der Macht geworden sein.

Der Dreh- und Angelpunkt des Spiels der »Jagd auf den Hirschen« ist seine unwiderstehlichen Attraktivität. Die »Jagd auf den Hirschen« der Zentralebene ist ein Konkurrenzkampf um die politische Macht. Um die Kontrolle über diese größte Ressource zu erringen, kämpften zahlreiche politische Kräfte in den weiten Territorien rings um die Zentralebene um die höchste Macht. Manche dieser Kräfte beteiligten sich aus eigenem Antrieb am Wettkampf, andere wurden aus Gründen der Abhängigkeit oder enger Verbindung als passive Teilnehmer hineingezogen. Wie oben beschrieben, ist die Besonderheit des Spiels der »Jagd auf den Hirschen« sein Mahlstrom-Effekt, einmal hineingezogen, gab es nahezu keine Chance mehr, heil daraus zu entkommen, es sei denn, man verließ unter Aufgabe von Grund und Boden und allen materiellen Nutzens das Spielfeld vollständig (die Flucht eines Teils der Hunnen und der Tujue in ferne Regionen sind Beispiele dafür). Sieg und Niederlage, Gedeihen und Untergang sind nur temporäre Angelegenheiten, sie bilden nicht die historische Struktur des Spiels der »Jagd auf den Hirschen«. Oben haben wir skizzenhaft die logischen Folgerungen analysiert, die sich aus der Zentralebene als fokaler Punkt der Macht ergaben. Im Folgenden ist es notwendig, den historischen Kontext und die Entwicklung zu verstehen, die aus der Zentralebene einen »fokalen Punkt« machten.

Warum fand die »Jagd auf den Hirschen« in der Zentralebene statt? XU Hong beschreibt zwei hilfreiche Erklärungsansätze: Einer ist Robert Carneiros »Theorie der natürlichen Grenzen«: Die Ressourcen konzentrieren sich auf Gebiete mit begünstigten Bedingungen, jedermann drängt dorthin, so dass die Bevölkerungsdichte zunimmt, die Bevölkerung dieser Zentren gerät in eine Art

Belagerungszustand und ist daher gezwungen, ihre militärischen Kräfte zu verstärken und den Umfang der Verteidigungsanlagen zu vergrößern, um sich zu verteidigen bzw. Konkurrenten zurückzuschlagen. Resultat ist, dass sich in diesen Gebieten ein dichtes Netz von Festungen bildet und die Konflikte zunehmen. XU Hong nimmt an, dass sich in der frühen Antike die Zentralebene in einer derartigen Situation befand. Der andere Erklärungsversuch ist die »Zentrums«-Theorie ZHAO Huis: Die Nordchinesische Ebene war geografisch das Zentrum eines riesigen Gebietes und wurde so zum Mittelpunkt des Verkehrs, des Warenaustauschs und der Information. Daher konzentrierte sich dort die meiste politische Erfahrung und gedieh zu immer größerer Reife. Die Gebiete der Peripherie gerieten aufgrund geringerer Chancen, zu lernen, ins Hintertreffen. Nach ZHAO Hui ist der Erfolg der Nordchinesische Ebene eher auf ihre Verkehrslage als auf ihre wirtschaftliche Stärke zurückzuführen.[71] Beide Theorien können die historischen Bedingungen partiell erklären, doch bleiben einige offene Fragen. Das Gebiet am Jangtse verfügte über nicht weniger natürliche Ressourcen und Bevölkerung als das Gebiet am Gelben Fluss, die zivilisatorische Blüte dort erfolgte nicht später (oder höchstens wenig später) als die der Zentralebene, und auch die materiellen Techniken und Verkehrsbedingungen standen denen der Nordchinesischen Ebene nicht nach. Warum wurde das Gebiet am Jangtse nicht zum Zentrum und wurde bis in die Zeit der Frühlings- und Herbstannalen als barbarisch betrachtet? Außerdem stellt sich die Frage, warum nicht die Gebiete im Westen Zentrum wurden, wenn Verkehrsbedingungen und Warenaustausch die entscheidenden Faktoren waren? Betrachtet man die Zirkulationsbewegungen unter einem größeren räumlichen Aspekt, dann waren die westlichen Gebiete das Zentrum des Waren- und Informationsaustauschs in alle Himmelsrichtungen. Im Osten reichten sie bis in die Zentralebene, im Westen nach Mittelasien und den Mittleren Osten. Was die Bedingungen angeht, so vereinigten sie die materiellen und technologischen Vorzüge des Ostens mit denen des Westens. Tatsächlich gelangten zahlreiche Güter und Techniken über dieses Gebiet in die Zentralebene und nach dem Westen, bis hin zur Schaffung der Seidenstraße. Warum also erreichten die Westgebiete nie die Position der Zentralebene?

Die Staatstheorie Mancur Olsons liefert diesbezüglich eine andere Erklärung.[72] Für den Erfolg eines Staates ist die entwickelte Fähigkeit zu kollektivem Handeln unbedingt erforderlich. Aber Olsons These macht deutlich, dass kleine Verbände relativ leicht Kollektivaktionen bewerkstelligen, während in großen Verbänden ein ernsthaftes Trittbrettfahrer-Problem besteht, das häufig zum Scheitern kollektiver Aktionen führt. Ein großer Verband muss daher mindestens zwei spezielle Bedingungen erfüllen, um das Trittbrettfahrer-Dilemma zu überwinden:

1. Er muss ein allgemeines, gemeinsam geteiltes Interesse ausbilden, ähnlich der konfuzianischen Vorstellung vom »tugendhaften Staat«.
2. Er muss über ein System wahlweiser Anreize verfügen, vergleichbar etwa dem von den Legalisten propagierten System klar festgelegter Belohnungen und Strafen.

Folgt man der Geschichte und der Überlieferung, verfügten die für den Aufstieg der Zentralebene maßgeblichen Dynastien sowohl über die Tradition der tugendhaften Regierung der Weisen Herrscher als auch über ein System von Belohnung und Bestrafung und entsprachen daher wohl den Bedingungen Olsons. Dessen Theorie kann nun zwar erklären, welche Bedingungen für den Sieg bei der »Jagd auf den Hirschen« Voraussetzung waren, aber sie ist nicht imstande, zu erklären, warum die Zentralebene notwendigerweise und auf Dauer zum entscheidenden Raum des Wettstreits um den Thron wurde. Warum sie gewollt oder wider Willen zum von allen aufgesuchten Ort des Wettbewerbs um die höchste Macht wurde. Die Frage, der wir nachgehen müssen, lautet: Welche besonderen Ressourcen besaß die Zentralebene letzten Endes, um die man zu kämpfen hatte? War das Kriterium der Kombination einer verkehrstechnischen, wirtschaftlichen und politischen Gesellschaftsentwicklung hinreichend Grund dafür, dass sich so viele Mächte Hals über Kopf ins Spiel der »Jagd auf den Hirschen« stürzten? Doch das ist bereits der spätere Teil der Geschichte der Zentralebene, die Fragen beziehen sich jedoch auf den früheren Teil.

Dass die Nordchinesische Ebene zum fokalen Punkt wurde, hat sicher mit Ressourcen zu tun, aber wir dürfen darüber nicht einen möglichen anderen Grund vernachlässigen: Verglichen mit anderen, an Ressourcen ebenso reichen Gebieten, war die Zentralebene relativ leicht angreif- und einnehmbar und der Krieg mit relativ geringen Kosten verbunden. Dieser unspektakuläre Grund klingt auf den ersten Blick banal, aber er war wahrscheinlich ebenfalls ein Grund, der den Eifer unterstützte. Elemente wie wirtschaftliche Bedingungen, Verkehrsverhältnisse und Kosten eines Krieges helfen zu verstehen, warum es zufällig zum Wettstreit um den Thron der Zentralebene kam, aber sie erklären noch immer nicht, warum er notwendigerweise dort stattfinden musste. Erklärungsbedürftig ist nicht der zufällige Ausbruch eines Kampfes um den Thron der Zentralebene, sondern die Kontinuität und Konsistenz des Spiels der »Jagd auf den Hirschen« der Zentralebene. Um genau zu sein, wir müssen erklären, warum dieses Spiel die Form eines Mahlstroms annahm. Welcher Faktor hielt die Zentripetalkraft des Mahlstroms aufrecht? Erst die Form des Mahlstroms nahm der »Jagd auf den Hirschen« die Zufälligkeit und gab ihr den Charakter eines zwangsläufigen Wettbewerbs.

Bevor die Menschheit alle Arten von Technologien entwickelte, um »die Natur zu unterwerfen«, war die Welt eine unkontrollierbare und unvorhersehbare Existenz. Das Mittel, das der Menschheit Einblick in die Geheimnisse des Daseins gab, war die »Magie«. Die Orakelsprüche waren die früheste Form der Magie, die später entstandene Schrift war der Gipfel der Zauberei, der alle Magie verblassen ließ. Die Schrift bewahrte die gesamte Schöpfung in einer vom Menschen beherrschbaren Form, sie bewahrte die Vergangenheit, projektierte die Zukunft und verwandelte das Naturphänomen der Zeit in menschliche Historizität. Die Schrift schuf daher eine idealistische Welt, und diese idealistische Welt erzählte nach Art eines »Games« die objektive Existenz der materialistischen Welt. Das war der Gipfel der Magie. Die Schrift verlieh dem Menschen überirdische Kräfte, daher wurde CANG Jie (倉 頡),[73] der Schöpfer der Schriftzeichen, zu einem übernatürlichen Wesen. In einer Zeit, da die Menschheit nicht in der Lage war, auf materialistische Weise von der Welt Besitz zu ergreifen, ergriff sie auf idealistische Weise von ihr Besitz und schuf bzw. erdachte sich eine spirituelle Welt, die in der Lage war, die Schöpfung zu erklären. Von da an trat das Leben aus seiner Gebundenheit an eine bestimmte Zeit und einen bestimmten Ort und bewegte sich »idealistisch« in den Dimensionen der gesamten Welt und aller Zeiten. Magie bedeutet Macht, daher mussten unsere Vorfahren um die Macht über die Magie kämpfen. Die in der fernen Vorzeit der Zentralebene durchgeführte »Unterbrechung des Kontakts der Erde zum Himmel« diente dem Kampf um den Besitz der Magie, die »Weisen Herrscher« nahmen die Macht der Magie aus den Händen des einfachen Volkes und gaben sie dem Staat zurück, was bedeutete, dass nur der Herrscher in der Lage war, von der Welt Besitz zu ergreifen. Anders als die Magie kann die Schrift als Gipfel der Magie ihrem Wesen nach von allen geteilt und von keiner Macht monopolisiert werden. Daher wurde der Kampf um die Teilhabe an der durch die Magie der Schrift eröffneten spirituellen Welt zu einem universalen Akt des Überlebens.

Da die Schrift zuerst in der Zentralebene erfunden wurde und sich daraus die von den chinesischen Schriftzeichen getragene spirituelle Welt entwickelte, bekam der früheste Vogel den Wurm. D. h., diese spirituelle Welt besaß nicht nur die Deutungsmacht über die Welt, sondern ergriff zugleich Besitz von China als historischer Existenz. Daraus entstand eine spirituelle Abhängigkeitslinie: Die Teilhabe an der spirituellen Welt bedeutete Teilhabe an Geschichte. Die gemeinsame Teilhabe an dieser spirituellen Welt mit immer mehr Menschen schuf die Möglichkeit einer erweiterten politischen Ausstrahlung und damit der Teilhabe an den Daseinsvorteilen einer noch größeren möglichen Welt. So gesehen, war die von den chinesischen Schriftzeichen getragene geistige Welt die besondere Ressource der Zentralebene und dieser immaterielle Besitz war bemerkenswerter und wichtiger als die zentrale Lage und die materiellen Ressourcen. Der Mahlstrom-Charakter der »Jagd auf den Hirschen« der Zentralebene ist Ergebnis des Zusammenwirkens vieler Ursachen, aber die entscheidende Triebkraft war mit höchster Wahrscheinlichkeit der Griff nach der spirituellen Welt der Zentralebene und dem Recht auf Teilhabe an ihren Traditionen. D. h. der Griff nach ihrer Fähigkeit zur Produktion von Wissen und der Deutungsmacht über die Geschichte.

Das ist natürlich lediglich eine auf rationalen politischen Gründen beruhende Schlussfolgerung. Setzen wir voraus, dass sie begründet ist, dann ist die folgende Geschichte im Großen und Ganzen eine logische Konsequenz. Das historisch erfolgreichste Beispiel der Inbesitznahme der Welt der Zentralebene ist die Gruppe von Politikern der Westlichen Zhou unter der Führung des Herzogs von ZHOU. Die Zhou siedelten im Nordwesten nahe der Volksgruppe der Westlichen Rong. Nachdem die Zhou-Dynastie die Nordchinesische Ebene von den Yin-Shang übernommen hatte, definierte die politische Gruppe um den Herzog von ZHOU mit Hilfe des Konzepts der »Tugend« die Begründung für den rechtmäßigen Besitz des Mandats des Himmels neu und revidierte den Anspruch der Yin-Shang auf exklusiven Besitz des Himmlischen Mandats mittels der Tradition der Einheit von himmlischem Herrscher und vergöttlichten Ahnen. Sie uminterpretierte das Konzept des Himmlischen Mandats in das nur von der Tugend geleitete, uneigennützige Dao des Himmels. »Tugend« muss sich durch »Handeln« beweisen und das Handeln konstituiert die historische Bedeutung. Daraus lässt sich schließen, dass die Zhou die Historizität der geistigen Welt der Zentralebene begründeten. Mit dieser neuen Betrachtungsweise knüpfte die Zhou-Dynastie erfolgreich an die Traditionen der Xia und der Shang an und nahm rechtmäßig die spirituelle Welt der Zentralebene und das Recht auf die Interpretation der Geschichte in Besitz. Darüber hinaus schuf sie das Konzept des Tianxia und erweiterte damit die geistige Welt der Zentralebene auf ein räumliches Maximum. Man kann es so formulieren: Die Ideen des Herzogs von ZHOU bedeuteten in Hinblick auf die Vorstellungen von Raum und Zeit eine politisch-theologische Revolution: Die Zeit wandelte sich in Geschichte und die Welt ins Tianxia. Damit eröffneten sie für Chinas Existenz-Modus eine äußerst aufnahmefähige Historizität und Globalität: Sie entspricht der Grenzenlosigkeit des Himmels und besitzt kontinuierliche Historizität; sie entspricht der Weite des Erdballs und besitzt Globalität ohne Außengrenzen. Die Aufnahmefähigkeit dieser geistigen Welt war nahezu unbegrenzt, das erklärt womöglich Chinas kulturelle Frühreife und zugleich die Gründe für die in der Folgezeit ungebrochene historische Kontinuität.

Der Verfall der Zhou-Dynastie gab den großen Mächten erneut Gelegenheit zur »Jagd auf den Hirschen«. Die folgenden Jahrhunderte der Frühlings- und Herbstannalen und der »Streitenden Reiche« legten das Fundament für den Mahlstrom-Charakter des Kampfes um den Thron der Zentralebene und formten dessen stabile Zentripetalkraft. Die folgenden Dynastien verstärkten den Mahlstrom-Effekt ständig. Er spielte sich durchaus nicht immer in der Zentralebene ab, aber gleichgültig, wie weit er sich vom Kerngebiet entfernte, das Spiel der »Jagd auf den Hirschen« verließ nie die geistige Welt der Zentralebene und bewahrte stets den Mahlstrom-Charakter. Als die Kräfte der Mongolischen Hochebene allmählich die mächtigsten Konkurrenten im Kampf um die Herrschaft über die Zentralebene wurden und mit den dortigen Mächten gleichzogen bzw. sogar stärker als sie wurden, verlagerte sich das Zentrum des Mahlstroms von der Zentralebene ins Youyan-Gebiet (幽燕),[74] und entsprechend wurde die Hauptstadt der chinesischen Dynastien von Xian und Luoyang nach Peking verlegt. Nach Ansicht von ZHOU Zhenhe (周振鹤) belegen die Begründungen für die Hauptstadt-Gründungen der Jin- und der Yuan-Dynastie bereits explizit eine neue Auffassung von der Mitte des Tianxia. Die von der Jin-Dynastie im (heutigen) Peking gegründete Hauptstadt wird als »Hauptstadt der Mitte« bezeichnet, damit werden zum ersten Mal die Gründe dafür genannt, warum Peking zum Zentrum Chinas wurde: »Nur Yanjing ist Zentrum des Tianxia.« Für die Hauptstadtgründung der Yuan-Dynastie findet man die gleiche Begründung: »Der Himmelssohn muss im Zentrum residieren«, und: »Das kann nur Yan sein.«[75] Seit der Song-Dynastie hatte sich das ökonomische Zentrum Chinas ins Gebiet südlich des Jangtse verlagert. Das beweist, dass das Zentrum des Mahlstroms im politischen Wettstreit nicht unbedingt mit dem wirtschaftlichen Zentrum identisch sein musste.

Erfolg oder Misserfolg im Spiel der »Jagd auf den Hirschen« stehen in offensichtlichem Zusammenhang mit den ökonomischen Erwägungen der Angreifer oder Verteidiger. Im Bereich wirtschaftlicher oder militärischer Kapazitäten mussten die Kontrahenten auf beiden Seiten die Maximal-Kosten gegen den Maximal-Nutzen abwägen, um zu entscheiden, ob man sich ins militärische Risiko begab. Angriff und Verteidigung entwickelten sich nur in dem Maße, wie die Verfügbarkeit über Ressourcen es zuließ. Das mag erklären, warum die Dynastien der Zentralebene selbst zu Zeiten, als ihre Kräfte denen der nomadischen Völkerschaften der Mongolischen Hochebene eindeutig überlegen waren, durchaus nicht die Absicht hegten, die Grassteppe zu erobern, sondern sich damit begnügten, die dortigen Völkerschaften abzuschrecken. Auf der anderen Seite erklärt es auch, warum die Völkerschaften der mongolischen Hochebene unweigerlich in den Süden zogen, um dort ihre eigenen Dynastien zu errichten, sobald sie stärker waren als die Zentralebene. Dort lagen nun einmal die besten Ressourcen. Im *Diskurs über Salz und Eisen* (盐铁论) ist eine in der Han-Zeit geführte Debatte über die Frage aufgezeichnet, ob es erforderlich sei, mit Waffengewalt die Hunnen niederzuringen. Die führende gemäßigte Partei spricht offen aus, warum es für das Herrscherhaus der Zentralebene nicht opportun sei, die Nomadenstämme militärisch zu unterwerfen: »Das Gebiet der Xiongnu (Hunnen) ist weit und ausgedehnt, und die Hufe ihrer Reiterei sind leichtfüßig und schnell. Ihre Kräfte können leicht Unruhe stiften. [...] Entsenden wir ein zu geringes Kontingent, dann werden wir nichts ausrichten. Entsenden wir ein großes Aufgebot, dann wird das Volk unter der Last des Militärdienstes leiden. Übergroße Inanspruchnahme der Dienste in der Armee lassen die Kräfte versiegen, zu viele militärische Einsätze erschöpfen die öffentlichen Mittel.«[76] Im Übrigen würde man mit militärischen Mitteln die Hunnen nicht treffen: »Die Xiongnu ziehen als Nomaden in endlosen und schwer zugänglichen Sumpfgebieten umher, deren Grenzen in allen vier Himmelsrichtungen unerreichbar sind. Selbst mit leichten Streitwägen und schnellen Pferden sind sie nicht zu fassen.«[77] Deshalb sei es sinnvoller, sich im Kampf mit den Nomaden auf Selbstverteidigung und Gegenangriffe zu beschränken: »(Früher) strebte man nicht danach, (fremdes) Territorium zu erobern, sondern danach, die Nöte der Bevölkerung zu lindern.«[78] Im Gegensatz dazu waren für die Völkerschaften der Mongolischen Hochebene die Kosten eines Angriffs auf die Zentralebene und deren Eroberung erheblich geringer und der Nutzen gewaltig. Sobald man die Zentralebene kontrollierte, verfügte man nicht nur über ausreichende wirtschaftliche Garantien, sondern gewann riesige geistige und politische Ressourcen. Die Forschungen LI Hongbins (李鸿宾) zeigen, dass bei den Völkerschaften des Nordostens, wo die Kontakte zur Zentralebene eng und die gegenseitige Kenntnis entwickelt waren, das Interesse an der »Jagd auf den Hirschen« am größten war und sie die besten Voraussetzungen hatten, sich der Zentralebene zu bemeistern.[79] Das entspricht den Tatsachen. Die meisten nördlichen Volksgruppen, die über die Nordchinesische Ebene herrschten, die Mongolen ausgenommen, stammten aus dem Nordosten (die Xianbei, die Khitan, die Jurchen, die Mandschuren usw.).

Aufstieg und Fall der jeweiligen Kräfte im Spiel der »Jagd auf den Hirschen« führten zum spezifisch chinesischen Problem der »Spaltung und Einheit«. Das Phänomen findet sich auch in der europäischen Geschichte. Zur Einheit führte dort unter anderem die Bildung von Imperien, die Hauptursache für Spaltung bildeten die

Nationalitäten und die religiösen Fraktionen. Der Drang Europas nach Spaltung übertraf den Wunsch nach Einheit, einer der Gründe dafür ist, dass die Zentripetalkräfte der Nation und der religiösen Ideen die Einigungskraft von Imperien überwogen. Das alte China kannte keinen Monotheismus, daher fehlte den unterschiedlichen Glaubensrichtungen das Verlangen, die anderen zu dominieren, und ermöglichte es ihnen, sich gegenseitig zu tolerieren. Es gab auch weder Nationalismus noch Rassismus, die geistige Wirkmächtigkeit kultureller Differenzen und Missverständnisse war geringer als der Glaube an »eine Sippe unter dem Himmel«, ein tolerantes Nebeneinander war daher leicht zu akzeptieren. Doch sind geistige Gründe nur notwendige, aber nicht hinreichende Voraussetzungen für Einheit, sie bedarf letztendlich auch praktischer Handlungen, die geeignet sind, »Einheit« voranzutreiben. Die Zentripetalkraft des Mahlstroms der »Jagd auf den Hirschen« bildete nun genau das dynamische Element, das zur »Einheit« führte.

Rechnet man seit der Qin-Dynastie, überwogen die Zeiten der Spaltung die der Einheit, sei es die Spaltung in Nord und Süd, sei es die Spaltung in verschiedene Teilreiche. Auch die Zeiten der Abspaltung großer Teile des chinesischen Staatsgebietes durch Völkerschaften aus dem Norden (die Hunnen, die Tuoba [Xianbei], die Gök-Türken [Tujue], die Khitan, die Jurchen, die Mongolen und die Mandschuren) übertreffen historisch die Zeiten der Einheit. Die Zeiten, wo Völkerschaften aus dem Norden ganz China beherrschten, betragen ebenfalls mehr als dreihundert Jahre (Yuan-plus Qing-Dynastie). Hinzu kommen die langjährigen Abspaltungen durch südliche Völkerschaften. Die Form des Mahlstroms machte es für die Unterlegenen im Wettstreit schwierig, sich unbeschadet zurückzuziehen. Die Weigerung, sich als Folge der Niederlage zu »vereinigen«, hätte zu einem völligen Verschwinden von der Bildfläche, zum Verlust des materiellen Besitzes und sogar der ursprünglichen Heimat geführt und sie genötigt, sich in abgelegene Gebiete zu verkriechen. Die mahlstromförmige Existenz Chinas sog ständig neue Völkerschaften in sich auf und schuf zwangsläufig eine Situation der Koexistenz verschiedener Ethnien und Kulturen. Die multiethnische und multikulturelle Koexistenz oder, mit anderen Worten, die Art, wie die Einheit Spaltungen in sich einschloss, wurde zum Problem jeder Dynastie. Die Tatsache des Miteinanders der zahlreichen Ethnien führte dazu, dass China seit jeher ein

Mischsystem praktizierte, ein Staat mit zwei oder mehreren Systemen. War die Zhou-Dynastie der Erfinder dieses Modells? Das Tianxia-System der Zhou-Dynastie war zwar hochgradig inklusiv, jedes Volk konnte entsprechend seiner Gewohnheiten leben, aber das Tianxia-System war keine einheitsstaatliche, sondern eine weltumfassende Ordnung, kein Staat mit unterschiedlichen Systemen, sondern ein multikulturelles System. Erst die System-Reformen der Qin-Dynastie machten aus China einen Staat, aber das Kompatibilitätsgen des Tianxia bewirkte, dass China durch seine Geschichte hindurch im Großen und Ganzen am politischen Erbe des Zhou-zeitlichen Prinzips festhielt, »keine Änderung der Sitten und Gebräuche zu fordern«.[80] In der Realität gab es durchaus Änderungen in den Sitten und Gebräuchen durch ununterbrochene Assimilierung durch wechselseitige Beeinflussung.

Als die Han-Dynastie mit den Hunnen in den Mahlstrom des Wettkampfes eintrat und sich in der Folge nach Westen ausdehnte, sah sie sich erstmals mit dem Problem der Regelung des Zusammenlebens einer großen Anzahl unterschiedlicher Ethnien konfrontiert. In Übernahme des Qin-Systems hatte sie das Zhou-zeitliche »Kompatibilitäts«-System durch ein »Einheits«-System ersetzt. Dieses Einheits-System war jedoch nur in der Lage, die Probleme der »homogenen« unmittelbar regierten Gebiete zu lösen, nicht aber die Probleme einer Gemeinschaft von unterschiedlichen Ethnien. Die Han-Dynastie versuchte, die Hunnen, die an militärischer Stärke der Han-Dynastie ebenbürtig oder nur unwesentlich unterlegen und schwer zu pazifizieren waren, durch Heiratspolitik ins Konzept der Tributbeziehung einzubinden. Aber die Hunnen verstanden sich als Konkurrenten und keineswegs als Bündnispartner, die Tributbeziehung bestand daher nur dem Namen nach. Die neuen Erfahrungen, mit denen die Politik der Han-Dynastie konfrontiert war, resultierten aus der Ausweitung ihres Herrschaftsgebiets nach Westen. Die zahlreichen, aber kleinen Ethnien dieser Gebiete hatten kein Einheitsbewusstsein, es gab Konflikte unter ihnen, wie auch Auseinandersetzungen mit den Hunnen, zudem wohnten sie entlang der Seidenstraße und profitierten ebenso wie die Han-Dynastie vom Handel. Ihnen war daher an der Zusammenarbeit mit der und an dem Schutz durch die Han-Dynastie gelegen. »In den westlichen Regionen sehnten sich alle nach der Autorität und Tugend der Han und wollten (ihnen) mit Freuden angehören.«[81] Die Ausdehnung ihrer Herrschaft konfrontierte die Han-Dynastie mit dem Problem kultureller Verschiedenheit. Das System direkter Administration in Form der »Präfekturen« und »Distrikte« war unpassend für die verbündeten Völkerschaften im Westen, die Han-Dynastie erfand daher das System einer erweiterten Ordnung, die als »Protektorat« (都护)[82] bezeichnet wurde. Sie errichtete dort »Protektoratssitze« (都护府),[83] analog den Präfekturen, die aber keine Präfekturen waren. Sie waren nicht mit Verwaltungs-, sondern nur mit Militärpersonal besetzt, was bedeutete, dass es sich um militärische Wachtposten und nicht um zivile Verwaltungsstellen handelte. Ihre wesentliche Funktion bestand in militärischer Kontrolle, an die Soldaten wurde bebaubares Land verteilt, sie sollten die West-Gebiete, bestehend aus bis zu 50 Kleinstaaten,[84] beschützen. Das Fehlen ziviladministrativer Funktionen bedeutete, dass man sich nicht in die Selbstverwaltungssysteme der einheimischen Völkerschaften einmischte, es ging nur darum, die Kooperationsbeziehung zwischen den Westgebieten und der dynastischen Zentralmacht zu sichern. Das System der Protektoratssitze war vermutlich die früheste Form der staatlichen Ordnung Chinas in Form von »einem Staat – mehreren Systemen«. Das dabei praktizierte »Jimi«-Prinzip (羁縻)[85] bildete die Grundlage späterer analoger Herrschaftsformen in der Sui- und der Tang-Dynastie.

Als in der Epoche der 16 Reiche (304-439 n. Chr.) die nördlichen Nomadenvölker in die Zentralebene eindrangen und dort zahlreiche getrennte Herrschaften gründeten, regierten sie über eine Bevölkerungsmehrheit von Han-Chinesen und praktizierten deshalb ein System der »Trennung von Han-Chinesen und Nordvölkern«. Als Erster schuf der Hunne LIU Yuan (刘渊, ?-310 n. Chr.) in seinem Han-Staat ein ethnisch getrenntes Verwaltungssystem, er war gemeinsamer Herrscher über beide Völkerschaften, darunter entstanden zwei Verwaltungsstränge, die jeweils für die Hunnen und die Han-Chinesen zuständig waren. In diesem System übernahmen die Hunnen militärische und die Han-Chinesen landwirtschaftliche Aufgaben, die hunnischen Beamten waren für die militärische, die Han-chinesischen für die zivile Administration zuständig. Das System der Trennung von Hunnen und Han-Chinesen war daher zugleich ein System der Trennung von militärischer und ziviler Verwaltung.[86] Damit wurde der Staat in einen militärischen und einen zivilen Bereich geteilt, politisch gesehen handelte es sich dabei, trotz der zwei Systeme, nicht um »einen Staat – zwei Systeme«, es ähnelt mehr einem System gesellschaftlicher Separierung. Das »Jimi«-System der Tang-Dynastie dagegen besaß tatsächlich politischen Charakter. Das Territorium des Tang-Reiches war groß, es umfasste zahlreiche Ethnien, die Jimi-Distrikte dienten als Verwaltungseinheiten der Gebiete außerhalb der Nordchinesischen Ebene, doch die interne Verwaltung dieser Gebiete folgte nach wie vor den lokalen Gebräuchen, sie verwalteten sich weitgehend selbst. Das Ausmaß der Selbstverwaltung variierte von Jimi-Distrikt zu Jimi-Distrikt. Im Extremfall bewahrte es vollständig das traditionelle System der jeweiligen Ethnie, von den Leitungsbeamten bis zu den Beamten der nachgeordneten Ebenen rekrutierte sich das gesamte Personal aus der lokalen Ethnie. Auf der nächsten Stufe der Selbstverwaltung entsandte die Zentrale die Aufsichtsbeamten, auf der unteren Stufe verwalteten entsandte und lokale Beamte den Distrikt gemeinsam.[87] Das »Tusi«-System (土司) späterer Dynastien kann man als ein aus dem Jimi-System abgeleitetes Modell interpretieren. Die Liao-Dynastie praktizierte eine getrennte Verwaltung von Han und Tubo, die Staatsräte im Norden des Reiches verwalteten die Khitan-Bevökerung, die im Süden die Han, jeweils nach deren tradierten Gesetzen.[88] Die getrennte Verwaltung bedeutete keine ethnische Segregation nach dem Muster der Trennung von Hunnen und Han, sondern lediglich eine Verwaltungspraxis entsprechend der jeweiligen Gebräuche. In der Leitungshierarchie der Liao-Dynastie arbeiteten zahlreiche Han als Premierminister, Staatsräte, Feldmarschälle, Minister, Gouverneure, Generäle etc., wie z. B. HAN Derang, der es als Spitzenbeamter zum Premierminister und Generalstaatsrat der Nördlichen und Südlichen Staatsräte brachte und zum Lehnfürsten des Staates Jin ernannt wurde.[89] Das System der Yuan-Dynastie war besonders kompliziert, es beruhte im Wesentlichen auf dem mongolischen System, machte einige Anleihen bei der Han-Gesetzgebung und praktizierte mehrere Systeme nebeneinander. Das legale System z. B. war eine Kombination von mongolischen, Han- und Hui-Gesetzen.[90] Das Territorium der Yuan-Dynastie war riesig, die Mongolen-Herrschaft war mit der Situation der meisten Gebiete nicht vertraut, und sie ging unter, noch bevor sie ein stabiles, ausgereiftes System entwickeln konnte. Im Großen und Ganzen bewahrte die Militärherrschaft der Yuan-Dynastie die traditionellen Gepflogenheiten der jeweiligen Gebiete. Die Ming-Dynastie knüpfte mehr oder weniger an das Tang-zeitliche Modell des einen Staates mit mehreren Systemen an. In den Grenzgebieten wurden die Systeme der jeweiligen Völkerschaften aufrechterhalten. Das unter der Yuan-Dynastie für die Süd-Völker erfundene Tusi-Selbstverwaltungssystem wurde unter der Ming-Dynastie zur Reife entwickelt. Die Qing-Dynastie übernahm das ausgereifte System der Ming-Dynastie. Sie praktizierte in den Gebieten der Nordchinesischen Ebene ein hochgradig hanisiertes Verwaltungssystem und verbesserte in den Grenzgebieten das Mischsystem aus Selbstverwaltung und Verwaltung durch zentral entsandte Beamte. Kurz und gut, Chinas politische Ordnung bestand immer aus mehreren Systemen, in der vor-Qin-zeitlichen Tianxia-Periode war es ein multikulturelles System, in der Nach-Han-Zeit war es das System des einen Staates mit mehreren Systemen.

Der Mahlstrom der »Jagd auf den Hirschen« formte China zu einem hybriden Gebilde vieler Kulturen und Ethnien. Assimilierung durch wechselseitige kulturelle Beeinflussung ist dabei die eine Seite, die Verschmelzung der zahlreichen Ethnien ein anderes Problem. Bei aller wechselseitigen Assimilation bzw. Verschmelzung spielten die sogenannten »Han-Chinesen« bzw. die »Han-Kultur« letztlich die tragende Rolle, weshalb häufig die Meinung geäußert wird, es handele sich in Wahrheit um eine »Hanisierung«. In dieser Frage herrscht viel Verwirrung. Nicht nur ist der Begriff der »Han« selbst äußerst komplex, er wird zudem häufig mit dem Begriff »China« in einen Topf geworfen. Die »Han-Ethnie« ist ein moderner, nachträglich eingeführter Abgrenzungbegriff. Das Problem besteht darin, dass China niemals ein Nationalstaat gewesen ist, sondern eine elastische, ständig wachsende Existenz, deren Ausdehnungsgrad durch das Ausmaß der »Jagd auf den Hirschen« bestimmt wurde. Alle Gebiete und Völkerschaften, die ins Mahlstrom-Spiel hineingezogen wurden, zählen zu den Schöpfern Chinas. Der »Gelbe Kaiser« und der Kaiser Yan, wie auch die Ursprünge der Shang-Dynastie, gehörten zum Volk der Westlichen Rong bzw. zu den »Östlichen Barbaren«. Die Zhou-Dynastie entstammte einer Mischung aus Westlichen Rong und Xia, die dynastischen Familien der Sui- und der Tang-Dynastien stammen blutsmäßig mehrheitlich von Gök-Türken ab, man könnte zudem die Herrscherhäuser der Yuan- und der Qing-Dynastien anführen.

Die Ethnien der alten Nordchinesischen Ebene (Xia, Shang, Zhou) mischten sich ununterbrochen mit den ständig dort eindringenden Völkern aus den Grenzgebieten (Hunnen, Gök-Türken, Tuoba, Qiang, Tibeter, Khitan, Jurchen, Mongolen, Mandschuren, Miao) und verschmolzen zu neuen Bewohnern der Zentralebene. Die Mischung dieser zahlreichen Volksgruppen ergab, was in der Moderne als Han-Volk bezeichnet wurde. Genauer gesagt, es gab in der Frühzeit Chinas keine Trennung zwischen Han-Ethnie und Nicht-Han-Ethnien. In den Xia-, Shang- und Zhou-Epochen siedelten einige der später westlichen und nordwestlichen Völkerschaften ursprünglich inmitten der Zentralebene. Nach WANG Tongling[91] waren noch bis in die Zeit der Frühlings- und Herbstannalen viele Vasallenstaaten der Zentralebene von den später im Norden bzw. Nordwesten lebenden Volksgruppen bewohnt, verteilt auf die heutigen Provinzen Shaanxi, Shanxi, Ningxia, Hebei, Shandong und Henan. Erst als Verlierer der »Jagd auf den Hirschen« zogen sie sich in die Wüsten nördlich der mongolischen Hochebene zurück. Das mächtige Zhongshan-Reich des Di-Volkes (im Mittelteil der heutigen Provinz Hebei) wurde erst Mitte der Epoche der »Streitenden Reiche« vom Chu-Reich angegriffen und vernichtet. Zu Beginn der Han-Dynastie erstarkten die Völker der Wüste nördlich der mongolischen Hochebene und beteiligten sich erneut an der »Jagd auf den Hirschen«. Später stieß das tibetische Volk der Tubo dazu, während die in Qinghai und Gansu beheimateten Tibeter sich schon früher an der »Jagd auf den Hirschen« beteiligt und mehrfach ein Stück der Zentralebene für sich abgespalten hatten. Im Jahr 763 unternahmen die Tubo einen Schrecken verbreitenden Angriff auf die die Hauptstadt Changan und eroberten sie.

Der Mahlstrom der »Jagd auf den Hirschen« macht deutlich, dass der Begriff »China« weit mehr umfasst als »Han«. Jedes von einer bestimmten Wertvorstellung ausgehende Narrativ des Konzepts China führt in die Irre, allein die historische Tatsache der durch den Mahlstrom der »Jagd auf den Hirschen« angetriebenen dynamischen Struktur und Wachstumsweise liefert eine klare Definition. Die in den Geschichtsbüchern nachzulesenden »historischen Fakten« werden häufig im Interesse historischer Narrative konstruiert. Um die äußerst komplexe Yuan-Dynastie als Beispiel zu nehmen: Zwischen den Geschichtsnarrativen der Ming-Zeit, den offiziellen Narrativen der Yuan-Dynastie, den Überlieferungs-

narrativen der Mongolen und den Narrativen der Völker der West-
gebiete finden sich in Bezug auf das Verständnis des Charakters
der Yuan-Dynastie jeweils erhebliche Differenzen, es handelt sich
stets um auf Wertvorstellungen basierende Narrative. Hier werden
nur die nicht weiter reduzierbaren, kommensurablen Fakten (*the
commensurable facts*) verwendet, nämlich die, welche der oben an-
geführten Definition entsprechen, dass ausschließlich die Tatsache
des größtmöglichen politischen und wirtschaftlichen Nutzens zur
Erklärung herangezogen werden kann. So betrachtet, lag der ma-
ximale Nutzen für die Yuan-Dynastie, auch wenn sie im Interesse
der Mongolen handelte, in der Herrschaft über die Zentralebene.
Kublai Khans Entschluss, sich zum Kaiser Chinas zu machen, war
daher eine rationale Entscheidung. Auf diese Weise wird auch die
Auffassung des letzten Yuan-Kaisers Shun (顺帝, 1320-1370 n. Chr.)
verständlich, der sich auch nach der militärischen Niederlage und
dem Rückzug in die mongolische Hochebene weiter als Kaiser der
Yuan-Dynastie verstand, die in den Annalen als Nördliche Yuan-
Dynastie geführt wird. Erst die Aussichtslosigkeit eines Gegenan-
griffs führte zu ihrer Auflösung.

In der von WANG Tongling verfassten *Geschichte der Ethnien
Chinas* wird der wechselseitige Assimilationsprozess der zahlreichen
Völkerschaften Chinas in nahezu mustergültiger Detailgenauigkeit
und Materialfülle beschrieben. Nach seinen Archivforschungen
sind beginnend mit der Staatsgründung der Qin-Dynastie folgende Dynastien der chinesischen Geschichte von einer der zahlreichen (Nicht-Han)-Ethnien gegründet worden: Die Jin- (1115-1234
n. Chr.) und Qing-Dynastien (1644-1911) von den Mandschuren,
die Frühere (304-329 n. Chr.) und die Spätere Zhao-Dynastie
(319-352 n. Chr.), die Xia-Dynastie (2070-1600 v. Chr.), die Nördliche Liang-Dynastie (397-460 n. Chr.) und die Yuan-Dynastie
(1271-1368 n. Chr.) von mongolischen Volksgruppen, die Frühere
Yan-Dynastie (352-370 n. Chr.), die Spätere Yan-Dynastie (384-
407n. Chr.), die Westliche (384-394 n. Chr.) und die Südliche
Yan-Dynastie (398-410 n. Chr.), die Westliche Qin-Dynastie (385-
431 n. Chr.), die Südliche Liang-Dynastie (397-414 n. Chr.), die
Nördliche Wei-Dynastie (386-534 n. Chr.), die Nördliche Zhou-
Dynastie (557-581 n. Chr.), die Nördliche Qi-Dynastie (550-577
n. Chr.) und die Liao-Dynastie (916-1125 n. Chr.) von mongolisch-
mandschurischen Mischvölkern (Qianbei und Khitan), die Spätere

Tang-Dynastie (923-936 n. Chr.), die Spätere Jin-Dynastie (936-947 n. Chr.) und die Spätere Han-Dynastie (947-950 n. Chr.) von den Hui, die Frühere (350-394 n. Chr.) und die Spätere Qin-Dynastie (384-417 n. Chr.), die Spätere Liang-Dynastie (386-403 n. Chr.) und die Westliche Xia-Dynastie (1038-1227 n. Chr.) von Tibetern. Unter den als han-chinesisch geführten (Teil-)Staaten bestand die Bevölkerung des Staates Qi in Wirklichkeit aus Han-Chinesen und Östlichen Barbaren, die des Staates Qin aus Han-Chinesen und Westlichen Rong, die der Staaten Jin und Yan aus Han-Chinesen und den Nördlichen Di, Dalis Bevölkerung bestand aus einer Mischung aus Han-Chinesen und Miao. Auch bei den von Han geführten Einheits-Dynastien der Qin, Han, Jin, Sui, Tang, Song und Ming handelt es sich um Mischungen verschiedener Ethnien.[92]

Selbst wenn die verschiedenen Ethnien Chinas natürlicherweise ein egozentrisches Bewusstsein hatten, entscheidend ist, dass außenstehende Ethnien durchaus nicht als zu meidendes Tabu betrachtet wurden. Es gab kaum je unüberwindliche ethnische Schranken zwischen ihnen. Das höchste Interesse jeder Herrschaft gilt der politischen Macht. Der beste Prüfstein für nationalistisches Bewusstsein einer Dynastie ist die Frage, ob sie sich weigerte, andere Völkerschaften an der politischen Macht teilhaben zu lassen. WANG Tongling entdeckte, dass, gleichgültig welche Dynastie China regierte, alle Völkerschaften Zugang zur politischen Macht bzw. zur Herrschaftselite hatten. Die von ihm akribisch ausgewerteten Dokumente zeigen, das Führungsbeamte aller Dynastien aus zahlreichen unterschiedlichen Ethnien stammten. In den von Han regierten Dynastien gab es beispielsweise laut historischen Aufzeichnungen unter den hohen Beamten der Sui Dynastie 51 Nicht-Han, darunter Hunnen, Xianbei und andere. In der Tang-Dynastie gab es 122 hohe Beamte, darunter Xianbei, Tujue, Gaoli, Toba, Khitan, Uighuren, Japaner und Inder (unter ihnen berühmte Generäle und Zivilbeamte, WEICHI Jinde [尉迟敬德, 585-658 n. Chr.] war Koreaner, GE Shuhan [哥舒翰, ?-757 n. Chr.] war Tujue, GAO Shanzhi [高仙芝, ?-756 n. Chr.] war Gaoli, YUAN Zhen [元稹, 779-831 n. Chr.] Koreaner, LI Keyong [李克用, 856-908 n. Chr.] Shatuo). In der Song-Dynastie waren es 34 Personen, darunter Xianbei, Hunnen, Tujue, Dangxiang und Araber. (Der berühmte General HU Yanzan [呼延赞, ?-1000 n. Chr.] war Hunne). In der Ming-Dynastie waren es 174 Personen, darunter Mongolen, Jurchen, Huigu. Unter den von Nicht-Han regierten Dynastien gab es laut den historischen Aufzeichnungen in der Liao-Dynastie 68 hohe Han-Beamte (darunter die in die höchsten Ränge aufgestiegenen HAN Derang [韩德让 941-1011 n. Chr.] und ZHAO Yanshou [赵延寿, ?-948 n. Chr.]), in der Jin Dynastie erreichte die Anzahl 277 Beamte. In der Yuan-Dynastie wurden 37 Han-Beamten mongolische Ehrennamen verliehen (darunter den berühmten Generälen SHI Tianze [史天泽, 1202-1275 n. Chr.], ZHANG Rou [张柔, 1190-1268 n. Chr.] und ZHANG Hongfan [张弘范, 1238-1280 n. Chr.].[93] In der Qing-Dynastie schließlich überwog die Anzahl der Han-Beamten die der mandschurischen in einem Umfang, der statistische Erhebungen schwierig macht, darunter zahlreiche berühmte Generäle und einflussreiche Beamte. Ein weiteres wichtiges Kriterium sind Mischehen, die zwischen den Ethnien Chinas seit jeher sehr verbreitet und kein Tabu waren (darunter Ehen zwischen Mitgliedern des Herrscherhauses und Angehörigen anderer Ethnien). Nur unter den Song und Yuan gab es Vorbehalte, am extremsten unter den Song, Ehen zwischen Mitgliedern der Herrscherfamilie und Angehörigen anderer Ethnien waren untersagt. In der Yuan-Dynastie waren Ehen zwischen Angehörigen der Herrscherfamilie und Han selten, nur neun Han-Frauen wurden als Konkubinen in den Palast aufgenommen, Prinzessinnen war die Ehe mit Han untersagt.[94]

Auch die sogenannte Han-Kultur ist das Resultat der Mischung zahlreicher Kulturen. Eine Beschreibung der spezifischen Merkmale der Han-Kultur müsste vermutlich lauten: Sie ist eine von den Han-Schriftzeichen getragene offene Geisteswelt. Diese Geisteswelt befand sich in einem Prozess ständigen Wachstums und nahm im Lauf der Geschichte unzählige kulturelle Informationen auf. Im Prozess des wechselseitigen Austauschs mit zahlreichen Kulturen veränderten sich Systeme, Kleidung, Kunst, Musik, Nahrung, Werkzeuge, Phonetik, Sitten und Gebräuche, nur die Han-Schriftzeichen als Träger der Geisteswelt bewahrten ihre Stabilität und wurden zum grundlegenden Speicher-Gen der Han-Kultur.

Die extreme Stabilität der Han-Schriftzeichen hängt mit ihrem piktografischen Charakter zusammen. Einerseits bezeichnen die Han-Schriftzeichen die äußere Welt und konstituieren eine Objektwelt. Als Piktogramme bilden die Han-Schriftzeichen andererseits eine eigenständige Bilderwelt. Diese Besonderheit der Bildhaftigkeit gibt den Schriftzeichen eine einzigartige Bedeutung, die über die Funktion als bezeichnende Symbole (*signifier*) hinausreicht. Die phonetische Bedeutung der Sprache liegt im Bezeichneten (*the signified*) bzw. dem, worauf sich das Symbol bezieht (*referent*). D. h., die Bedeutung des phonetischen Zeichens liegt in seiner Funktion des Bezeichnens (*reference*), was bedeutet, dass das Symbol selbst keine eigene Bedeutung hat. Wenn das Symbol seine konventionelle Beziehung zum Bezeichneten (*referent*) verliert, wird es bedeutungslos. Die piktografischen Han-Schriftzeichen haben jedoch eine doppelte Bedeutung: Sie verweisen auf Bedeutung und machen Bedeutung sichtbar. GONGSUN Longs (公孙龙, ca. 320-250 v. Chr.) schwer verständlicher Satz, »Es gibt kein Ding, das sich nicht bezeichnen lässt, aber bezeichnen ist nicht bezeichnen«,[95] zielt möglicherweise genau auf die Besonderheit der Han-Schriftzeichen. Die Gegenstände, als die von den Han-Schriftzeichen bezeichneten Objekte, und deren eigene Bedeutung als Schriftzeichen, die nicht mit dem Bezeichnen identisch ist. Die Schriftzeichen als »Bezeichner« besitzen natürlich die Bezeichnungsfunktion von Symbolen, aber das Schriftzeichen als »Bezeichnendes« selbst ist Bild, d. h., es bildet etwas »auf Erden nicht Existentes«,[96] eine von der Objektwelt unabhängige Geisteswelt.

Die Piktogramme der Han-Schriftzeichen bilden nicht nur eine spirituelle Welt, sie sind auch ein spirituelles Subjekt mit eigener konstruktiver Funktion, sie besitzen zugleich die Funktionen des »cogitatum« wie die des »cogito«. Es handelt sich natürlich um ein anonymes, ein kulturelles Subjekt. Daher existieren im Denken der Chinesen immer zwei Subjekte, das individuelle seelische Subjekt und das allgemein verwendete Subjekt der Han-Schriftzeichen, und beide Subjekte blicken gleichzeitig auf die Welt: Zugleich mit der Seele »betrachtet« auch das Schriftzeichen die Welt. Ein typisches Beispiel sind klassische Gedichte: Sie bringen einerseits den Blick des Dichters auf die äußere Welt zum Ausdruck, andererseits sind sie eine vom Dichter zusammengefügte eigenständige Bilderwelt. Dadurch erzielt das Gedicht ein Ergebnis, in dem die Sichtweisen der natürlichen und der Bilderwelt koinzidieren. Die Piktogramme der Han-Schriftzeichen sind die »Form«, in der sich der Geist verkörpert, sie sind der Ort, wo »Metaphysisches« und »Physisches« verschmelzen, ihre Besonderheit besitzt daher Allgemeingültigkeit, sie gibt dem Vergangenen immerwährende

Präsenz. Dieser Bedeutungsreichtum besitzt zweifellos spirituelle Anziehungskraft.

Die Hanisierung Chinas steht zweifellos mit der spirituellen Anziehungskraft der Han-Kultur in Verbindung. Aber dass die Han-Kultur zum gemeinsam gewählten fokalen Punkt so vieler den »Hirschen jagender« Kräfte werden konnte, muss auch mit einer rationalen Entscheidung der Jäger zu tun haben. Unter einer rationalen Entscheidung verstehen wir in erster Linie das Streben nach maximaler Sicherheit und dann das Streben nach maximalen Ressourcen. Die aus all den Vermischungen hervorgegangene »Han-Population« bildete die große Mehrheit der Bewohner Chinas. Daher wurde die Aneignung der Han-Kultur zur vorherrschenden Strategie (*dominating strategy*) all der anderen Völkerschaften, die in der Lage waren, in die Zentralebene einzudringen und sie zu regieren (gleichgültig ob es sich um das Gesamt- oder ein Teilgebiet handelte). Die Aneignung bot nicht nur Vorteile für die Sicherheit und den ökonomischen Nutzen, sondern verhalf auch, dank der geistigen Deutungsmacht und intellektuellen Produktivkraft der Han-Kultur, zu größtmöglicher politischer Nachhaltigkeit. Die gewaltige Speicherkapazität und Fähigkeit zur Produktion von Information der von den Schriftzeichen getragenen Han-Kultur verlieh ihr auch die größte Fähigkeit, Information aufzunehmen und abzugeben. Damit bildete sie eine unverzichtbare Ressource für die Konstruktion politischer Theologien und historischer Narrative, für die Etablierung eines Systems und die Organisation der Gesellschaft. Vor dem Eindringen der westlichen Geisteswelt in die östliche Hälfte Asiens war die von den Han-Schriftzeichen getragene Geisteswelt für dieses Riesengebiet eine unvergleichliche spirituelle Ressource. Sie erst ließ die Han-Kultur zu einer von vielen übernommenen gemeinsamen Ressource werden.

China, als Austragungsort der »Jagd auf den Hirschen« zahlreicher Völkerschaften, erlebte ungezählte Siege und Niederlagen: Entscheidend war, dass sich Chinas Größe am Ausmaß des Mahlstroms des Spiels der »Jagd auf den Hirschen« bemaß. Gebiete, die sich am Spiel beteiligten, wurden chinesisches Inland, und Gebiete, die nicht daran teilnahmen, bildeten das Ausland. Innen und Außen sind in Bezug auf China leicht misszuverstehende Begriffe. Das Tianxia der Epoche vor der Qin-Dynastie war gemäß dem Prinzip des »ohne Außen« grenzenlos. Aber die von den regionalen Herrschern verwalteten Territorien hatten Grenzen, daher existierten für sie innen und außen. Für das Kronland des Herrscherhauses waren sämtliche Vasallenstaaten außen, das Gleiche galt für die Vasallenstaaten untereinander. Für die mit dem Herrscherhaus in familiärer Beziehung stehenden Lehnstaaten (诸夏) waren die sie umgebenden Bündnisvasallenstaaten außen, im Osten die Yi-Völker, im Norden die Di, im Westen die Rong und im Süden die südlichen Barbaren. Für die Gesamtheit der im Tianxia zusammengeschlossenen Vasallenstaaten waren die dem Tianxia noch nicht beigetretenen, weit entfernt zwischen den »vier Meeren« gelegenen Gebiete außen. Nach dem Ende des Tianxia-Systems wurde die gesamte Zentralebene von der Qin-Dynastie direkt verwaltet (analog der Direktverwaltung des Kronlandes der Zhou-Dynastie), und alle Gebiete, die noch nicht von ihr regiert wurden, bildeten ein Außen, das jedoch nicht identisch mit Ausland war. Nach dem Machtantritt der Qin- und der Han-Dynastien bestand das Tianxia, obwohl nicht mehr Herrschaftssystem, als intellektuelle Vision fort. Innen und Außen beziehen sich daher nicht auf das Innere und Äußere Chinas, sondern nur auf den Unterschied zwischen verwalteten und (noch) nicht verwalteten Gebieten, sie bezeichnen die jeweiligen Grenzen der politischen Macht, kein Innen und Außen im Sinne von Staatsgrenzen.

Hier muss notgedrungen auf die häufig missverstandene »Große Mauer« eingegangen werden. Bereits lange vor der Qin-Dynastie wurden in China diverse »Große Mauern« errichtet, Überreste davon existieren noch. In den Epochen der Frühlings- und Herbstannalen und der »Streitenden Reiche«, als die Vasallenstaaten um die Hegemonie stritten und es zu häufigen Annexionskriegen kam, begannen die Einzelstaaten zu ihrem Schutz »Große Mauern« zu errichten, d. h. militärische Befestigungen entsprechend den geografischen Gegebenheiten in den Frontgebieten der jeweiligen Staaten. Der Staat Qi machte den Anfang und errichtete im Süden eine mehr als 500 km lange »Große Mauer«. Dabei diente der südwestliche Abschnitt der Verteidigung gegen den Staat Jin, die südlichen und südöstlichen Abschnitte zur Abwehr gegen die Staaten Chu und Yue.[97] Qi hatte mit Chu und Yue zwar keine direkten Grenzen, es lagen einige kleinere Staaten dazwischen, aber die Großstaaten Chu und Yue führten häufig Angriffskriege unter Missachtung von Grenzen. Im Anschluss bauten nacheinander die Staaten Chu,

Lu, Wei, Qin, Yan, Zhao und Zhongshan ebenfalls jeweils »Große Mauern«. Sie dienten mehrheitlich zur Verteidigung oder als Angriffsbasis gegen andere Vasallenstaaten der Zentralebene, nur ein Teil davon richtete sich gegen die Nomadenvölker im Norden. Die »Große Mauer« im Staat Qi diente zum Beispiel ausschließlich der Verteidigung gegen andere Vasallenstaaten der Zentralebene. Yan und Chu hatten jeweils »Große Mauern« im Süden und im Norden, die nördlichen dienten zur Abwehr der Nomadenvölker, die südlichen zur Verteidigung gegen andere Vasallenstaaten. Die »Große Mauer« des Staates Zhongshan (der nomadischen Weißen Di) lag im Westen und war gegen den Staat Zhao gerichtet.[98] Die »Große Mauer« des Chu-Staates dagegen lag im Norden und diente zur Verteidigung bzw. als Angriffsbasis gegen die Zentralebene usw. Offensichtlich richtete sich der Bau der »Großen Mauern« nach der Richtung, wo sich die Konkurrenten befanden. Die »Große Mauer« der Qin-Dynastie diente dagegen in der Tat der Abwehr der Nomadenvölker der mongolischen Hochebene, weil sie nach der Reichseinigung die einzigen Konkurrenten der Qin waren. Die westlichen Regionen hatten noch nicht ins Spiel der »Jagd auf den Hirschen« eingegriffen. Der Bau der zahlreichen, von den späteren Dynastien errichteten »Großen Mauern« zeigt ebenfalls, dass sich deren Bedeutung daran maß, wer als Konkurrent auftrat. Die von der Wei-Dynastie in der Inneren Mongolei errichtete »Große Mauer« diente beispielsweise der Abwehr der ebenfalls nomadischen Rouran,[99] die »Große Mauer« von Gaojuli (高句丽)[100] dagegen zur Verteidigung gegen die Angriffe der Tang-Dynastie aus der Zentralebene.[101] Die Liao-Dynastie errichtete eine endlos lange »Große Mauer«, die sich von den heutigen Provinzen Heilongjiang über Liaoning bis in die Innere Mongolei hinzog, wobei bemerkenswert ist, dass sich die Gebiete außerhalb der Mauer (sie reichten von einem Teil des späteren Russland und dem gesamten Nordosten bis zu einem Teil Westsibiriens) zum Herrschaftsgebiet der Liao gehörten und keineswegs Ausland waren. Die »Große Mauer« befand sich also vollständig innerhalb des Herrschaftsgebietes der Liao, praktisch mitten darin, und hatte eindeutig mit Staatsgrenzen nichts zu tun, sondern diente der Prävention möglicher Rebellionen der Jurchen und Shiwei.[102]

Dass der Großteil der »Großen Mauern« in Gebieten lag, wo die »Große Mauer« der Qin- mit derjenigen der Ming-Dynastie zusammentraf bzw. in geringer Entfernung nördlich oder südlich davon verlief, hatte damit zu tun, dass sie die Grenze zwischen den beiden großen Wirtschaftszonen des alten China markierten, nämlich der Nomaden- (Jagd und Fischerei) und der Ackerbau-Wirtschaft. Zugleich bildeten sie in etwa die Grenzlinie zwischen den östlichen, vom Monsun betroffenen feuchten und den westlichen Trockengebieten, d. h. die Grenze zwischen den Gebieten mit 400 mm Regenmenge, also den halb feuchtwarmen und den halb trockenen Regionen. Das entspricht in etwa der »HU-Huanyong-Linie«,[103] der Linie vom Heihe (黑河) bis nach Tengchong (腾冲). Diese schräge Trennungslinie bildet keine Gerade, sondern krümmt sich, macht Abweichungen oder bildet unregelmäßige ineinander verzahnte Linien entsprechend den geologischen Verhältnissen. Die zuerst von HU Huanyong (胡焕庸, 1901-1998 n. Chr.) erhobenen Statistiken bewiesen die ungefähre Übereinstimmung von Chinas geologischer Formation, Regenmenge und demografischer Verteilung. Diese Linie enthält Überlappungen vieler unterschiedlicher Ebenen und hatte maßgeblichen Einfluss auf die Wettkampf-Situation der »Jagd auf den Hirschen«. Sie trennte das alte China mehr oder weniger in die zwei großen Gebiete der nomadischen (Fischerei und Jagd) und der ackerbauenden Mächte. Sie bildete zugleich häufig die Grenze im System des »einen Staates mit zwei (oder mehreren) Systemen«. Die Grenzziehung ist natürlich nur ungefähr, es gab auch Ackerbau außerhalb der »Großen Mauer«.

Über einen großen Zeitraum hinweg betrachtet waren die militärischen Kräfte der beiden großen Territorien ungefähr gleich stark, jede hatte Zeiten des Aufstiegs und des Niedergangs. Aber die Unterschiede in der ökonomischen Produktions- und in der Lebensweise sorgten dafür, dass die Linie der »Großen Mauer« schnell zur Gleichgewichtslinie des Wettkampfes der beiden großen Mächte wurde. Kam es zu Kampfpausen oder rationalen Deals im Wettkampf der beiden großen Mächte, bildeten die »Große Mauer« häufig die Waffenstillstandslinie. Natürlich gab es ein Hin und Her im Gleichgewicht des Wettkampfes, so wechselte etwa das Hetao-Territorium (河套),[104] das zwar zur Trockenregion gehörte, aber vorzügliche Bedingungen für Bewässerung aufwies und für Ackerbau wie für nomadische Viehzucht geeignet war, seit der Zeit der »Streitenden Reiche« oft die Besitzer.[105] Vereinfacht gesagt, bildete das Gebiet der »Großen Mauer«, seit der Wettkampf um China von einem Ost-West- in einen Nord-Süd-Kampf umgeschlagen war,[106] die klassische Gleichgewichtslinie im Wettstreit, ausgenommen eine der beiden Seiten erzwang mit unwiderstehlicher Macht die Reichseinheit. Die »Große Mauer« bildete natürlich nicht die einzige Gleichgewichtslinie. Im Wettstreit um den Sieg zwischen Nord und Süd obsiegte der Norden für insgesamt längere Zeit. Wenn das der Fall war, konnten statt der »Großen Mauer« auch das Gebiet zwischen dem Huai-Fluss und dem Qinling-Gebirge (秦岭)[107] oder der Jangtse die Gleichgewichtslinie bilden. Kurz und gut, die »Große Mauer« war keine Grenze, sondern das Zentrum des Wettkampfes der »Jagd auf den Hirschen«, die Mittellinie zwischen Chinas Norden und dem Süden. Das erklärt auch, warum sich das Zentrum Chinas im Verlauf der Veränderungen des Mahlstroms aus der Zentralebene nach Peking verlagerte und alle Dynastien, die in der Lage waren, Nord- und Südchina gleichzeitig zu kontrollieren, Peking als Hauptstadt wählten.

4. Sein durch Veränderung

So komplex und wechselnd Chinas Ursprünge, Entwicklung und Zusammensetzung auch waren, es hat bei aller Veränderung seine Wurzeln nie aufgegeben. ZHANG Guanzhi bezeichnet das als den »Kontinuitätszustand« der chinesischen Zivilisation.[108] Die Ursache für Chinas kontinuierliche Existenz lag darin, dass China selbst eine Wachstumsmethode darstellt. Die Metaphysik des *Buchs der Wandlungen* ist die Wurzel der chinesischen Art und Weise des Denkens. Ziel der Existenz ist Ewigkeit. Und wie ist sie erreichbar? Durch Veränderung, durch »das Gewähren- und Fortlebenlassen alles Lebenden« (生生) und tägliche Erneuerung. Bei der Metaphysik des *Buchs der Wandlungen* handelt es sich nicht um eine Ontologie des unveränderlichen »Seins« (*ontology of being*), sondern um eine Ontologie des »Werdens« (*ontology of becoming*). Die Ontologie des *Buchs der Wandlungen* wird zur Daseinsmethodologie Chinas. Alles ist im Wandel, wie oft er sich vollzieht, ist unvorhersehbar. Das »Dao« des Seins liegt in der Fähigkeit, sich anzupassen, das heißt, man muss sich ständig im Gleichschritt mit dem Wandel ändern. Ziel der Veränderung ist nicht nur die bloße Fortexistenz, sondern auch die Erweiterung der Aufnahmefähigkeit des Seins, bis zum Punkt, wo man mit den »zehntausend Wandlungen« umgehen kann, und erst an diesem Punkt erreicht man die Unwandelbarkeit des Daseins. Laozi verwendet im *Buch des Dao und der Tugend* die Metapher des »Wassers«, um die Denkweise des Umgangs mit Veränderung zu erläutern: Die effizienteste Existenzform ist die des Wassers, das sich jeder Form anpasst und auf jeden Zufall vorbereitet ist. Diese »Methodologie des Wassers« kann Chinas Fähigkeit erklären, sich jederzeit zu ändern und dabei fortzuleben. Das als Wachstumsmethode existierende China besitzt die Grenzenlosigkeit des Seins durch Veränderung, es besitzt die Möglichkeit, als »Welt« zu existieren, es besitzt die Aufnahmefähigkeit einer ganzen Welt, es kann nach der Methode des Seins im Werden wachsen. Bei Menzius heißt es: »Wo immer der (Edle) vorbeikommt, bewirkt er Wandel, wo immer er verweilt, bewirkt er Göttliches.«[109]

In einer altgriechischen Geschichte mit dem Titel »Das Schiff des Theseus« wird von einem hölzernen Schiff erzählt, dessen Planken teilweise morsch geworden sind und gegen neue ausgewechselt werden, eine nach der anderen, bis schließlich alle Planken erneuert sind. Doch ist das Schiff offenbar noch immer dasselbe hölzerne Schiff.

3. Kapitel
Gegenwart und Zukunft des Tianxia

1. Die Weltgeschichte hat noch nicht begonnen

»Weltgeschichte« ist ein fragwürdiger Begriff. Die Menschheit hat »die Welt als Welt« (eine Paraphrase zu Guanzis »das Tianxia als Tianxia«) noch nicht geschaffen, daher existiert die Welt als Welt (*the world qua a world*) noch nicht. Unter diesen Umständen ist »Weltgeschichte« eine irreführende Fiktion. Die Welt, in der wir leben, ist nach wie vor nur Welt im physikalischen Sinn, nämlich die Erdkugel, sie ist noch keine durch das Weltinteresse definierte Welt, an der alle Menschen teilhaben können. Daher besitzt die gegenwärtige Welt, abgesehen von ihrer Materialität, keinen politischen Status bzw. keine politische Daseinsordnung. Die »Welt« ist bis heute eine Nicht-Welt (*non-world*).

Für diese Welt als Nicht-Welt existiert bis heute keine von allen geteilte Weltgeschichte. In der Vormoderne hatte jeder Ort seine eigene Geschichte. Die modernen Bewegungen des Kolonialismus, der Erschließung überseeischer Märkte und des Imperialismus verbanden scheinbar die verschiedenen Orte der Welt, die unterschiedlichen Historien (*histories*) der einzelnen Orte wurden durch die europäische Geschichte zu einer ineinander verwobenen Geschichte (*a complex history of histories*) zusammengesetzt, jedoch wurde daraus keine Weltgeschichte, sondern nur die Geschichte der Expansion von Europas Einfluss. Die Geschichte der verschiedenen Orte der Welt wurde zu Episoden der Passivität oder Unterordnung innerhalb des hegemonialen Narrativs Europas. Die Geschichte der Expansion Europas gibt vor, Weltgeschichte zu sein und gilt bis heute als das gängige Basismodell der sogenannten Weltgeschichte. Tatsächlich zerrt die Globalisierungsbewegung, als Produkt der ins Extrem getriebenen Entwicklung der Moderne, uns alle in ein allgegenwärtiges und unentwirrbares Spiel, ohne bisher dafür allgemein akzeptierte Spielregeln hervorgebracht zu haben. Niemand kann sich diesem Spiel entziehen, aber es wird daraus keine Welt der Teilhabe aller, sondern nur eine gescheiterte Welt (*a failed world*). Die Globalisierung wird anscheinend zum von ihr selbst hervorgebrachten Totengräber der Moderne, zumindest sorgt sie dafür, dass das Spiel der Moderne von sich aus ins Chaos und den Verlust der Zukunft versinkt. Insbesondere sorgt sie dafür, dass die diversen Dominierungsstrategien des modernen Imperialismus immer neue, unvorhergesehene Reaktionen hervorrufen und die Welt dadurch in einen unkontrollierbaren Zustand versetzen. Das ist zwar katastrophal, aber es eröffnet zugleich die Chance, neue Spielregeln zu schaffen. Das Geschrei vom »Ende der Geschichte« nach Beendigung des Kalten Krieges (Fukuyama) entpuppt sich als eine arrogante und naive Illusion. Es handelt sich um die widerrechtliche und missbräuchliche Aneignung einer theologischen Erzählung unter Verwendung der Struktur eines hegelianischen Narrativs. Selbst wenn wir voraussetzen, dass der Messias irgendwann erscheint, so hat Gott doch nirgends verlauten lassen, dass es zum Ende des Kalten Krieges geschehen würde. Ebenso wenig hat er die Demokratie zum Messias erklärt. Soweit uns die Propheten Kunde gegeben haben, würde Gott demokratische Systeme wohl nicht unterstützen, im Übrigen bedürfen Gottes Absichten keiner demokratischen Zustimmung. Ich sage das nicht zur Unterstützung religiöser Erzählungen, sondern um zu betonen, dass prophetische Erzählungen Sache der Propheten und demokratische Erzählungen Sache der Demokratie sind, beide gehorchen jeweils einer anderen narrativen Logik. Die demokratische Erzählung gehört zur Logik des modernen Fortschrittsglaubens. Aber der Fortschritt kennt ebenso wenig wie die Evolution einen Endpunkt (ausgenommen die Vernichtung der Menschheit). Wenn man den Fortschrittsglauben der narrativen Logik des Christentums aufpfropft, dann wird daraus eine Erzählung modernen Aberglaubens. Das Ergebnis einer Vermischung der beiden ist weder Wissenschaft noch Theologie, sondern ideologischer Aberglaube.

Eine wirkliche Weltgeschichte muss eine Weltordnung als Ausgangspunkt haben und vom Zusammenleben der Menschheit erzählen. Weltordnung kann nicht die Ordnung einer von irgendwelchen Hegemonialstaaten oder Bündnissen mächtiger Staaten beherrschten Welt sein, sondern nur die Ordnung einer Weltsouveränität, der das gemeinsame Wohl der Welt als Richtschnur dient – d. h. nicht Spielregeln, die ein Staat für die Welt aufstellt, sondern die von der Welt für sämtliche Staaten aufgestellt werden. Das Tianxia-System der Zhou-Dynastie deckte nur ein begrenztes

Gebiet der »gesamtweltlichen« politischen Ordnung ab, sie war das konzeptionelle Experiment einer Weltpolitik, die Vorankündigung einer Weltgeschichte. Bis jetzt ist die Welt noch nicht zum Tianxia geworden, die wirkliche Weltgeschichte hat noch nicht begonnen.

Dass die Welt noch nicht zum Tianxia werden konnte, liegt zum einen daran, dass sie sich in einem bis heute anhaltenden anarchischen Zustand befindet, zum anderen daran, dass es bis heute noch keine allgemein akzeptierte Weltordnung, nicht einmal eine allgemein akzeptierte Weltanschauung gibt. Auf diese Weise kann keine Welt als politisches Subjekt entstehen. Der Mensch gehört heute nur im geografischen Sinn der Welt an, im politischen gehört er einem Staat an. Daher ist die Welt lediglich eine missbrauchte und ausgebeutete Ressource, ein umkämpfter und beschädigter Daseinsraum. Das tatsächliche Problem der Welt sind nicht »gescheiterte Staaten«,[1] sondern eine gescheiterte Welt. Sollte die Welt auf Dauer als ineffiziente Welt fortexistieren, wird kein noch so mächtiger Staat mit dem Problem des negativen Außen fertig werden und in einer zerstrittenen und unkooperativen Welt Sicherheit und Entwicklung gewährleisten können. Das Absurde ist, dass sich alle Staaten der entscheidenden Bedeutung von Sicherheit und Kooperation für das Fortbestehen und die Entwicklung bewusst sind, aber keiner imstande ist, ernsthaft die Frage der Weltpolitik anzugehen. Die Gründe dafür liegen unter anderem darin, dass das partikulare Staatsinteresse immer Vorrang vor dem gemeinsamen Weltinteresse besitzt und die Hegemonialstaaten einzig daran interessiert sind, ihr internationales Ausbeutungssystem aufrechtzuerhalten. Wir haben gute Gründe anzunehmen, das wir angesichts der weltweiten Zunahme aller möglichen Gefahrenmomente uns ebenso ernsthaft mit der Welt befassen müssen wie mit den Interessen des Staates, den individuellen Menschenrechten und den Steuereinnahmen von Regierungen.

Wie oben beschrieben, ist, mit Ausnahme des Sonderfalls des Zhou-zeitlichen Tianxia-Systems, die aus dem Naturzustand hervorgegangene Politik nahezu zwangsläufig Staatspolitik. Die daraus abgeleitete internationale Politik ist außerstande, sich zur Weltpolitik zu entwickeln. Staatspolitik ist Innenpolitik, ihre Kernfragen sind Macht und Interessen sowie die Verteilung von Rechten und Pflichten. Internationale Politik ist Außenpolitik, d. h. Politik gegenüber anderen Staaten der Welt, ihre Kernfrage ist der Interessenwettstreit zwischen den Staaten in Form von Kooperation, Konkurrenz, Kampf und sogar Krieg. Internationale Politik regelt zwar politische Fragen auf der Welt, aber sie ist keine Weltpolitik, weil sie nicht im Interesse der Welt agiert, sondern im Interesse des Staates, weil sie nicht der Kooperation und dem Frieden dient (auch wenn sie diese Begriffe ständig im Munde führt), sondern der Niederhaltung von Kontrahenten und der Maximierung des eigenen Nutzens. Man kann ohne Übertreibung feststellen, dass die internationale Politik kaum je imstande ist, zwischenstaatliche Interessenkonflikte gerecht bzw. angemessen zu lösen. Im Gegenteil verschärft sie häufig Widersprüche zwischen Staaten und verkompliziert zwischenstaatliche Interessenkonflikte. Falls internationale Politik tatsächlich einmal zur gerechten Lösung eines zwischenstaatlichen Konfliktes findet, dann liegt die Ursache mit Sicherheit darin, dass zwischen beiden Seiten ein Machtgleichgewicht besteht oder die Interessen beide Seiten zur Kooperation zwingen.

Ihrem Wesen nach verfolgt Staatspolitik das Ziel, möglichst gerechte Systeme und Spielregeln zu schaffen (was nicht ausschließt, dass irrationale Regierungen nur nach der Maximierung ihres eigenen Nutzens streben). Internationale Politik dagegen hat weder ein System, noch strebt sie nach gerechten Spielregeln, ihr Bestreben ist auf sogenannte »Strategien« zum Schaden anderer gerichtet. Im ersten Fall geht es um das System der Binnenverwaltung des Staates, im zweiten um ein System des Kampfes des Staates nach außen, beide Systeme bilden eine Einheit. Internationale Politik bedeutet keineswegs eine andere Art von Politik außerhalb der Staatspolitik, sondern lediglich eine nach außen gerichtete Strategie innerhalb der Staatspolitik. Das erklärt den nicht endenden anarchischen Zustand der Welt und die Unfähigkeit, einen Weg zu wahrhafter Politik zu finden. Ihrem Wesen nach ist internationale Politik feindselige Konkurrenz unter dem Deckmantel von Politik (einschließlich von Kriegen). Deren Ergebnis ist die Verwandlung der Welt in eine anarchische »Allmende« (*the commons*), die Welt wird zur größten denkbaren »Tragödie der Allmende« (*the tragedy of the commons*). Insbesondere im Bewusstsein der Hegemonialstaaten werden sämtliche Gebiete und die offenen Meere außerhalb des eigenen Staatsgebietes zur verfüg- und verteilbaren Allmende. Das ist das Wesen der internationalen Politik, auch wenn es nie offen ausgesprochen wird.

Der Westfälische Friedensvertrag besaß für die weltweite Tragödie der Allmende die Bedeutung einer Zeitenwende. Auf der Grundlage des Modells dieses Friedensvertrags entwickelte sich allmählich das System der souveränen Staaten. Durch die gegenseitige Anerkennung der Staatssouveränität wurde die Allmende der Welt aufgeteilt und das jeweilige »Besitzrecht« jedes Einzelnen klar fixiert. Man glaubte, durch Klärung der Besitzrechte die Tragödie der Allmende effektiv gelöst zu haben, und das geschah auch zweifellos. Aber gleichzeitig schuf man ein neues Problem. Das System der souveränen Staaten legitimierte die Aufteilung der Welt, mit anderen Worten, es negierte im Namen der Staatssouveränität das Konzept der einen Welt und deren Interessen. Der revolutionäre Erfolg des modernen Systems souveräner Staaten beförderte in extremer Weise die Entwicklung des Staates, aber keineswegs alle Staaten profitierten davon. Die kleine Gruppe der wirtschaftlich und technologisch führenden Großmächte verfolgte ihre eigenen Pläne zur Dominierung der Welt. In der Frühphase der Moderne respektierten die Großmächte nur ihre gegenseitige Souveränität, die Mehrheit der anderen Staaten und Gebiete stellten lediglich eine noch aufzuteilende Allmende dar, die nach Belieben angegriffen, unterworfen, besetzt und als Kolonie erschlossen werden konnte. Erst nach zwei Weltkriegen sorgten die Befreiungs- und Revolutionsbewegungen dafür, dass nahezu sämtliche Staaten souverän wurden. Das System der Aufteilung in souveräne Staaten erreichte den Zustand der Sättigung, es gab keine Allmende mehr.

Aber das saturierte System souveräner Staaten ist kein Weltsystem, das den gemeinsamen Weltinteressen dient, sondern ein imperialistisches System hegemonialer Staaten. Die Volkswirtschaftslehre behauptet, dass die Klärung der Besitzverhältnisse die Möglichkeit rationaler Kooperation oder zumindest der rationalen Verhandlung zur Lösung von Interessenkonflikten schafft. Im Prinzip ist das teilweise richtig, genauer gesagt, es funktioniert nur unter der Voraussetzung gerechter Spielregeln, im imperialistischen System ist es nahezu wirkungslos. Die allgemeine Anerkennung der Souveränität schränkt zwar die Möglichkeit von Gebietsannexionen und -abtrennungen weitgehend ein (schließt sie allerdings auch nicht aus). Das Annexions-Modell hat dem Konkurrenz-Modell Platz gemacht, aber die Regeln des modernen Konkurrenzkampfes dienen nicht dem allgemeinen Interesse der Welt, es handelt sich um Spielregeln, die vorab von den USA und Europa festgelegt wurden und sie begünstigen. Es sind imperialistische Regeln zur ökonomischen, politischen und kulturellen Dominierung der Welt.

»Dominierung« (*domination*) ist ein Zauberbegriff. Er bedeutet keine direkte Invasion, sondern unsichtbare Unterdrückung, Ausbeutung und Kontrolle. Marx entdeckte als Erster das Problem der kapitalistischen Ausbeutung der Welt. Die von ihm beeinflussten radikalen Denker der Moderne haben die kapitalistische Ausbeutung immer wieder gründlich enthüllt, sie gehört längst zum Allgemeinwissen und muss hier nicht weiter diskutiert werden. Allerdings überschreitet die Kritik des Kapitalismus der radikalen Denker nie das »Klassen«-Konzept, es geht ihnen um einen weltumspannenden Klassenbegriff, der die Tatsache verdeckt, dass die internationale Ausbeutung, d. h. die Ausbeutung anderer Länder durch die USA und Europa, weit gravierender ist als die innerstaatliche Ausbeutung. In Wahrheit ist die »ausgebeutete« Bevölkerung innerhalb der USA und der europäischen Staaten im Vergleich zur ausgebeuteten Bevölkerung anderer Weltteile Nutznießer der internationalen Ausbeutung. Die Interessen der Bevölkerungen der USA und Europas sind daher nicht identisch mit denen der anderen Völker der Welt. Erstere sind zwar auch Arbeitende, aber sie gehören nicht der gleichen Klasse an. Die von den USA und Europa den »anderen Gebieten« der Welt anempfohlene politische Befreiung führte nicht zu deren ökonomischer Befreiung. Ihre Bevölkerungen gehören daher nach wie vor nicht der gleichen Klasse an wie die Bevölkerungen der USA und Europas. Ein Klassenbegriff, der die internationale Ausbeutung nicht berücksichtigt, ist fragwürdig. Solange das Problem der internationalen Ausbeutung nicht gelöst ist, genauer gesagt, solange die Regeln der Dominierung durch den Imperialismus nicht beseitigt sind, lassen sich die Bevölkerungen der Welt nicht unter einen Begriff fassen.

All die kreativen Ideen, beginnend mit der Marx'schen Vorstellung von der Vereinigung der Proletarier aller Länder bis zu den Vorstellungen der radikalen Denker in jüngster Zeit, wie zum Beispiel Pikettys Vorstellung einer weltweiten Einheitssteuer[2] oder die Vorstellungen von Hardt und Negri vom Widerstand gegen den Kapitalismus durch Zusammenschluss der »Menge« (*multitude*) oder einer Bürgerbewegung zur demokratischen Verwaltung der Allmende, d. h. der gemeinsamen Ressourcen, durch kollektive

Selbstverwaltung³ usw., sind nicht in der Lage, das von Mao Zedong aufgeworfene Problem der Ungleichheit zwischen den »drei
Welten« zu beantworten. Demokratie und Gleichheit können die
Vermögensverhältnisse innerhalb eines Staates verändern, aber sie
können nichts an der Ausbeutungssituation der schwachen Staaten
im internationalen System ändern. Beides sind Fragen von großer
Bedeutung, aber sie müssen getrennt behandelt werden. Die Frage,
ob es für Entwicklungsländer tatsächlich von Vorteil wäre, Pikettys
Einheitssteuer oder Hardts und Negris Strategie der Bewegung für
soziale Gleichheit und kollektive Selbstverwaltung umzusetzen, ist
eine schwer vorhersagbare Unbekannte. Sie bergen verschiedene
Möglichkeiten, darunter die, dass die Entwicklungsländer noch
mehr an Konkurrenzfähigkeit verlieren und in die Falle des »Ab-
stiegs noch vor Erreichen des Wohlstands« geraten. Die »globalen«
Visionen der radikalen Denker der US-amerikanischen und europäischen Linken sind womöglich hilfreich, das Wohl der Bevölkerungen der USA und Europas zu befördern. Ob sie dazu beitragen,
internationale Ausbeutung und Unterdrückung zu beseitigen und
die ungleichen Regeln des internationalen Spiels zu verändern, sei
dahingestellt und muss sich erst beweisen.

Das gegenwärtige internationale Dominanzsystem ist womöglich das höchste Stadium des Imperialismus (Lenin hielt einst den
Imperialismus für das höchste Stadium des Kapitalismus), d. h., es
ist eine äußerst ausgereifte Art und Weise der Dominierung: Die
Intensität militärischer Intervention hat sich verringert, die Kontrolle über die Lebensadern hat sich deutlich verstärkt. Gemeint ist
damit die verstärkte Kontrolle über das weltweite Finanzsystem, die
Hochtechnologie und die Basisressourcen (Energie und Landwirtschaft). Die Kontrolle über die Lebensadern garantiert die imperialistische Dominierung der Welt bis in die Tiefenschichten, nämlich
das Recht auf Festlegung der Spielregeln und das Recht auf die
Interpretation des Wissens. Die Diktatur über diese beiden Rechte
bedeutet den vollkommenen Imperialismus.

Die imperialistische Logik der Dominanz und Kontrolle über
die Welt ist zwar mächtig, aber sie besitzt eine tödliche Schwäche.
Wir haben bereits die Frage der strategischen Nachahmung und
der Entwicklung von strategischen Gegenmaßnahmen analysiert.
Beide dienen dem Widerstand der Schwachen gegen Unterdrückung. Strategische Gegenmaßnahmen der Schwachen haben eine

gewisse zerstörerische Wirkung auf die imperialistische Ordnung, aber reichen nicht aus, sie umzustürzen. Die strategische Nachahmung dagegen bringt den Imperialismus in kaum zu bewältigende Schwierigkeiten, weil sie zum Versagen seiner Strategien führen kann. Man kann das als »jemand mit seinen eigenen Mitteln schlagen« bezeichnen. Wie der »Nachahmungstest« zeigt, entgeht keine feindselige Strategie der durch sie herbeigeführten symmetrischen Revanche, es entsteht zwangsläufig die nachteilige Pattsituation des Gefangenendilemmas, bis hin zum gemeinsamen Untergang. Nur Strategien des gemeinsamen Interesses entgehen der allgemeinen Nachahmung. Nur Spielregeln, die Frieden und Kooperation gewährleisten, sind Spielregeln des gemeinsamen Nutzens. Das scheint eine selbstverständliche Wahrheit zu sein. Was beunruhigt, ist die Frage, warum globale Gerechtigkeit stets in unerreichbarer Ferne liegt? Die Gründe dafür sind weder unbekannt noch rätselhaft: Nach wie vor genießen die Hegemonialstaaten Wettbewerbsvorteile, deswegen verteidigen sie mit Zähnen und Klauen ihre Überlegenheit. Nicht weniger Verzweiflung verursacht das Dilemma, dass die Starken, die allein in der Lage wären, ein allgemein akzeptiertes Weltsystem zu etablieren, ausschließlich und unbeirrbar nach Maximierung ihres eigenen Nutzens streben.

Die Wahrheit löst keine Probleme. Zu deren tatsächlicher Lösung muss man den kritischen Punkt der Geschichte abpassen. Werfen wir einen kurzen Blick zurück auf die spezifischen historischen Ursachen für die Etablierung des Tianxia-Systems durch die Zhou-Dynastie: Der glückliche Sieg beförderte die Zhou in die Führungsposition des Bündnisses. Zhou als kleiner Staat musste mit dem politischen Problem fertig werden, »als Einzelner über die Menge und als Kleiner über die Großen« zu regieren. Die Schaffung eines von allen akzeptierten Weltsystems war daher die einzig mögliche rationale Entscheidung. Solche historischen Gelegenheiten lassen sich nicht wiederholen, verpasste Gelegenheiten kommen nicht wieder und werden auch in Zukunft vermutlich nicht wiederkehren. Aber die Globalisierung im Verbund mit der technologischen Entwicklung werden wahrscheinlich einen neuen historischen kritischen Punkt herbeiführen, der über Glück und Unglück der Menschheit entscheidet: Auf der einen Seite wird die künftige Entwicklung der Technologie kleine Gruppen oder sogar Individuen befähigen, die Ordnung jedes beliebigen Staates zu zerstören. Unterdrückte Minderheiten oder ehrgeizige kleine Gruppen können aufgrund der Verfügung über Spitzentechnologien zur extremen Gefahr und für das imperialistische System zur tödlichen Herausforderung werden. Auf der anderen Seite können die hochentwickelten technologischen Systeme dazu führen, dass Gesellschaften und Staaten eine nie zuvor gekannte Stärke erlangen und zugleich äußerst verwundbar werden. Nassim Nicholas Taleb analysierte die unvermeidbare Schwäche der modernen Gesellschaften[4] bis zum Punkt, wo sie der Zerstörung durch irrational handelnde Widerstandskräfte hilflos ausgesetzt sind. In gewissem Sinne könnte diese drohende zerstörerische Herausforderung zur »Frage des Weltuntergangs« werden. Konkret gesprochen, stellt die Entwicklung von Hochtechnologien inhärenter Zerstörungskraft weniger eine Bedrohung des Imperialismus als vielmehr eine Bedrohung der gesamten Welt dar. Jeder Interessen- oder Weltanschauungskonflikt hätte damit extrem gefährliche Konsequenzen. Diese Gefahren bedeuten nicht nur den Untergang des Imperialismus, sondern den der Menschheit. Die Gefahr eines Weltuntergangs steckt nicht in einem Jüngsten Gericht oder einer letzten Entscheidungsschlacht, sondern darin, dass die Menschheit der Zerstörungskraft der Hochtechnologie nichts entgegenzusetzen hat. Das ist die wahrscheinlichere Frage des Endes der Welt. Die einzige Möglichkeit der Rettung liegt in der Etablierung eines Weltsystems, von dem alle Individuen und Staaten profitieren, und in der Kreation eines neuen Spiels, das nicht mehr der Konkurrenz-Logik folgt. Das heißt, ein Weltsystem universaler Kompatibilität und Koexistenzialität.

Darin liegt die Aktualität des Tianxia-Systems, besser gesagt, seine Bedeutung für die Zukunft.

2. Die Frage Kants und die Frage Huntingtons

Kant erkannte die tödliche Bedrohung der menschlichen Gesellschaft durch den Krieg, daher warf er die Frage des »ewigen Friedens« auf. Kant war damit seiner Zeit weit voraus, tatsächlich waren Europas Großmächte zu seiner Zeit tief verstrickt in die ehrgeizige Konkurrenz um die Aufteilung der Welt, die Attraktivität des Krieges überwog die Anziehungskraft des Friedens. Erst nach zwei Weltkriegen sollte eine Umkehr eintreten. In Wahrheit ist schwer zu entscheiden, ob die Lehren der beiden Weltkriege oder die Drohung der Vernichtung durch Atomwaffen Ursache dafür waren, dass der Wunsch nach Frieden den Drang nach Krieg übertraf.

In Kants Theorie des Friedens mischen sich idealistische Illusionen mit realistischen Überlegungen. Eine idealistische Illusion war die aus »Weltbürgern« bestehende »Weltrepublik«, also die Vorstellung, die Welt würde zu einem riesigen Staat. Kant selbst verwarf diese unrealistische Illusion mit der Begründung, die Einzelstaaten würden sich nie auf einen Weltstaat verständigen, vermutlich würde kein Staat sich damit einverstanden erklären, in einem großen Staat aufzugehen. Außerdem würde aus einem Welteinheitsstaat höchstwahrscheinlich eine Diktatur hervorgehen. Daher schlug Kant einen, rational betrachtet, weniger riskanten Friedensplan vor, nämlich die aus »freien Staaten« gebildete Friedenskonföderation.[5] Als freie Staaten bezeichnete man damals Republiken im Unterschied zu diktatorischen Systemen. Entscheidend dafür, dass eine Konföderation »freier Staaten« als friedlich betrachtet wurde, war die Tatsache, das freie Staaten ähnliche, nicht autokratische Systeme, politische Kulturen und Wertvorstellungen besaßen. Die reale Version von Kants Theorie ist die Europäische Union.

Kants Theorie ist fraglos bedeutend, aber ihre Beschränktheit in der Frage der Voraussetzungen von Frieden macht sie unfähig die Frage des Friedens im Weltmaßstab zu erklären und zu lösen. Zunächst: Kants Voraussetzung für die Verwirklichung des Friedens ist die Wesensgleichheit der staatlichen Systeme und der Wertvorstellungen. Diese Voraussetzung ist auf Weltebene unmöglich zu erfüllen, die zahlreichen Staaten auf der Welt haben jeweils zu unterschiedliche Kulturen, Wertvorstellungen und politische Systeme. Es ist unvorstellbar, dass sie alle zu Staaten ähnlichen Charakters werden, noch unwahrscheinlicher ist die Vereinheitlichung von Kulturen und Religionen. Daher passt Kants Friedensplan am ehesten für Gebiete mit gleichartiger Kultur und einem hohen Grad an Homogenität, wie etwa Europa. Für die Lösung der Frage des Weltfriedens ist er untauglich. Dann: Politisch und kulturell homogene Staaten sind, was ihre Interessen angeht, nicht unbedingt konfliktfrei. Kants Friedensplan stellt lediglich eine internationale Vereinbarung zwischen Staaten dar und kein System, worin das gemeinsame Interesse mehr Gewicht besitzt als die Interessen der einzelnen Staaten. Ernsthafte Konflikte und gegenseitige Schädigung zwischen den Staaten sind daher nicht ausgeschlossen. Kant ging davon aus, dass freie Staaten in der Lage sind, untereinander auf rationale Weise ihre Zwistigkeiten zu lösen. Dieser Glaube lebt heutzutage im Narrativ der Unmöglichkeit von Kriegen zwischen demokratischen Staaten wieder auf. An diesem Narrativ sind Zweifel angebracht, aber das ist nicht der entscheidende Punkt. Das Problem ist, dass man auch mit anderen Mitteln als dem Einsatz von Waffen gegeneinander Krieg führen kann, z. B. Finanzkriege oder andere Formen des Wettstreits, mit denen man den Interessen anderer Staaten ernsthaft Schaden zufügen kann. Die Interessen des Staates sind mit seinem Überleben eng verknüpft, sie verschwinden nicht aufgrund von Ähnlichkeit der politischen Kultur.

Kants Friedensplan mag regionale Kooperation befördern, aber er löst keine internationalen Konflikte. Vor allem ist er machtlos gegenüber den seit Beginn der Globalisierung neu aufgetretenen Konflikten, insbesondere gegenüber der von Huntington aufgeworfenen Frage von Zivilisationskonflikten, wie dem Konflikt zwischen Israel und Palästina, dem Gegensatz zwischen dem Westen und Russland, dem Groll zwischen dem Westen und dem Mittleren Osten, den Widersprüchen zwischen den USA und China und ähnlichen Fragen. Huntingtons Darstellung der Zivilisationskonflikte, etwa seine Auflistung der wichtigsten Kulturkreise und seine Beschreibung von deren Wesensmerkmalen, ist in vielen Punkten fragwürdig, aber die von ihm aufgeworfene Frage hat Bedeutung und Bestand. Zur Lösung von Zivilisationskonflikten reicht die Ähnlichkeit politischer Systeme offenkundig nicht aus, was bedeutet, dass Gegensätze der politischen Ideologien weniger tief gehen als zivilisatorische Konflikte. Das Ende des Kalten Krieges ist daher nicht das Ende der Geschichte, sondern der Beginn einer neuen historischen Epoche. In diesem Punkt war Huntington tatsächlich weitsichtig. Die Veränderung der Weltkonflikte liefert den Beweis, dass »das Ende der Geschichte« eine voreilige und schimärische Behauptung war. Aber sind Zivilisationskonflikte tatsächlich die am tiefsten gehenden Konflikte? Im Anschluss an das Auftreten einiger konfliktiver Phänomene, die Huntingtons Voraussage entsprachen, kam es zur Neuauflage des Kalten Krieges in veränderter Form, diesmal nicht als Kalter Krieg zwischen Kommunismus und Liberalismus, das Wording hat sich geändert, jetzt ist es der Kalte Krieg zwischen diktatorischen und demokratischen Staaten. Das bedeutet nicht die Rückkehr des Modells des Kalten Krieges, es weist eher darauf hin, dass all die vielen Arten von Konflikten auf der Welt nie verschwunden sind, gleichgültig ob es sich um ideologische oder zivilisatorische Konflikte, um Interessenkonflikte zwischen Staaten oder Klassen handelt. Es geht immer in erster Linie um Macht- und Interessenkonflikte, unterschiedlich sind nur die Hauptwidersprüche der jeweiligen Epoche. Wahrscheinlich müssen wir ins Kalkül ziehen, dass zivilisatorische Ähnlichkeit Widersprüche und Konflikte ebenso wenig zum Verschwinden bringt wie die Ähnlichkeit politischer Systeme. In der Realität kommt es kaum vor, dass Staaten aufgrund zivilisatorischer Ähnlichkeit in Macht- und Interessenkonflikten Nachgiebigkeit zeigen. Das setzt die Bedeutung von Zivilisationskonflikten nicht herab, aber es zeigt, dass sie nicht unbedingt die am tiefsten gehenden sind. Da jede Art von Widerspruch je nach Umständen zu gegebener Zeit zum Hauptwiderspruch werden kann, geht es nicht um die Frage, welche Art von Konflikten die wichtigere ist, sondern welches System verhindert, dass sich irgend ein Widerspruch zum Krieg oder einem tödlichen Konflikt entwickelt.

In der Hoffnung, durch rationalen Diskurs Zwistigkeiten lösen zu können, entwickelte der moderne Mensch die Diskurstheorie. Gemäß deren Vorstellung ist der Diskurs die Art von Wettstreit mit den geringsten Unkosten, seinem Wesen nach soll er das Kräftemessen mittels Schwertern und Speeren durch Aushandeln ersetzen. Theoretisch könnte, wenn rationaler Diskurs ausreichte, um Konflikte zu lösen, der kantische Frieden zwar nicht zum Weltfrieden, aber doch wenigstens zu einem regionalen »ewigen Frieden« führen. Die Hoffnung, den Wettstreit mittels Aktion durch den Wettstreit der Worte zu ersetzen, bleibt jedoch ein frommer Wunsch. Diskurs kann im besten Fall Zwistigkeiten von geringem Gewicht lösen.

Die Beschränktheit des Diskurses hat womöglich damit zu tun, dass Diskurse selten strikt rational geführt werden. Doch könnten Diskurse tatsächlich Konflikte lösen, wenn sie vollkommen rational und mit ernsthaft guter Absicht geführt würden? Hier müssen wir Habermas' Vorstellung vom unter idealen Bedingungen durchgeführten idealen Diskurs überprüfen, nämlich den vollkommen rationalen, gleichberechtigten, aufrichtigen und offenen Diskurs. Habermas' idealer Diskurs ist nahezu utopisch, geradezu naiv und erzeugt gegenteilige Effekte. So fordert Habermas zum Beispiel, der Diskurs müsse vollständig »aufrichtig« sein, aber Aufrichtigkeit führt nicht unbedingt zur Lösung von Problemen, sie kann im Gegenteil katastrophale Folgen haben. Die eigentliche Beschränkung von Habermas' idealem Diskurs liegt jedoch nicht in seinem utopischen Charakter, sondern darin, dass er ein grundlegendes Problem übersieht: Angelegenheiten, die essentielle Daseinsinteressen berühren, lassen keinen Raum für Verhandlung, gleichgültig wie rational der Diskurs geführt wird. Auch in Angelegenheiten, die mit dem Sinn des Lebens zu tun haben, wie Religion, Spiritualität und Wertvorstellungen, führt Diskurs kaum zu gegenseitiger Akzeptanz. Theoretisch erzeugt vollkommen rationaler und von guter Absicht getragener Diskurs im besten Fall gegenseitiges Verständnis oder gegenseitiges Mitgefühl. Aber gegenseitiges Verständnis oder Mitgefühl führen in keinem Fall zu Nachgiebigkeit in Fragen existenzieller Interessen oder in Sinnfragen. Man kann diesen Sachverhalt im Satz umreißen: »Gegenseitiges Verständnis führt nicht zu gegenseitiger Akzeptanz.«[6] Die Schwierigkeit liegt darin, dass gegenseitiges intellektuelles Verstehen als Angelegenheit des Bewusstseins (*mind*) nicht notwendigerweise die emotionale gegenseitige Akzeptanz der »Herzen« (*hearts*) freisetzt und ebenso wenig die Übereinstimmung der physischen Interessen der »Körper« (*bodies*). Es gibt keinen zwangsläufigen Umschwung vom gegenseitigen Verstehen zur gegenseitigen Akzeptanz.

Rawls gilt als Denker in der Nachfolge Kants, der dessen Gedanken fortentwickelt hat. In der Neuausgabe seines *Das Recht der Völker*[7] berührt er tatsächlich einige politische Fragen von weitreichender Bedeutung, die Kant in seiner Friedenstheorie nicht bedacht hat. Es ist allerdings kaum vorstellbar, dass Kant seinen Annahmen zugestimmt hätte, weil sie in vielen Punkten Kants Prinzip der allgemeinen Glückseligkeit zuwiderlaufen. In Sachen internationaler Politik hält sich Rawls zurück und hat theoretisch wenig Bedeutsames zu bieten, weit entfernt von dem, was er in *Eine Theorie der Gerechtigkeit* über die Theorie staatlicher Innenpolitik zu sagen hat. Ich diskutiere Rawls Theorie internationaler Politik deshalb, weil in *Das Recht der Völker* seine Position zur Frage der Gerechtigkeit in gewaltigem Kontrast zu dem steht, was er in seiner Theorie staatlicher Innenpolitik dazu zu sagen hat, und dadurch die Beschränktheit seiner Theorie internationaler Politik exemplarisch deutlich wird. Nach Rawls Auffassung ist das innerstaatliche Prinzip sozialer Gerechtigkeit nicht auf die internationale Gesellschaft anwendbar, insbesondere gilt das für das hinsichtlich der Verteilungsgerechtigkeit formulierte »Differenzprinzip« (*difference principle*) zur Fürsorge für die Schwachen, das auf keinen Fall international angewendet werden dürfe. Das Differenzprinzip regelt auf wirtschaftlichem Gebiet die Nutzenverteilung zugunsten sozial schwacher Gruppen. Es handelt sich dabei um notwendig zu erbringende Kosten bzw. Investitionen zum Schutz der gesellschaftlichen Ordnung, die andernfalls durch die in existenzielle Schwierigkeiten geratenen Schwachen zerstört werden könnte. Das Differenzprinzip soll verhindern, dass eine Gesellschaft in den Zustand der Gesetze des Dschungels zurückfällt. Dass Rawls das Differenzprinzip nicht für die internationale Gesellschaft gelten lässt, bedeutet, dass er internationale Gerechtigkeit nicht gelten lässt. In einer Welt des Dschungelgesetzes sind die Schwachen offensichtlich nicht verpflichtet, Unterdrückung und Ausbeutung durch die Starken zu erdulden, sie werden in der Wahl der Mittel des Widerstands nicht wählerisch sein, und daraus erwächst eine Welt voller Gefahren. Rawls denkt tatsächlich an die Methode des Interventionismus, um dieses Problem zu lösen, das heißt bei ihm: Wenn die Umstände es erfordern, seien Zwangsmaßnahmen, Sanktionen, ja, sogar Interventionen gegenüber nicht kooperativen Staaten erlaubt. Zur Begründung führt er an: »So wie wir das Recht der Völker für liberale und achtbare Völker ausgearbeitet haben, tolerieren diese Völker Schurkenstaaten schlicht nicht.«[8] Diese nicht gerade originelle Behauptung ist moderner Neoimperialismus pur und widerspricht in jeder Hinsicht den internationalen Prinzipien Kants. Tatsächlich hat Kant bereits vorab Rawls internationale Theorie verworfen. Nämlich dass im Krieg zwischen Staaten »keiner von beiden Theilen für einen ungerechten Feind erklärt werden kann (weil das schon einen Richterausspruch voraussetzt) […].«[9] Es versteht sich, dass niemand das Privileg besitzt, einseitig ein gerechtes Urteil vorwegzunehmen.

In den Bemühungen mit dem Ziel, internationale Konflikte zu schlichten und den Weltfrieden zu bewahren, stellen die Vereinten Nationen einen gewaltigen Erfolg dar (ich beuge mich Stephen C.

Angles Kritik, dass ich in *Das System des Tianxia*[10] die Bedeutung der UNO nicht in vollem Umfang verstanden und sie unterschätzt habe[11]). Dennoch, die Vereinten Nationen sind letzten Endes nur eine internationale Verhandlungsplattform des Systems souveräner Staaten, kein Mechanismus zur Weltregulierung und noch weniger ein politisches Weltsystem. Nach wie vor sind die Vereinten Nationen auf »Internationalität« beschränkt und unfähig, »gesamtweltlich« zu agieren. Daher bilden ihre Regeln kein gesamtweltliches System, es sind lediglich internationale Regeln. Die Vereinten Nationen bieten einen gemeinsamen Raum der Konsultation und des Feilschens zwischen den Staaten, die ihr angehören. Es handelt sich um ein System, das versucht, nackte und brutale Gewalt in Tauschgeschäfte umzuwandeln. Sie sind ein hybrides Produkt der Ideen des Friedensideals und des Konzepts vom idealen Diskurs. Bei den durch die Vereinten Nationen zur Zufriedenheit aller Beteiligten geregelten Zwistigkeiten handelt es sich prinzipiell um nicht allzu ernsthafte Dispute. Berühren Entschließungen und Verhandlungen die vitalen Interessen von Staaten, fallen sie so gut wie nie zur Zufriedenheit der Beteiligten aus. Schwerer wiegt noch, dass kaum jemand mit gerechten Entscheidungen zufrieden ist. Da jeder souveräne Staat auf die Maximierung seines Nutzens bedacht ist, wird eine noch so gerechte Sache kaum je als gerecht betrachtet und keiner ist damit zufrieden. Die UNO unternimmt alle Anstrengungen, in Streitfällen zu vermitteln, aber ihre systemische Macht ist letztlich beschränkt. Diskurs und Mediation verringern zweifellos die Möglichkeit von Kriegsausbrüchen, nicht aber die von Konflikten und Widersprüchen. Selbst wenn eine Art von Ausgleich erzielt wird, handelt es sich gewöhnlich nur um das Nash-Gleichgewicht eines unkooperativen Spiels und kaum je um die erträumte »Win-Win-Situation«. Wir haben keine Ursache, die Vereinten Nationen zu kritisieren, sie sind letztlich eine Institution ohne wirkliche Machtbefugnisse, ihrem Charakter nach ein Mechanismus für Verhandlungen und kein Mechanismus zur Ausübung von Macht. Vor allem repräsentieren sie keine dem souveränen Staat übergeordnete politische Kraft und sind deswegen naturgemäß nicht in der Lage, Aktionen imperialistischer Gruppierungen und deren Dominanz über die Welt zu verhindern. Die Vereinten Nationen sind daher kein Modell der Weltverwaltung, sie sind nicht in der Lage, über das System souveräner Staaten hinauszugehen. Letzten Endes ist das Konzept der Vereinten Nationen Teil des Konzeptes der Staatssouveränität, es ist kein Weltkonzept. Von Stephen C. Angles stammt die originelle Idee, es sei ökonomischer, den Charakter der Vereinten Nationen zu einem Tianxia-System fortzuentwickeln: »Statt der Abschaffung bestehender Institutionen und deren Neuschöpfung von Grund auf, sollte man darüber nachdenken, wie man die gegenwärtig bestehenden internationalen Institutionen in globale Institutionen umwandelt, die diesen Namen verdienen, das sollte ein leichter realisierbares Ziel sein.«[12] Da jedoch die Vereinten Nationen ihrem Wesen nach der politischen Logik des modernen Systems staatlicher Souveränität folgen, dürfte es schwierig sein, sie von Grund auf in ein der ganzen Welt angehöriges Weltsystem zu transformieren. Ich halte es für wahrscheinlicher, dass die Grundlagen für die künftige Entstehung eines Tianxia-Systems in den wirklich einflussreichen Mechanismen und Institutionen des globalen Finanzsystems, der Systeme der Hochtechnologie und den sozialen Medien liegen. Mit anderen Worten, dass erst die Umwandlung des globalen Finanzsystems, der Systeme der Hochtechnologie und der sozialen Medien in ein von der Welt gemeinsam geteiltes, besessenes und verwaltetes globales System die wesentlichen Voraussetzungen für die Realisierung eines Tianxia-Systems schaffen.

Die vorrangige Frage der künftigen Welt lautet aber natürlich, wie man die Logik politischen Handelns und die Art und Weise politischen Denkens ändert. Ohne eine geistige Revolution wird eine materielle Revolution die Welt nur in einen noch gefährlicheren Ort verwandeln.

3. Zwei Arten der Externalität: die natürliche und die konstruierte

Die politische Logik wird durch die politische Ordnung und ihr Denkmodell, die politische Ordnung und das Denkmodell letzten Endes durch die politischen Entitäten der Macht bestimmt. Vom Beginn der Moderne bis heute ist die politische Logik durch zwei entscheidende politische Entitäten bestimmt, nämlich das »Individuum« und den »Staat«. Aufgrund des Fehlens der politischen Einheit des »Tianxia« ist der größte Bereich, in dem die politische Logik Wirkung entfaltet, auf den Staat beschränkt, die Welt bleibt dabei ausgeschaltet. Wie bereits besprochen, ist die internationale Politik die nach außen gerichtete Verlängerung staatlicher Politik, sie dient lediglich dem Staat und nicht der Welt. Die moderne Politik ist daher zur Unfähigkeit verdammt, sich der eigenen Logik zuwiderlaufend zur Weltpolitik zu entwickeln. Genau genommen ist der Grund unserer Sehnsucht nach einer Weltpolitik keineswegs das Streben nach dem Ideal der bestmöglichen aller Welten, und wir können auch nicht davon ausgehen, dass Weltpolitik eine bessere Politik bedeutet (die Qualität einer Politik wird durch den Kontext entschieden, es gibt keinen allgemein gültigen Maßstab), sondern das Leben der Menschheit hat sich bereits bis zu einem Punkt entwickelt, der Weltpolitik erforderlich macht. Anders sind allgemeine Sicherheit, Koexistenz und Kooperation der Menschheit nicht sicherzustellen. Das bedeutet, Weltpolitik ist eine objektive Notwendigkeit, keine Wertvorstellung. Wir diskutieren hier ausschließlich die Wirksamkeit der politischen Logik.

Grundsätzlich dient Politik dazu, die Probleme von Sicherheit und Kooperation im Leben der Menschheit zu lösen, was bedeutet, das Problem der negativen »Externalität« zu lösen. Ziel von Politik ist daher die Schaffung einer Ordnung zur Befriedung der von außen herbeigeführten Konflikte. Mit Hilfe der Ordnung sollen die negativen Effekte des Außen in Kooperation aufgelöst werden. Als eine natürliche Tatsache existieren außerhalb jedes Individuums bzw. jeder »Zugehörigkeits«-Gruppe zwangsläufig wechselseitig die Freiheit des Handelns einschränkende Andere als natürliches Außen. Das ist eine von Xunzi, Hobbes und nahezu allen Urzustandstheorien anerkannte Tatsache. Die Anderen als natürliches Außen führen zum Problem der Daseinskonkurrenz. Wie von Hobbes beschrieben, ist die Daseinskonkurrenz unvermeidlich von grausamer Heftigkeit. Aber, obwohl die Daseinskonkurrenz brutal ist, sind ihre Konflikte keineswegs unauflösbar, das ist ein wesentliches Merkmal der natürlichen Externalität. Theorie wie Praxis zeigen, dass trotz der vielen vorliegenden Beispiele von Vernichtungs- und Nullsummenspielen immer die Hoffnung besteht, sie mittels eines rational herbeigeführten Gleichgewichts zu beenden. Gleichgültig, ob es sich um ein kooperatives oder ein unkooperatives Gleichgewicht handelt, immer geht es um eine akzeptierte oder stillschweigend hingenommene Nutzenteilung. Das bedeutet, der Konkurrenzkampf ums Überleben steuert nicht zwangsläufig auf eine Entscheidungsschlacht auf Leben und Tod, sondern mit größerer Wahrscheinlichkeit auf einen akzeptablen Interessenausgleich zu.

Gemäß der natürlichen Logik des Urzustands existieren mindestens zwei Möglichkeiten politischer Evolution, aus denen sich zwei politische Logiken entwickeln:

1. Das Modell Xunzi: Mit Hilfe der Attraktion der Vorteile von Kooperation die Außenstehenden zu internalisieren, so dass sich eine Ordnung stabiler Kooperation etablieren kann. Das ist die Logik der Internalisierung.

2. Das Modell Hobbes: Der Starke etabliert eine auf Macht gegründete Herrschaft und sorgt dafür, dass sich die Außenstehenden der hegemonialen Ordnung unterwerfen. Das ist die Logik der Unterwerfung des Außen.

In Wirklichkeit existieren beide Logiken in der politischen Entwicklung überall auf der Welt gleichzeitig. Ausgehend von den historischen Tatsachen, entspricht die Logik der Internalisierung eher der chinesischen, die Logik der Unterwerfung eher der europäischen Art zu denken – das sind reine Erfahrungstatsachen, keine prinzipiellen Zwangsläufigkeiten. Aus einer langfristigen historischen Perspektive betrachtet, vor allem, wenn man die Zukunft mit einbezieht, erkennt man das Phänomen und die Tendenz einer »Angleichung der Systeme«. Im Verlauf der Ausbildung politischer Erfahrung und Etablierung von Systemen in den unterschiedlichen Territorien und Staaten entsteht die Möglichkeit wechselseitig referenziellen, teilbaren Wissens. Die Politik aller Staaten wandelt sich durch Lernen von den Stärken anderer allmählich in ein hybrides, aus vielen Elementen bestehendes System. Die heutigen politischen Systeme enthalten bereits offensichtliche hybride Elemente, so weit, dass es schwierig wird, ein System einfach als kapitalistisch, sozialistisch oder als sonst irgendetwas zu bezeichnen. So haben zum Beispiel die verschiedenen Systeme Europas, Chinas oder der USA sowohl kapitalistische als auch sozialistische Elemente, wenn auch in unterschiedlichem Ausmaß und in unterschiedlicher Zusammensetzung. Die tiefere Ursache für die Angleichung der Systeme liegt darin, dass Nutzenteilung keineswegs unversöhnlichen Kampf bedeutet, nicht zwingend eine Entscheidungsschlacht auf Leben und Tod. Daher werden sich Gesellschaften immer allmählich auf eine »rationale« Art der Verteilung zubewegen und rationale Systeme ähneln sich immer partiell. Das bedeutet, dass die Möglichkeit rationaler Entscheidungen von Menschen und die Hoffnung, Kooperationsbeziehungen zu schaffen bzw. einverständliche Lösungen zu erzielen, umso größer werden, je gravierender die Existenzprobleme sind. Umgekehrt verweigert die Menschheit Kooperation bei Angelegenheiten, wo es nicht um Leben und Tod geht.

Die am schwersten zu schlichtenden, sogar unversöhnlichen Konflikte entstehen häufig aus kulturellen Konflikten, die mit der Daseinskonkurrenz in keinem direkten oder überhaupt keinem Zusammenhang stehen. Das erinnert an die Ansichten Huntingtons. Fremdkulturen bzw. zivilisatorisches Außen sind von ihrem Wesen her betrachtet keine tödlichen Bedrohungen der eigenen Existenz. Kulturelle Differenzen bedeuten unterschiedliche spirituelle Welten, und spirituelle Differenzen sind kein Nullsummenspiel. Sie können sich wechselseitig nicht füreinander interessieren, zumindest nach dem Prinzip »Jeder soll nach seiner Fasson selig werden« verfahren, sie können sogar ohne jeglichen gegenseitigen Verkehr unbehelligt existieren. Offensichtlich ist Unduldsamkeit gegenüber dem Außen einer Fremdkultur ausschließlich ein menschliches Konstrukt, d. h., Fremdkulturen gehören nicht zur natürlichen, sondern ausschließlich zur konstruierten Externalität. In der Frühzeit der Geschichte hatten manche Kulturen aufgrund geografischer Entfernung keinen Kontakt zueinander, doch sobald sich Gelegenheit zur Kontaktaufnahme bot, war nutzbringende Interaktion zwischen Kulturen die natürlichste Sache der Welt, sei es in Form gegenseitiger Beeinflussung oder Verschmelzung. Man kann sagen, die Kulturen der Frühzeit kannten grundsätzlich keine kulturellen Grenzen, sie besaßen einen offensichtlich fließenden und evolutionären Charakter. Wie es dazu kam, dass die Beziehungen zwischen den Kulturen in wechselseitige Feindseligkeit umschlugen, ist eine zu klärende Frage.

Jede Kultur ist eine spirituelle Welt, die zugleich ein Interpretationssystem der Schöpfung darstellt. Unterschiedliche spirituelle Welten bieten naturgemäß unterschiedliche Interpretationen, aber diese Differenzen haben mit richtig oder falsch nichts zu tun, sie ruhen selbstgenügsam in ihren Kulturen. Es besteht keine Notwendigkeit, die Interpretationen anderer Kulturen feindselig zu betrachten, sie lassen sich gegenseitig unberührt. Selbst im Zustand des Misstrauens zwischen Kulturen müssen kulturelle Differenzen keine Kriege auslösen. Feindseligkeit gegenüber Fremdkulturen benötigt zumindest zwei Elemente der Abstoßung des Anderen:

1. Dogmatismus. Gemeint ist damit der Glaube, dass die spirituelle Welt der eigenen Kultur die einzig wahre ist und alle anderen falsch sind. Diese epistemologische Täuschung (*epistemological fallacy*) missbraucht den Begriff der Wahrheit für den Bereich der Wertvorstellungen.

2. Das Recht auf alleinige Verehrung. Ausgehend davon, dass die eigene spirituelle Welt die einzig wahre ist, muss man die Entscheidungsgewalt im Bereich der Werte beanspruchen und das Recht, andere spirituelle Welten zu ersetzen, bzw. hat man die Mission, sie zu konvertieren.

Unter den zahlreichen Kulturen findet sich nur in monotheistischen Religionen die Forderung nach kulturellem Dogmatismus und alleiniger Verehrung. Doch besitzen nicht alle monotheistischen Religionen beide Elemente. Das Judentum ist zwar monotheistisch, aber es ist ein partikularistischer Monotheismus, er beschränkt sich darauf, Gottes auserwähltes Volk zu sein und betrifft andere nicht. Er ist daher nur ein dogmatischer Glauben, ohne das Recht auf alleinige Verehrung zu fordern. Der wirkliche historische Wendepunkt ist das Auftreten des Christentums. Das Christentum machte aus dem partikularistischen Monotheismus des Judentums einen universalen Monotheismus und nahm schließlich die beiden Charaktereigenschaften des Dogmatismus und der alleinigen Verehrung an. Es schuf eine spirituelle Politologie mit Hilfe der »vier großen politischen Erfindungen«, nämlich der Propaganda, dem Psychomanagement, dem Massenglauben und dem spirituellen Feind.[13] Von da an wurden alle anderen Kulturen als nicht zu duldendes Heidentum betrachtet, als unversöhnlich zu bekämpfende spirituelle Feinde, die ausgestoßen oder zur Konversion gezwungen werden mussten. Das Christentum ist die Grundlage dessen, was vom Westen für die »universale Zivilisation« gehalten wird, und die wahre Ursache der Entstehung kultureller Feindseligkeit. In diesem Sinne kann man das Christentum als eine weltweit nachwirkende »Unterbrechung des Kontakts der Erde zum Himmel«[14] bezeichnen, nämlich als den Versuch, allen anderen Kulturen den Kontakt zum Göttlichen zu nehmen, die Sakralität aller anderen Kulturen auszulöschen und das alleinige Recht auf Kontakt zum Göttlichen an sich zu reißen.

Das große Projekt des Christentums, die spirituellen Welten der

Welt zu vereinheitlichen, war nicht wirklich erfolgreich, im Ergebnis führte es zu geistigen Kämpfen, zu Huntingtons Zivilisationskonflikten und zu Carl Schmitts Politik-Modell der Identifizierung des Feindes. Nachdem das Christentum die griechische Zivilisation unterworfen hatte, bildete der Westen eine Kampf-Logik der Identifizierung des Heidentums aus und betrachtete die Welt als kriegerische Stätte antagonistischer Widersprüche. Im Namen der Mission, die Welt zu unterwerfen, vernichtete es die apriorische Integrität des Begriffs der »Welt«. Die Welt verlor die ihr eigene Sakralität und wurde zum Kampfplatz der universalen Verwirklichung des Christentums. Mit anderen Worten, die Welt verlor ihren Subjekt-Charakter und wurde ausschließlich zum Objekt. Daher verloren die Geschöpfe der Welt bzw. die anderen Völker ihre eigene Geschichte, alle Geschichte und Kultur vor ihrer Umwandlung in christliche Zivilisation wurden als bedeutungslose Daseinsprozesse ausgeschieden. Die christliche Theologie wurde später in extensiver Weise für alle möglichen säkularisierten Varianten verwendet. Beispielsweise wurden alle Gebiete, bevor sie durch die »universale Zivilisation« des Westens aufgeklärt wurden, für dumpf und unwissend, die Geschichte anderer Gebiete vor ihrer Befreiung durch den Kommunismus für finster erklärt, alle Gesellschaften vor der Verwirklichung von Demokratie für leidend usw., usf. Einer Welt, die nur einen einzigen Geist besitzt, geht die Weltlichkeit verloren (*the worldness of a world*). Das Wesen der Welt bestimmt sich nicht durch ihre Größe, sondern durch ihren Reichtum an Vielfalt. Wenn es ihr an Diversität der Existenz mangelt, ist sie keine Welt, sondern lediglich ein Stück Materie. Der Disput während der Epoche der Frühlings- und Herbstannalen über Einheitlichkeit und Eintracht (Kompatibilität) macht diese Erkenntnis deutlich: Wenn die Schöpfung einheitlich (同, *tong*) wäre, würden alle Geschöpfe zu einem Geschöpf, quasi zu Kopien eines Geschöpfes. Nur die Diversität der Geschöpfe schafft Eintracht bzw. Kompatibilität, nur dann entsteht Welt. Wird die Welt zu einer Religion, zu einem Wertesystem, zu einer Geisteswelt vereinheitlicht, schrumpft sie in geistiger Hinsicht zu einem Wesen zusammen und hört auf, Welt zu sein, mag sie räumlich noch so groß sein.

Mit Hilfe der theologischen Logik des Monotheismus eine politische Logik zu kreieren und davon ausgehend ein kulturelles Außen zu konstruieren, unversöhnliche Feindschaften zu anderen

Kulturen zu etablieren, zeugt von politischer Unreife. Nur Politik auf der Grundlage der Schaffung von Kompatibilität ist wahre Politik, Politik auf der Grundlage von Universalität dagegen ist bloße Herrschaft, Herrschaft ohne Politik. Der Begriff Politik besitzt eine tiefere, über Macht und Herrschaft hinausgehende Bedeutung: Wenn Politik nicht in der Lage ist, eine »dem Himmel entsprechende Ordnung« zu verwirklichen, d. h. eine Ordnung des »Gewähren- und Fortlebenlassens alles Lebenden« (*let all beings be in becoming*), eine Ordnung, die das Wachstum und Gedeihen aller Schöpfung befördert, anders ausgedrückt, eine Ordnung des größtmöglichen Reichtums an Vielfalt der Existenz (*richest variety of beings*), dann ist sie keine wahre Politik. Die Politik bedient sich zwar der Macht, aber Macht ist nicht ihr Ziel, ihr Ziel ist die Schaffung einer kompatiblen Daseinsordnung, die die Schöpfung wachsen und gedeihen lässt. Die Politik muss dem Himmel entsprechen, nicht einem Gott.

Die spirituelle Welt jeder Kultur hat ihre Sakralität. Die sakralen Dinge innerhalb einer Kultur bringen nicht den Nutzen des Daseins, sondern seinen Sinn zum Ausdruck. Eine spirituelle Welt besitzt ihre sakralen Berge und Flüsse, ihr sakrales Territorium, ihre sakrale Vegetation und zudem ihre historischen Erzählungen und Persönlichkeiten. All das bildet eine unzerstörbare, die Zeit überdauernde Existenz. Die Sakralität der Berge und Flüsse und die Sakralität der Geschichte geben den Völkern eine Seele, woran alle teilhaben können. Zugleich liegt darin die Fähigkeit zu kollektiver kultureller Mobilisierung. Die jeder spirituellen Welt innewohnende Sakralität verleiht ihr eine unüberwindliche Transzendentalität. Die gegenseitige Externalität unterschiedlicher spiritueller Welten bedeutet jedoch nicht zwangsläufig Feindseligkeit. Erst das Bestreben des universalistischen Monotheismus, die Welt zu vereinheitlichen, schafft Feindschaft zwischen den spirituellen Welten. Der monotheistischen Weltanschauung spiritueller Vereinheitlichung genau entgegengesetzt, ist die Weltanschauung des Tianxia fähig, sämtliche spirituellen Welten in sich aufzunehmen und jeder einen Ort der Geborgenheit und der gegenseitigen Nicht-Schädigung zu geben. In diesem Sinne ist das Tianxia eine Welt der Inklusion aller möglichen Welten (*an inclusive world of possible worlds*). Es ist keine Weltanschauung einer spirituellen Vereinheitlichung, sondern eine der existenziellen Vereinigung.

Die westliche Zivilisation brachte mit ihrer zur politischen Logik gewordenen monotheistischen theologischen Logik die modernen Zivilisationskonflikte in Gang. Wie Huntington einräumt, ist die kulturelle Herausforderung des Westens gegenüber anderen Gebieten »unilateral«. Außerdem eroberte der Westen »die Welt nicht durch die Überlegenheit seiner Ideen oder Werte oder seiner Religion (zu der sich nur wenige Angehörige anderer Kulturen bekehrten), sondern vielmehr durch seine Überlegenheit bei der Anwendung von organisierter Gewalt«. Als Ergebnis beherrschten bis 1914 die Menschen aus dem Westen 84% der Erdkugel.[15] Aber wie die Theorie des Tianxia zeigt, kann man durch Unterwerfung der materiellen nicht die spirituelle Welt in Besitz nehmen. Das bedingt, dass die Logik der Unterwerfung früher oder später auf einen Wendepunkt zusteuert, wo sie sich in ihr Gegenteil verkehrt. Der Eindruck, dass Aufstieg und Untergang mächtiger Imperien in der Geschichte einem unausweichlichen Schicksal folgen, ist lediglich ein mystizistisches Narrativ. Der »Wendepunkt«, von dem hier die Rede ist, ist kein Mythos, sondern das Aufkommen eines widerständigen Gegengewichts, anders ausgedrückt, das Entstehen einer symmetrischen Gegenstrategie. Eine der entscheidenden Voraussetzungen dafür ist, dass die modernen Wettkampfstrategien, Techniken, Organisationsformen sowie die Art und Weise der sozialen Mobilisierung sich allmählich in allgemein zugängliches »Gemeinwissen« verwandeln. Das ermöglicht das Auftreten wirkungsvoller Reaktionskräfte, anders ausgedrückt, die Unterdrückten erhalten die Fähigkeit zu effektiver Revanche und neutralisieren oder zersetzen die Überlegenheit des Imperialismus. Es bedarf wahrscheinlich mehrerer Wendepunkte, um das Scheitern der politischen Logik des Imperialismus sichtbar herbeizuführen. Der erste war das Ende des Kolonialismus durch das reihenweise Entstehen souveräner Staaten nach dem Ende des Zweiten Weltkrieges. Der nächste war das durch den Kalten Krieg geschaffene atomare Gleichgewicht, die sogenannte Garantie gegenseitiger Vernichtung mit ihrem gewaltigen Gefahrenpotential. Schließlich das Auftreten des nichtstaatlich organisierten Terrorismus als Vorankündigung einer globalen Katastrophe. Der vermutlich wichtigste Wendepunkt ist die Globalisierungsbewegung mit den sozialen Netzwerken als ihrem Markenzeichen. Sie bedeutet eine höchst positive und optimistisch stimmende Veränderung. Alle diese Wendepunkte zeigen an, dass der Imperialismus keine Politik von Dauer sein wird.

4. Grenzen und Allumfassenheit

Das symbolische Spezifikum moderner Politik sind »Grenzen«. Anders ausgedrückt, das grundlegende Prinzip moderner Politik ist die Ziehung klar definierter Trennlinien für alle Geschöpfe, das Ergebnis ist die Entstehung aller Arten legal definierter Grenzen. Am einflussreichsten sind die der individuellen Menschenrechte und die der souveränen Staaten. Die Menschenrechte definieren das Grenzgebiet des Individuums, die Souveränität die Grenzen des Staates. Grenzziehungen sind natürlich keine Erfindung der Moderne und sie sind auch kein Spezifikum der europäischen Kultur, sämtliche Zivilisationen haben in unterschiedlichem Maße die Tradition von Grenzziehungen. Doch nur die Art und Weise von Grenzziehung durch die Politik der Moderne hat das Leben und die Welt tiefgreifend verändert, und zwar zumindest in folgenden Punkten:

1. Eindeutigkeit: Traditionelle Abgrenzungen waren häufig nicht hinreichend eindeutig, sie wurden in stillschweigendem Einverständnis oder gewohnheitsmäßig gezogen und ließen immer viel Raum für Dispute. Moderne Grenzen sind dagegen durch Gesetz beglaubigte und klar definierbare Trennlinien, aus denen die Rechte und Pflichten, die Befugnisse und ihre Beschränkungen jeder Existenz abgeleitet werden.

2. Geschlossenheit: Da Abgrenzungen in traditionellen Gesellschaften nicht hinreichend eindeutig waren, bildeten sich nur selten komplett geschlossene Grenzen. Anders ausgedrückt, traditionelle Grenzziehungen reichten aus, um die Merkmale einer Sache zu klären, aber sie sorgten selten für eine eindeutige Abgrenzung zu anderen Dingen. In der Sprache der Logik bedeuteten traditionelle Abgrenzungen, »dass eine Sache zumindest die Merkmale a, b, c besitzt«, doch schloss diese Beschreibung nicht weitere, mit a, b, c möglicherweise nicht übereinstimmende Merkmale aus. Auch die moderne Grenzziehung bedeutet, dass eine Sache die Merkmale a, b, c besitzt, sie schließt jedoch damit nicht übereinstimmende Wesensmerkmale aus.

3. Souveränität: Die klare Definierbarkeit geschlossener Grenzen konstituiert die vollständige Macht über das Gebiet innerhalb der Grenzen, d. h. die Souveränität. Die kleinste politische Entität der Souveränität ist das Individuum, die größte ist der Staat. Die philosophische Grundlage der Souveränität ist die Subjektivität. Die individuellen Menschenrechte und die Staatssouveränität haben Subjekt-Charakter. Aber durchaus nicht alle Existenzformen mit Subjekt-Charakter besitzen anerkannte Souveränität, die moderne Politik anerkennt beispielsweise keine kulturelle Souveränität. Das schafft Probleme mit weitreichenden Implikationen.

Grenzen konstituieren von anderen durch klare Abgrenzung geschiedene unabhängige Existenzen. Wie zuvor festgestellt, definieren die politischen Entitäten das politische Denken und die politische Ordnung. Da nun die politischen Entitäten der modernen Politik (Individuum bzw. Staat) von anderen klar geschiedene unabhängige Existenzen sind, ist ihre Denkweise vorrangig auf das Bestreben nach Maximierung des eigenen Nutzens unter Ausschluss des Nutzens anderer gerichtet. Anders ausgedrückt, der Ausschluss anderer vom Nutzen hat Vorrang vor gemeinsam geteiltem Nutzen. Gemäß dieser Logik stellt jeder Andere, es sei denn, er sei ein Kooperationspartner, in unterschiedlichem Ausmaß ein »negatives Außen« dar. Konflikte zwischen den unabhängigen Entitäten werden damit unvermeidlich. Und da die Maximierung des Nutzens ein unendlicher Prozess ist, werden Konflikte niemals verschwinden. Das Problem des Außenverhältnisses zwischen Individuen wurde durch den Staat gelöst, der Staat etablierte eine durch ein Rechtssystem geordnete Gesellschaft, und internalisierte auf die Weise die durch Außenverhältnisse getrennten Individuen. Was jedoch die internationale Gesellschaft betrifft – der Ausdruck ist tatsächlich inkorrekt, der internationale Raum bildet in keiner Weise eine Gesellschaft –, ist die Situation völlig anders. Oberflächlich gesehen, verfügt die internationale »Gesellschaft« über ein internationales Recht und andere internationale Abkommen und Institutionen, aber ihrem Wesen nach steckt sie noch tief im Hobbes'schen Dschungel. Im Bereich des Internationalen stellen Grenzen ein Paradoxon dar: Einerseits legen sie die jeweilige unverletzliche Souveränität fest und bedeuten die wechselseitige Anerkennung der Nutzenteilung. Auf der anderen Seite lässt sich nur durch Verletzung von Grenzen anderer zusätzlicher Nutzen erzielen, mit dem Ergebnis, dass alle Territorien außerhalb der eigenen Grenzen stillschweigend als zur Plünderung freigegebene Allmende betrachtet werden. Im System der souveränen Staaten kann jeder Staat, vorausgesetzt er ist ein starker souveräner Staat, sich nach der Logik der Nutzenmaximierung zum imperialistischen Staat entwickeln. Das ist das Narrativ der Moderne. Nur Geduld, sie geht ihrem Ende entgegen, aber die noch schrecklichere postmoderne Kultur ist dabei, im Deckmantel der Heuchelei Kriminalität und terroristische Aktionen zu befördern.

Fahren wie zunächst fort, das Narrativ der Moderne zu erzählen. Das Wesen des Imperialismus bestand darin, alle Gebiete der Erde als nach Belieben zu plündernde Allmende zu begreifen. Konkret gesprochen, wurden »alle anderen Gebiete« außerhalb Europas und Nordamerikas, einschließlich Asiens, Südamerikas und Afrikas, stillschweigend als auszubeutende Allmende betrachtet. Das imperialistische Modell nach dem Vorbild des Great British Empire dauerte bis zum Ende des Zweiten Weltkrieges fort. In diesem Sinn können wir das Ende des Zweiten Weltkrieges als einen Wendepunkt der politischen Logik des Imperialismus begreifen. Nachdem die Kolonien, Halbkolonien und andere unterdrückte traditionelle Staaten zu souveränen Staaten geworden waren, ahmten sie die Systeme, Technologien und Strategien der europäischen Staaten nach und erhielten so zu einem gewissen Grad die Fähigkeit zu Gegenaktionen bzw. Revanche, zumindest die Fähigkeit, Kooperation zu verweigern. Die imperialistische Strategie der direkten Inbesitznahme der Allmenden der Welt erwies sich nun nicht mehr als geeignet, weil es in einer Welt voller souveräner Staaten keine Allmende mehr gab. Daher unternahm der US-Imperialismus, der die weltweite Führungsrolle übernommen hatte, eine Erneuerung des imperialistischen Systems und verwandelte den modernen Imperialismus in den globalen Imperialismus.

Der US-Imperialismus übernahm die weiterhin effektiven Strategien des modernen Imperialismus und verstärkte sie. Das Kolonialsystem des modernen Imperialismus hatte sich überlebt, aber das ungleichgewichtige internationale Handelssystem, ein Erbe des Great British Empire, funktionierte weiter. Daneben funktionierte ein noch wichtigeres Erbe des Great British Empire weiter: die von der englischen Sprache getragene Wissenshegemonie und das ungleiche System der Wissensweitergabe. Das System der Wissenshegemonie verbreitete durch die Aneignung des Modus der Weitergabe und die Monopolisierung der Sprachregelungen die monotheistischen Narrative der Schöpfung, der Gesellschaft, der Geschichte, der Lebensform und der Werte. Es schnitt die anderen Kulturen von ihrem überlieferten Wissen und ihren historischen Lebensadern ab. Es zersetzte die spirituellen Welten anderer Kulturen in bedeutungslose Splitter, so dass sie ihre Sakralität und Integrität verloren. Mit Hilfe des Fortschrittsglaubens (eine säkularisierte Version des Monotheismus) negierte es sämtliche andere Geschichte und Historizität. Es spaltete die Welt in Zentrum und Peripherie, teilte es in eine Welt »der Geschichte und des Fortschritts« und eine »geschichtslose oder zum Stillstand gekommene« Welt. Schließlich verurteilte es mittels dieser Narrative der Ungleichheit die anderen Gebiete zum intellektuellen und spirituellen Rückschritt, bis endlich deren kulturelle Traditionen und deren Spiritualität ihre Geltung verloren. Der US-Imperialismus vertiefte deutlich die politische Hegemonie, die ökonomische Dominanz und die Wissenshegemonie des modernen Imperialismus über andere Staaten, und schuf auf diese Weise eine Welt, die sich völlig am »American way of life«[16] orientierte, an der, wie die US-Amerikaner selbst es gerne ausdrücken, »American Leadership«. Die »American Leadership« wird von Joseph Nye realitätsgetreu als doppelte Führung mittels »hard power« und »soft power« dargestellt, nämlich als ein von den USA geführtes und manipuliertes System bestehend aus globalisierter politischer Macht, globalisiertem Kapital und Markt sowie einem globalisierten Sprachmarkt.[17]

Der US-Imperialismus verfügt über zwei weitere, das System souveräner Staaten überschreitende und im Weltmaßstab angelegte Erfindungen: die Hegemonie über das Finanzwesen und die der Staatssouveränität übergeordnete Menschenrechtsstrategie. Nach QIAO Liangs (乔良) Analyse haben die USA durch die Herrschaft des Dollars das erste Finanzimperium der Geschichte geschaffen, eine völlig neue und geniale Erfindung: 1971 lösten sich die USA vom Goldstandard und das Bretton-Woods-System brach zusammen. »Die USA entfachten weltweit eine Bewegung, die man als den ›perfekten Sturm‹ bezeichnen könnte – die Globalisierung –, und errichteten auf der Grundlage von Dollarnoten ein nie da gewesenes Finanzimperium. Die Fühler dieses Finanzimperiums erstrecken sich in die entlegensten Winkel des Erdballs, überall kam es wie auf Knopfdruck zu Vervielfältigungen: Der Dollar überflutete die Welt, der Reichtum floss zurück in die USA.«[18] Die Hegemonie des Dollars raffte nicht nur direkt durch die Kontrolle über die Abwicklung des Welthandels und der Vermögen Superprofite, sie garantierte zugleich die Kapitalzufuhr und Dominanzposition der USA. Dabei vollzog sich eine wunderbare Entstehung von Vermögen aus dem Nichts: Die unangefochtene militärische Stärke setzte sich um ins Prestige des Dollars, das Prestige des Dollars garantierte dessen Export und der Dollar-Export verwandelte sich zurück in unermessliche Vermögen. Die Hegemonie des Dollars wurde zu purer und gründlicher kapitalistischer Ausbeutung, zu globaler Ausbeutung mittels »virtuellem Kapital«. Sobald sich Widerstand dagegen erhebt, entfachen die USA mit Hilfe der Kapitalüberlegenheit des Dollars Finanzkriege, die den Währungen und der Wirtschaft anderer Gebiete schwerste Schäden zufügen und schrecken selbst vor militärischen Interventionen nicht zurück. Nach QIAO Liangs Schlussfolgerungen dienten die von den USA entfachten Kriege der letzten 20 bis 30 Jahre dem Schutz der Hegemonie des Dollars.

Eine weitere Erfindung des US-Imperialismus ist die Hegemonie über die Menschenrechte. Ihr ikonischer Slogan lautet »Menschenrechte stehen über Souveränitätsrechten«, was bedeutet, dass im Namen der Menschenrechte Einmischung in die Angelegenheiten anderer Staaten, deren Behinderung und Manipulierung, selbst die Entfesselung von Kriegen »legitim« sind. Theoretisch gehören Menschenrechte in der Tat zu den universellen Prinzipien, die das Nationalstaatensystem außer Kraft setzen. Aber sie werden dazu benutzt, die spezifischen Interessen der USA zu schützen. Dazu gehört die hegemoniale Kunstfertigkeit, »etwas Allgemeines in etwas Besonderes umzuwandeln«, d. h., die USA besitzen die privilegierte Deutungsmacht in Bezug auf universelle Werte. Diese Kunstfertigkeit kann sich an Raffinesse mit der seinerzeitigen Kunstfertigkeit des Christentums messen, »etwas Besonderes in etwas Allgemeines umzuwandeln«. Der heilige Paulus interpretierte den speziellen christlichen Glauben und die speziellen Geschichten von Jesu Leiden und Auferstehung zur universalen Rettung der Welt um und gab auf diese Weise dem Christentum seinen universellen Charakter. Heutzutage nutzen die USA ihre erdrückende ökonomische und militärische Stärke, um sich die Deutungsmacht über das

Konzept der universellen Menschenrechte anzueignen, sie »privatisieren« die Deutungsmacht über universelle Konzepte. Sie bemächtigen sich unter dem Schutz von »hard-power« der »soft-power«. Das entspricht dem nie vollendeten Traum des Christentums von der spirituellen Vereinheitlichung. Von der Umwandlung des »Besonderen ins Allgemeine« zur Umwandlung des »Allgemeinen in ein Besonderes«, in beiden Fällen handelt es sich um bewundernswert raffinierte Strategien der Weltherrschaft eines Staates nach dem Motto »Die Schlange verschlingt den Elefanten«.

In diesem globalimperialistischen Spiel werden die USA nicht nur durch ihre gewaltige Macht zu Spielgewinnern, sie werden auch zum Subjekt, das allein die Macht besitzt, die Art des Spiels zu wählen und die Spielregeln zu bestimmen. Den USA ist es gelungen, im Weltspiel zum einzigen Subjekt außerhalb des Gesetzes zu werden und drei Rollen in sich zu vereinen: mitzuspielen, die Regeln festzusetzen und die Art des Spiels zu bestimmen. Sie werden so zum einzigen Staat, der das Privileg hat, das System souveräner Staaten übergreifende »doppelte Grenzen« zu besitzen. Darunter ist zu verstehen, dass die USA das Recht besitzen, neben den international allgemein anerkannten sichtbaren Grenzen, einseitig unsichtbare Grenzen zu errichten. Dazu gehören die faktische Kontrolle bzw. Dominanz der USA über die internationalen, einen Großteil der Erde umspannenden Systeme, insbesondere das Finanzsystem, das Mediensystem, die sozialen Medien, das System der Sprachproduktion und natürlich auch die globale Militärmacht. Das hat zur Folge, dass die unsichtbaren Grenzen der USA in die meisten Gebiete der Welt hineinreichen. Die USA sind bei der Errichtung ihrer Hegemonialmacht derart erfolgreich, dass sie nahe daran sind, ein dem Tianxia-System ähnliches Weltsystem zu schaffen. Aber die »Pax Americana« wird trotz nach wie vor anhaltender Blüte nicht überdauern, ihre Autorität beginnt im Gegenteil allmählich zu bröckeln. Es gibt zwar zahlreiche Analysen des möglichen Niedergangs der USA, aber sie gehören fast alle zu den traditionellen Theorien vom Aufstieg und Untergang, sie beschäftigen sich fast ausschließlich mit strategischen Fehleinschätzungen und Herausforderungen von außen, ohne zu akzeptieren, dass die wirkliche Ursache in der Beschränktheit der Logik des Imperialismus liegt.

Der Imperialismus hat zwar den Ehrgeiz, die Welt zu beherrschen, aber sein Blick auf die Welt ist der des Staates, nicht des

Weltinteresses, er betrachtet den Staat als höchstes Subjekt und die Welt als Objekt der Beherrschung. Daher reduzieren sich, gleichgültig, wie weit er seine Dominanz ausdehnt, seine Vorstellungen vom Nutzen und seine Wertvorstellungen auf die Messlatte des Staates. Man kann behaupten, dass Weltanschauungen, denen das »Tianxia ohne Außen« fehlt, keine Aussicht besitzen, eine wirklich universale Ordnung zu begründen. Und genau aufgrund dieses Mangels, hat der Imperialismus ein von Grund auf verkehrtes Verständnis der für den Aufbau einer universalen Ordnung erforderlichen Bedingungen. Er pflegt das Missverständnis, Universalität (*universality*) entstehe aus Universalisierung (*universalization*), ein tödliches Missverständnis. Das Gegenteil ist richtig, logisch wie praktisch ist Universalität die Voraussetzung für Universalisierung, Universalität entsteht auf keinen Fall durch Propagierung des Universalismus. Das ist der Unterschied zwischen unilateralem und kompatiblem Universalismus und zugleich der grundlegende Unterschied zwischen einer imperialistischen Weltordnung und der Tianxia-Ordnung des kompatiblen »Miteinanders der zehntausend Völker«.

Die grundlegende Bedeutung des Tianxia-Konzepts liegt in der Erkenntnis, dass nur eine Welt »ohne Außen«, d. h. eine vollständig inkludierte Welt ohne ein Außen, die ontologische Bedingung einer universalen Ordnung ist. Die Inklusion der Welt ist Voraussetzung für eine universale Weltordnung. Das heißt, Inklusion ist die ontologische Bedingung von Universalität. Nur die Verwirklichung der Inklusion der Welt schafft die Möglichkeit universaler Ordnung und lässt sie im nächsten Schritt universalistisch werden. Fehlt diese Voraussetzung, provoziert der Versuch, die eigene Ordnung als universal zu propagieren, zwangsläufig den Widerstand der außenstehenden Existenzen. Solange in der Politik ein Außen existiert, fehlt der universalen Weltordnung die Existenzgrundlage, kann die Welt nicht zur Welt werden. Die Etablierung einer Weltordnung verlangt daher zunächst die Anerkennung des apriorischen Konzepts des »Tianxia ohne Außen«, um anschließend mittels der politischen Logik der Inklusion der Welt eine universale Weltordnung zu errichten.

Jede Art politischer Logik, die das Prinzip des »ohne Außen« ablehnt, verfolgt ausnahmslos eine exklusive Nutzenmaximierung, die unvermeidlich die Welt in Ausbeuter und Ausgebeutete, in

Herrschende und Beherrschte teilt. Sie bedeutet die Konstruktion eines Außen, die der Logik der Inklusion »ohne Außen« genau entgegengesetzt ist. Der Grund für das letztliche Scheitern der politischen Logik des Imperialismus liegt darin, dass er zwangsläufig auf gewisse unüberwindliche Schwierigkeiten stößt. Diese Schwierigkeiten sind häufig paradox, einige seien im Folgenden genannt:

1. Das Paradoxon des Xunzi, das auch als Paradoxon der Kooperierenden bezeichnet werden kann. Kooperation ist in der Lage, in absoluter Menge größeren Nutzen zu produzieren, daher ist Kooperation für jedermann notwendig. Aber angenommen, jeder Mensch strebt nach persönlicher Nutzenmaximierung (die Annahme des »homo oeconomicus«), dann entsteht zwangsläufig das Problem ungerechter Verteilung, das zu Konflikten und dem Zerbrechen von Kooperation führt. Dieses Problem ist nur im Rahmen einer inklusiven politischen Entität lösbar. Die Theorie der Moderne und die historischen Fakten zeigen, dass eine inklusive politische Entität, gleichgültig ob es sich um einen Staat, eine Gemeinschaft, selbst eine Mafia handelt, in der Lage ist, mittels Etablierung eines verbindlichen Verteilungs- und Produktionssystems dieses Problem zu lösen. Das Problem besteht darin, dass eine noch nicht inklusive Welt kein allgemein akzeptiertes System der Nutzenverteilung besitzt, und da alle den Menschen aufgezwungenen imperialistischen Spielregeln zwangsläufig anhaltenden Widerstand, Gegenreaktion oder Verweigerung der Kooperation hervorrufen, bleibt zur ihrer Durchsetzung nur Unterdrückung durch brutale Gewalt oder technologische Überlegenheit übrig. Die Strategie des Einsatzes von Gewalt vergrößert aber nur die künftigen Schwierigkeiten

2. Das Paradoxon der Nachahmung. Gemäß dem oben beschriebenen »Test der strategischen Nachahmung« wird in einer Wettkampfsituation, wo Wissen und Technologien nicht monopolisierbar sind, jede wettbewerbstaugliche Strategie in einem länger anhaltenden Wettkampf zu gemeinsamem Wissen, jeder Teilnehmer am Wettkampf ahmt unvermeidlich die am meisten wettbewerbstauglichen Strategien nach, und am Ende entsteht eine Pattsituation nach dem Modell des Gefangenendilemmas, bis hin zum gemeinsamen Untergang. Entscheidend dabei ist, dass Strategien, die das Ziel exklusiver Nutzenmaximierung verfolgen oder auf Anwendung von Gewalt zurückgreifen, sich

dem Test durch allgemeine Nachahmung unterziehen müssen. Das heißt, sie sind zwangsläufigen Revancheaktionen ausgesetzt und daher nicht in der Lage, allgemein akzeptierte bzw. allgemein gültige Spielregeln aufzustellen. Das bedeutet, dass die Etablierung einer universalen Ordnung mit Hilfe der imperialistischen Logik ein Paradoxon ist: der Versuch, eine Ordnung zu etablieren, produziert Widerstand gegen diese Ordnung.

3. Das Paradoxon der ausschließlichen Deutungsmacht. Mittels Kontrolle der Medien zur Darstellung geistiger Produktion erhält man scheinbar die exklusive Deutungsmacht über das geistige Leben, die Werte und Wahrheiten. Diese Autorität aufrechtzuerhalten, ist allerdings schwierig. Das Problem liegt in der Strategie der Deutungsmacht: Um die Legitimität der Hegemonie zu beweisen, um hegemoniale Handlungen zu beschreiben und zu deuten, verwendet man legitime Begriffe, wie z. B., im Namen der Erhaltung des Friedens, der Menschenrechte oder Befreiung Kriege anzuzetteln, im Namen von Freiheit und Demokratie Freiheit und Demokratie zu zerstören, im Namen der Menschenrechte die Rechte anderer Menschen oder im Namen der politischen Korrektheit traditionelle Werte zu negieren usw. Das sorgt dafür, dass legitime Begriffe zu Hüllen von Begriffen mit kriminellem Inhalt werden. So entsteht das Paradoxon der Deutungsmacht. Wenn Begriffe des Guten die Legitimität sämtlicher Handlungen in sich enthalten, dann verliert der Begriff des Guten automatisch seine Bedeutung, weil dieses »Gute« das Schlechte zwangsläufig mit einschließt. Wir kennen das logische Theorem »Falsche Thesen schließen alle Thesen in sich ein (einschließlich wahrer)«. Logisch betrachtet, ist das ein korrektes Theorem, aber übertragen auf die strukturell ähnliche politische Deutung ist es katastrophal: Wenn ein richtiger Begriff alle Handlungen in sich einschließt, beweist das nur, dass der »richtige« Begriff ein falscher ist. Aus anderer Perspektive betrachtet: Würden wir behaupten, es gäbe eine logische Regel, die besagt »Wahre Thesen schließen sämtliche Thesen in sich ein (einschließlich falscher)«, würde das Theorem automatisch in sich zusammenfallen. Übernimmt man diese Struktur zur Begründung der Behauptung »richtige Begriffe umfassen sämtliche Handlungen«, dann umschlösse der »richtige Begriff« auch Verbrechen und fiele damit in sich zusammen.

Dass durch politische Entitäten wie Individuum, Nation, Staat, Religion definierte politische Logiken nicht in der Lage sind, eine Weltordnung allgemeiner Teilhabe zu entwickeln und Probleme im Weltmaßstab zu lösen, hat seine Ursache darin, dass durch Grenzen bestimmte Konzepte gedanklich nicht auf die Welt ausgerichtet sind und nicht auf die Welt vorbereiten. Unter den Bedingungen der Globalisierung benötigt die Welt eine universale Ordnung, die Nutzenteilhabe garantiert, andernfalls wird sie außerstande sein, verantwortlich eine nach-imperialistische Ordnung zu tragen. Wenn einst die imperialistische Ordnung so geschwächt sein wird, dass sie nur mehr dem Namen nach existiert, besteht die Gefahr, dass die Welt der Zerstörung durch unvorstellbare terroristische Aktionen, religiöse Bewegungen oder irrationale Abenteuer anheimfällt. Deshalb benötigt die Welt dringend eine neue Form des Tianxia-Systems, anders ausgedrückt, die Welt muss sich in ein Tianxia umwandeln, um ihre Sicherheit aufrechtzuerhalten. Nur eine mit Hilfe der Logik des »Tianxia ohne Außen« in ein vollständig internalisiertes Tianxia umgewandelte Welt gibt Hoffnung auf die Errichtung einer Weltordnung allgemeiner Teilhabe.

5. Die materiellen Voraussetzungen eines neuen Tianxia

Die Moderne geht ihrem Ende zu, nicht die Geschichte. Vielleicht findet zu irgendeinem unbekannten Zeitpunkt auch die Geschichte ihr Ende, vielleicht aber auch nie, wir können es nicht wissen. Fukuyamas Ende der Geschichte war, wie Huntingtons Zivilisationskonflikte beweisen, eine voreilige Schlussfolgerung, aber auch Zivilisationskonflikte sind lediglich ein noch ungelöstes und wieder aufgetauchtes altes Problem. Die tatsächliche neue Geschichte wird die Geschichte des von der Globalisierung neu geschaffenen Spiels sein. Obwohl nichts auf das Ende der Geschichte hindeutet, handelt es sich dabei um eine ernsthafte Frage. Sie hat ihren Ursprung in christlichen Vorstellungen, aber die christliche Vorstellung ist nur eine von mehreren möglichen Versionen des Endes der Geschichte. Sollte die Geschichte irgendwann einmal ihr Ende finden, wird es nicht in Form einer Entscheidungsschlacht über Gut und Böse geschehen, auch nicht in Form eines göttlichen Jüngsten Gerichts und anschließender Errettung. Die wahrscheinlichere

Version ist das Ende der Menschheit, ein selbstmörderisches Ende, ein Jüngstes Gericht der Menschheit über sich selbst ohne Errettung. Die schlimmste Version ist die logisch gesehen wahrscheinlichste. Die selbstmörderische Bewegung der Menschheit begann mit der Moderne, mit dem Bestreben des Menschen, zum Subjekt der Schöpfung zu werden, mit dem Versuch, Gott zu werden, es begann damit, dass der Mensch die menschliche Gier erneut zum legitimen Recht erklärte.

Vor allem anerkannte die Moderne die Berechtigung des Egoismus, sie definierte rationales Verhalten als die mit der Logik übereinstimmende Art und Weise, nach Maximierung des eigenen Nutzens zu streben. Dieses moderne Prinzip enthält die Wurzel allen Übels: Bereits der Egoismus selbst enthält in sich die Möglichkeit allen möglichen Übels, die legale Rechtfertigung des Egoismus dagegen enthält in sich die Zwangsläufigkeit allen Übels. Ein weiteres grundlegendes Streben der Moderne ist die Unterwerfung der Natur und grenzenlose Entwicklung. Diese dem Fortschrittsglauben entstammenden Ideen vergrößern die durch menschliches Handeln verursachten Risiken enorm. Sie verstärken nicht nur die Fähigkeit zu morden (Atomwaffen, biochemische Waffen, elektronische Waffen, genetische Waffen), sie vermehren auch Möglichkeiten, die Menschheit durch Missachtung natürlicher Schranken zu vernichten (Gentechnologie, intelligente Maschinen). Wissenschaftliche Prophezeiungen und Science-Fiction-Erzählungen müssen nicht unbedingt Wirklichkeit werden, aber diese fiktiven Prophezeiungen und Geschichten implizieren die reale gedankliche Logik der Menschheit, was bedeutet, das Denken der Menschheit bewegt sich tatsächlich in diese Richtung. Sobald entsprechende technologische Möglichkeiten vorhanden sind, wird sich die Menschheit mit großer Wahrscheinlichkeit auf diese gefährlichen Dinge einlassen. Science-Fiction-Romane sind keine Prophezeiungen, aber sie sind Konfessionen der inneren Stimme der Menschheit.

Als ein neuartiges Spiel ist die Globalisierung dabei, die Ordnung der Moderne zu zersetzen, nicht nur die politische, sondern auch die gesellschaftliche und kulturelle Ordnung. Die durch die Globalisierung herbeigeführte rasche Entwicklung von Technologien schafft einen in der Menschheitsgeschichte noch nie da gewesenen gefährlichen Ungleichgewichtszustand: Die technologischen Möglichkeiten überschreiten die Selbstregulierungskräfte des Systems. Dieser Ungleichgewichtszustand verschärft sich dramatisch, technologische Möglichkeiten und die Fähigkeiten des Systems treten mit großer Geschwindigkeit immer weiter auseinander. Auf der einen Seite haben wir eine täglich zunehmende technologische Entwicklung, auf der anderen Seite eine zunehmende Verminderung der Möglichkeiten des Systems. Wenn wir nicht rechtzeitig ein Weltsystem mit hinreichender Kontrollfähigkeit etablieren, werden sich die technologischen Möglichkeiten unmittelbar in Macht umsetzen, sobald sie einen kritischen Punkt erreicht haben. Der Zeitpunkt, wo der Mensch nahezu göttliche Fähigkeiten erreicht haben wird, kann für die Menschheit der kritische Punkt der Katastrophe sein, d. h. der Weltuntergang. Die Vertreter des Fortschrittsglaubens verwerfen solche Schreckensbotschaften stets optimistisch als Alarmismus, aber dieser Optimismus fußt auf bloßem Glauben und bietet nicht die geringsten Garantien. Im Unterschied zu Gott ist der Mensch nicht allmächtig, anders als Gott verfügt er nicht über unzählige Welten, es gibt keine Sicherheitskopie der Welt, es läuft auf den Versuch hinaus, in einer beschränkten Welt Schrankenlosigkeit herzustellen, aber das lässt die Wirklichkeit nicht zu. Cantors Welt existiert nur in der Mathematik, in der realen Welt führt sie zwangsläufig zum Zusammenbruch der Welt. Schrankenlosigkeit bedeutet unbeschränkte Möglichkeiten, und das bedeutet angesichts der beschränkten Fähigkeiten des Menschen, dass zu jeder Zeit unvorhersehbare und unkontrollierbare Elemente auftreten können. Da wir nicht über Gottes unbeschränkten Möglichkeiten entsprechende unbeschränkte Fähigkeiten verfügen, führt der Traum von der Schrankenlosigkeit in einer beschränkten Welt unweigerlich zu deren Zusammenbruch. Dieser Weltuntergang wäre das von der Menschheit über sich selbst verhängte Jüngste Gericht. Die Auslöschung der Menschheit durch von ihr geschaffene, aber nicht kontrollierbare Kräfte ist eine reale Möglichkeit, Vernichtung durch gegenseitiges Abschlachten oder die Rache der Natur.

Wie oben besprochen, verfügt das auf Wettbewerb ausgerichtete Spiel der Moderne während der Zeit des Aufstiegs und der Blüte über enorme vitale Kräfte. Deren Geheimnis besteht darin, dass eine kleine Zahl von Staaten, gestützt auf asymmetrische technologische Überlegenheit, die Welt aufteilt und ausbeutet. Mit der allmählichen umfassenden Modernisierung des gesamten Planeten, insbesondere der raschen Ausbreitung der Informationstechnologie, wird das monopolisierte Wissen zu Gemeinwissen, die asymmetrische Überlegenheit verliert sich und das Konkurrenzspiel wird langsam unprofitabel. Wir befinden uns bereits im globalen Spiel, aber ein neues System hat sich noch nicht gebildet und die alten Regeln des Spiels der Moderne sind noch in Kraft. Dieser disharmonische Zustand beginnt bereits dazu zu führen, dass deren Denkmuster und Aktionsformen häufig ins Leere laufen. Es zeigt sich, dass die Anwendung der Denk- und Aktionsmuster der Moderne auf das neue Spiel und die neuen Fragen sich als untauglich erweisen, sogar gegenteilige Effekte bewirken, wie z. B. die globale Finanzkrise, der Klimawandel, der Terrorismus, die regionalen Turbulenzen und derartige Krisen zeigen, die uns Menschen ans Ende unserer Weisheit führen. Das klassische Ergebnis vieler Aktionen unserer Epoche ist der Fehlschlag, es wird daher allerhöchste Zeit, die Welt in Ordnung zu bringen. Vor der Globalisierung war die Wendung vom »gemeinsamen Schicksal der Menschheit« nur eine literarisch-rhetorische Figur, heute wird sie zur ernsthaften Frage.

In der gegenwärtigen Situation, wo dem globalen Spiel angemessene Regeln fehlen, bildet sich ein neuer »Urzustand«, eben die instabile Welt vor unseren Augen, voller überall lauernder Gefahren. In einer Situation ohne Weltordnung ist die Menschheit mit einigen hoch riskanten Dingen zu Gange, deren Auswirkungen schwer abzuschätzen sind. Dazu gehört vor allem die voller gewaltiger Möglichkeiten steckende technologische Revolution, bestehend aus der Verbindung von Biologie, künstlicher Intelligenz und sozialen Netzwerken. Gemäß den Prognosen einiger Wissenschaftler steht diese umwälzende technologische Revolution kurz bevor. Eine spezielle Gefahr besteht darin, dass technologischer Fortschritt gewöhnlich als nicht hinterfragbarer Fortschritt der Menschheit betrachtet wird, aber wer kann vorhersagen, ob unkontrollierter technischer Fortschritt nicht in eine gewaltige Katastrophe bis hin zur Vernichtung der Menschheit führt? Theoretisch ist Technologie an sich kein Fehler, aber Technologie kann eine unwiderstehliche Anziehungskraft entwickeln, welche die Menschheit zum Verlust der Kontrolle über sich selbst verleitet. Dem Selbstvertrauen der Menschheit kann man am wenigsten vertrauen.

Wir sind kaum in der Lage, die Risiken bestehender Technik abzuschätzen, daher sind die durch die künftige technologische Entwicklung möglicherweise herbeigeführten Probleme sehr real.

Führt der technologische Fortschritt in der Zukunft zu einer neuen Art von Diktatur, gegen die sich niemand mehr wehren kann? Das ist durchaus denkbar, falls es Menschen gibt, die das wollen. Die Menschheit wünscht z. B. Technik, die jeder Person »umfassenden« Komfort bietet, sie akzeptiert daher, dass die technischen Systeme die Informationen jedes Menschen sammeln und überwachen. Gleichgültig, wohin ein Mensch sich begibt, erfassen Perzeptoren in Realzeit sämtliche Informationen einer Person und liefern ihr sämtliche »nützlichen Informationen«. Die Systeme bieten für jedermann einen Top-Service, aber man gerät möglicherweise durch diesen technischen Rundum-Service in eine unauflösbare Abhängigkeit, ähnlich einer Drogenabhängigkeit (das Internet und die Mobiltelefone schaffen bereits jetzt eine neue Art der Sucht). Der Rundum-Service liefert scheinbar ein Höchstmaß an Wahlfreiheit und Gleichheit, aber zugleich manipuliert er Leben und Denken jedes Menschen. Es handelt sich um eine völlig neue Form von Diktatur, umgesetzt mittels Lieferung von Freiheit und Gleichheit. Das erscheint paradox: Alle Menschen sind frei und gleich, aber zugleich sind alle »freien Wahloptionen« durch den Rundum-Service definiert und vorgegeben, die Freiheit verliert dadurch jegliche Kreativität. Es könnte sich um eine neue, äußerst bequeme Form von Diktatur handeln, sie liefert jedermann den gewünschten und unverzichtbaren Top-Service, was bedeuteten würde, Freiheit und Demokratie führen zum Erfolg der neuen Form einer künftigen Diktatur.

Der eine oder andere mag sich diesem Rundum-Service verweigern, aber von diesem Recht werden vermutlich nur wenige Gebrauch machen, da sie damit auch auf lebensnotwendige Dienstleistungen verzichten müssten. Wenn die Dienstleistungen zum systematisierten Liefersystem für die Abdeckung von Existenzbedürfnissen geworden sind, werden sie zu einer überwältigenden Macht, gegen die Widerstand unmöglich wird, allerdings keine Macht, die etwas mit Gewalt erzwingt, sondern eine manipulative Macht. Die Menschen werden sich »freiwillig« kontrollieren lassen, weil sie das Gesamtpaket der vom technologischen System bereitgestellten Serviceleistungen benötigen. Betrachtet man die heutige Situation, stellen Systeme wie Banken, soziale Netzwerke, Medien und Märkte bereits anfängliche bzw. partielle Zusammenflüsse von Serviceleistungen und Macht dar. Man kann sich vorstellen, dass künftige technologische Systeme Bestandteil von Diktaturen der Rundum-Versorgung mit Dienstleistungen werden. Der Glaube, dass mit der sprunghaften Entwicklung der Wirtschaft und Technologie alle Existenzfragen restlos gelöst und in ein Leben in Freiheit und Demokratie münden würden, ist eine Illusion der Moderne, eine vom Liberalismus und Kommunismus gemeinsam geteilte Illusion. Das Gegenteil ist der Fall, die hoch entwickelte Technologie unterwirft die grundlegenden Existenzbedingungen jedes Menschen komplexen technologischen Systemen, das Dasein verwandelt sich in eine, verglichen mit dem Leben vergangener Zeiten, sehr viel kompliziertere und problematischere Angelegenheit. Statt mittels Arbeit der beiden Hände einfache Probleme zu bewältigen, muss man sich ins System integrieren, mit dem Ergebnis, die Mühen des Daseins mechanischen Prozessen, die weder Erfolgserlebnisse noch Kreativität kennen, zu überlassen.

Die Macht der Zukunft stützt sich womöglich auf Serviceleistungen, »service is power«[19]. Noch bequemere, noch gezieltere, noch vollständigere und umfassendere globale Dienstleistungen werden zur Basis der neuen Macht im Zeitalter der Globalisierung. Mao Zedong hat einst gefordert, die Macht müsse »dem Volke dienen«, damals war das vermutlich nur die Illusion einer politischen Utopie, von heute aus betrachtet, enthält dieser Slogan anscheinend eine ungewollte, der Zeit vorauseilende Information: Die meiste Macht erhält derjenige, der den meisten Menschen Service bietet, der beste Service kann in die größte Macht konvertiert werden. Es muss darauf hingewiesen werden, dass Service nicht das Ziel der Macht ist, es geht vielmehr darum, durch Serviceleistungen diktatorische Macht zu erlangen. Die Menschheit der Zukunft wird womöglich nicht umhinkommen, sich dem umfassenden System der Serviceleistungen zu unterwerfen und sich unter der hypnotischen Wirkung des Systems »freiwillig« institutionalisieren (*institutionalized*) zu lassen. Die Diktatur neuen Stils ist kein Problem, womit Freiheit und Demokratie im Sinne der Moderne fertig werden, weil sie ihren Erfolg mittels Freiheit und Demokratie erzielt, sie ist ein paradoxes Produkt von Freiheit und Demokratie. Der moderne Mensch stürzte durch die Entwicklung des Marktes und der Demokratie die Diktaturen, doch produzieren die voll entfalteten Märkte und Demokratien eine Diktatur neuen Stils. Diese scheinbar irrationale Wendung besitzt jedoch ihre innere Logik:

Markt und Demokratie besitzen die gleiche Struktur, sie basieren auf Massenentscheidungen. Zur Vermeidung von Machtmonopolen ist das effektiv. Das Problem ist nur, dass Macht schlauer ist als Markt und Demokratie, sie packt jede Gelegenheit beim Schopf, die neue Macht verwendet neue Strategien: Sie kommt zunächst den Wünschen der Massen entgegen, im nächsten Schritt formt sie die Wünsche der Massen, schließlich kontrolliert sie die von den Massen benötigten Dienstleistungen, um am Ende mittels marktkonformer und demokratischer Entscheidungen die Macht einer Diktatur neuen Stils zu etablieren. Die Stärke dieser neuen Diktatur liegt in ihrem parasitären Charakter, ein Parasit, der sich im Markt und der Demokratie festsetzt und sich nicht entfernen lässt. Das erinnert an Platos Prophezeiung: Politik ist ein Kreislauf, Diktatur weckt im Menschen den Wunsch nach Demokratie, und Demokratie transformiert sich in Diktatur. Unter gegenwärtigen Bedingungen ist das Problem unlösbar.

Eine der Gefahren der Diktatur neuen Stils ist die in der systemischen Macht (*systemical power*) angelegte systemische Gewalt (*systemical violence*). Sie existiert allgegenwärtig in einer systematisierten Lebensform, es handelt sich um eine Gewalt, gegen die nirgends Einspruch oder Anklage erhoben werden kann. Es existiert kein handelndes Subjekt, das dafür Verantwortung übernimmt. Die Unterdrücker selbst bilden das für das Leben in seiner Gesamtheit erforderliche System (wenn ich mich richtig erinnere, hat Slavoj Žižek Anklage gegen diese Art der Gewalt erhoben). Die systemische Gewalt entspringt nicht nur dem technologischen und ökonomischen System, auch Systeme wie das Informations- und das Sprachsystem etc. tragen dazu bei, Menschen und Dinge zu Teilen des Systems zu machen. Die systemische Gewalt fügt den Menschen keine direkten physischen Verletzungen zu, sie nimmt ihnen die Freiheit durch Regeln, Verfahren und Ordnungen, durch Einschränkung von Möglichkeiten, sie übt prozedural korrekt Kontrolle aus. Diese Kontrolle ist ein kaum zu erfassendes Verbrechen, sie übt mittels von den Beteiligten akzeptierten Spielregeln auf »legale Weise« psychische Kontrolle aus. Verglichen damit ist eine diktatorische Regierung, gegen die man nicht aufzubegehren wagt, obwohl man Groll gegen sie hegt, eine Diktatur auf niedrigem Niveau. Die systemische Gewalt ist dagegen eine Diktatur auf hohem Niveau, sie sorgt dafür, dass die Menschen mittels

Regulierung durch algorithmische Datenspeicherung ihre Reflexionsfähigkeit verlieren, bei Denkprozessen steht ihnen nur das vom System zugelassene politisch korrekte Vokabular zur Verfügung. Die systemische Diktatur produziert falsches Denken, das in Wahrheit wie ein Roboter nur Anweisungen wiederholt oder durch verwirrte semantische Bedeutungen verwirrtes Denken produziert. Wenn Denken nur in politisch korrekter Sprache möglich ist, ist man gezwungen, korrektes Vokabular für kriminelle Inhalte zu verwenden, wie zum Beispiel den Schutz der Menschenrechte als Ausdruck für das Anzetteln von Kriegen, die Berufung auf Menschenrechte als Grund für die Begnadigung von Mördern oder die Brandmarkung des Schutzes von Opfern und der Bestrafung von Mördern als Verstoß gegen die Menschenrechte. Ein gegenwärtig für jedermann erkennbares Phänomen ist die weitgehende Gleichförmigkeit der Sprache in den Massenmedien, ja selbst im wissenschaftlichen Diskurs. Das ist gefährlich, nur die Sprache von geistig Minderbemittelten weist diese Art von Gleichförmigkeit auf. Man könnte geradezu glauben, dass sich die Sprache der Medien bereits in eine moderne Theologie verwandelt hat. Dieses seelische Sklaventum ist Ausdruck massiver Gewalt.

Die Demokratie wurde bereits gekidnappt und kann sich nur schwer aus der Geiselnahme befreien, weil die Demokratie selbst allgemein bekannte Schwächen aufweist, die das Kidnapping begünstigen. So ist z. B. die Neigung zur Aggregation von Präferenzen (*aggregation of preferences*) eine wenig erfreuliche Art der öffentlichen Entscheidungsfindung. Die Aggregation von individuell rationalen Entscheidungen (*the aggregation of individual rational choices*) führt häufig zu irrationalen kollektiven Entscheidungen (*collective irrational choice*). Demokratien haben Schwierigkeiten, von Interessengruppen gelenkte Propaganda und Abstimmungen zu verhindern, weil diese manipulativen Maßnahmen prozedural legal sind. Zu diskutieren ist auch ein weniger offensichtliches Problem: Die Verfassungen sind dem Anschein nach ein letzter Schutzwall, aber wie es mit der Rechtmäßigkeit von Verfassungen selbst aussieht, ist bis heute ungeklärt. Demokratie wird gewöhnlich stillschweigend als Beweis der Rechtmäßigkeit einer Verfassung betrachtet, aber dieser Beweis steht auf schwachen Füßen. Logisch gesehen, muss die Verfassung, da sie ja wirkungsmächtig den Bereich der gesamten Bürgerschaft umfasst, eine universelle Vereinbarung sein, der sämtliche Bürger einhellig zugestimmt haben. Der Beweis für die Einhelligkeit der Zustimmung aller Bürger ist schwer zu führen. Mehrheitliche Zustimmung bedeutet jedenfalls keine einhellige Zustimmung. Daher bleibt, theoretisch gesprochen, die universelle Vernunft als einziger Beweis für eine universell einhellige Meinung, aber universelle Vernunft kann nicht demokratisch definiert werden.

Während die Menschen die moderne Demokratie wertschätzen und verteidigen, hat sie die neue Macht bereits insgeheim umgemodelt. Sie ist dabei, sich aus einer Demokratie in eine »Publikratie« (publicracy)[20] zu transformieren. Ich verwende den Begriff »Publikratie«, um zu verdeutlichen, dass die ursprünglich auf individueller Wahl beruhende Demokratie dabei ist, sich in eine auf öffentliche Meinung (*public opinions*) gegründete Politik zu verwandeln. Die gesellschaftliche Entscheidungen dominierende öffentliche Meinung besteht aus von den Medien und den gängigen Ansichten vorgebrachten Meinungen und wird von der systemischen Macht produziert, darin findet sich der Übergang von der Eingliederung ins System durch psychische Verführung zur freiwilligen Eingliederung ins System. Es gilt zu beachten, dass Publikratie keineswegs im Gegensatz zur Demokratie steht, sie ist vielmehr ihr Ergebnis. Die Macht versäumt keine Gelegenheit, andere Menschen zu dominieren. Da nun die Demokratie einen öffentlichen Bereich schafft, gibt sie der Macht Gelegenheit, insgeheim den öffentlichen Bereich zu dominieren und als »Publikratie« die Demokratie zu kidnappen. Die Demokratie wird zur Außenhülle der Diktatur und die wirkliche Macht bestimmt die Spielregeln und das System der Preisverleihungen (den Lebensunterhalt). Logisch betrachtet, muss die Publikratie nicht notwendig diktatorisch sein. Solange die öffentliche Meinung nicht das Produkt von im Hintergrund agierenden Mächten ist, sondern sich aus der universellen Vernunft herleitet, kann sie sehr gute Politik sein. Als Aristoteles seinerzeit darauf hoffte, die rationale Dialektik würde in der Lage sein, die auf Zustimmung des Publikums ausgerichteten Marktplatzdebatten zu ersetzen, zielte er auf eine positive Publikratie.

Die von der Globalisierung hervorgebrachte neuartige Macht ist nicht mehr das in der Daseinsform von Grenzen existierende politische Subjekt der Moderne, sondern ein neues Subjekt, das die Form eines globalen Netzes annimmt. Damit ist sie Vorbote eines grundlegenden Wandels von Politik. Wie oben besprochen, bestimmt die Entität des politischen Subjekts, d. h. die Entität, welche die Betriebskosten- und Schlussrechnung des Nutzens vornimmt, die Spielregeln und die Art des Denkens. Die grundlegenden Subjekt-Einheiten der Moderne, das Individuum und der Staat, verfolgen das Ziel eigener Nutzenmaximierung, daher ist das Spiel der Moderne notwendig konkurrenzbestimmt und konfrontativ. Welche Entität des globalen Spiels nimmt nun die Betriebskosten- und Schlussrechnung vor? Ich will nicht behaupten, dass mein Verständnis des globalen Spiels frei von Irrtümern ist, weil das globale Spiel zum großen Teil gerade erst beginnt. Von den heute erkennbaren Fakten ausgehend, lässt sich feststellen, dass die Entität, welche die Betriebskosten- und Schlussrechnung des Nutzens vornimmt, eine Netzwerk-Existenz (*network existence*) darstellt. Das bedeutet das Auftreten eines neuen, das Konzept der Staatensouveränität überschreitenden Subjekts. Es handelt sich seit seinem Auftreten bis zum heutigen Tag um ein Subjekt ökonomischen Nutzens, aber ausgehend von seinem Entwicklungspotenzial wird es sich mit aller Wahrscheinlichkeit in der Zukunft zu einem neuen politischen Subjekt entwickeln, das neben den souveränen Staaten existiert und sie womöglich sogar manipuliert.

Im Verlauf der Vertiefung der Globalisierung wird sich zeigen, dass nicht irgendein Staat Hauptnutznießer der Globalisierung sein wird, sondern die netzförmigen globalen neuen Machtentitäten. Das System des globalen Finanzkapitals, die Systeme der neuen Medien (soziale Netzwerke und Mobiltelefone) sowie andere technologische Systeme sind gegenwärtig die Hauptnutznießer des globalen Spiels und können darauf hoffen, zu den größten Mächten der Welt aufzusteigen. Finanz-, Medien- und andere Systeme sind zwar gegenwärtig noch teilweise auf Staaten beschränkt, aber was ihre praktische Operationsweise und Zukunft betrifft, werden die netzartigen Machtsysteme ihre Macht erweitern, wie Spinnen ihre Netze knüpfen und durch alle Löcher schlüpfen, um allmählich sämtliche Aktions- und Diskursräume unter ihre Kontrolle zu bringen. Sie werden sämtliche Staaten kidnappen und manipulieren (partiell schon jetzt erkennbar) und deren Regierungen zu Agenten des globalen Finanzkapitals oder der technologischen Systeme machen. Die Medien werden darüber entscheiden, welche Meinung willkommen ist, das Finanzkapital darüber, was als profitable Aktion anzusehen ist, die Hochtechnologie über all das, was in Zukunft möglich sein wird. Das globale Finanzsystem, die Systeme der Neuen Medien und die Hightechsysteme sind dabei, die Macht von Diktaturen neuer Art zu formen. Sie werden auf ganz andere Weise als die souveräneren Staaten die Welt beherrschen. Gegenwärtig steht diese Herrschaft ganz am Anfang und ist auf die Wirtschaft beschränkt, aber mit hoher Wahrscheinlichkeit wird sie in Zukunft zu einer realen politischen Macht.

Die Macht ist unaufhörlich auf der Suche nach geeigneten Mitteln und Räumen, um zu wachsen, sie verwendet ständig neue Formen, um sich dem Spiel anzupassen. Netzförmigkeit ist unter den Bedingungen der Globalisierung ihre ideale Existenzform. Daher hat jedes System, das nach Art eines Netzes wachsen kann, die Chance, Mitglied im Club der Mächtigen im globalen Spiel zu werden. Diese neuen Mächte haben es nicht nötig, Regierungen zu bilden, sie besitzen weder Armee noch Polizei, sie schaffen mittels des Angebotes universaler und benötigter »exzellenter Dienstleistungen« Abhängigkeiten der Bevölkerungen und Dominanz über sie und dominieren kraft der Abhängigkeit der Bevölkerungen von den Systemen im nächsten Schritt die Staaten und Regierungen. In ebendiesem Sinne bedeutet Dienstleistung Macht, genauer gesagt, die Dreieinigkeit von Kapital, Technologie und Dienstleistung formt die Macht – das Kapital wird nicht verabsäumen, mit sämtlichen neuen Technologien zu kooperieren, um Macht zu erringen. Die neuen Mächte der Zukunft werden offenkundig die Kontroll- und Steuerungsmöglichkeiten von Staaten und Regierungen übersteigen und zu wirklichen neuen Subjekten der Politik werden. Im Unterschied zur »begrenzten Macht« der modernen souveränen Staaten kann man sie als »systemische Mächte« (*systemical powers*) bezeichnen.

Das von den systemischen Mächten definierte globale Spiel verändert die ontologischen Bedingungen (*ontological conditions*) der Politik. Systeme werden durch Beziehungen (*relations*) gebildet, substantielle Entitäten (Staat und Individuum) werden auf einen nachgeordneten Platz verwiesen. Unter den Bedingungen einer globalen Systematisierung definiert bzw. redefiniert die Natur von Beziehungen den Charakter von Entitäten. Zugleich definiert sie die für das neue Spiel geltenden Spielzüge und Regeln. Die einzelne Existenz (*existence*) verliert damit ihre Integrität und Unabhängigkeit und verwandelt sich in die Funktion einer Koexistenz (*coexis-*

tence). Das verifiziert in gewisser Weise das metaphysische Prinzip des Tianxia: Existenz setzt Koexistenz voraus (*existence presupposes coexistence*). Sobald sich unter den verschiedenen Existenzen eine verstärkte gegenseitige Abhängigkeit herausbildet, gehört die größte Überlebenschance bzw. die erfolgreichste Lebensform nicht der moderne Strategie des Strebens nach exklusiver Nutzenmaximierung, sondern der Inklusion-der-Welt-Strategie des Strebens nach Maximierung des gemeinsam geteilten Nutzens. Unter der Bedingung gegenseitiger Abhängigkeit endet das Streben nach exklusiver Nutzenmaximierung in Rückschlägen oder in selbst verschuldetem Unheil. Warum verliert die Hegemonialmacht des Imperialismus zunehmend an Wirkung? Die Ursache ist die Veränderung der ontologischen Bedingungen des globalen Spiels. Wenn der gemeinsame Nutzen den exklusiven Nutzen übersteigt, werden die Strategien, die sich dagegen wehren, umprofitabel, übersteigen die Verluste die Gewinne. Nur systemische Macht ist dann noch in der Lage, durch die Kontrolle des gemeinsamen Nutzens einen größeren Anteil am Nutzen für sich herauszuholen.

In einer vorstellbaren Zukunft werden die verschiedenen globalisierten Systeme die Welt noch enger zusammenrücken lassen. Die globale Systematisierung schafft die materielle Voraussetzung für ein neuartiges Tianxia. Aber die systematisierte materielle Welt wird sich nicht automatisch in ein Tianxia verwandeln, weil die globalisierte Welt nach wie vor nicht über die spirituellen Voraussetzungen für das Tianxia verfügt. Der Egoismus der systemischen Mächte wird kein Weltsystem der Nutzenteilhabe etablieren. Eine Welt, die allen Menschen gehört, muss nach einem Welt-Konzept heranwachsen. Dieses Welt-Konzept ist das von Guanzi formulierte Prinzip des »Tianxia als Tianxia« bzw. das von Laozi formulierte Prinzip, »das Tianxia als Tianxia betrachten«. Aber dieses Welt-Konzept liegt offenkundig nicht in der Absicht der neuen Macht. Die aus globalem Kapital, Technologie und Dienstleistungen zusammengesetzte systemische Macht ist zwar im Vergleich zum souveränen Staat ein neuartiges politisches Subjekt, aber sie strebt nach wie vor nach Maximierung des eigenen Nutzens und der eigenen Macht. Ihr Interesse ist die Herrschaft in Form einer neuartigen Weltdiktatur und nicht der Schutz einer Welt gemeinschaftlichen Nutzens. Ihre potentiellen Fähigkeiten machen sie noch gefährlicher als den Imperialismus.

Wir können nicht wissen, was die Zukunft bringt, aber wir können analysieren, welche künftigen Möglichkeiten bestehen. Angenommen, die neu aufkeimende globale systemische Macht hält an der Dreieinigkeit von Kapital, Technologie und Dienstleistung fest und entwickelt sich von einer ökonomischen zur politischen Macht, dann sind folgende Möglichkeiten denkbar:

1. Das Interesse der systemischen Macht an globaler Ausbeutung überwiegt das am Krieg, und sie werden alles daransetzen, Kriege zu vermeiden. Das wäre als Fortschritt zu betrachten, schließt aber nicht aus, dass sie unter bestimmten Bedingungen souveräne Staaten zu territorial begrenzten Kriegen manipulieren, um hartnäckige Widerstände zu beseitigen.

2. Sobald sie in der Lage ist, die Welt zu kontrollieren, überwiegen ihre politischen Interessen die ökonomischen. Das Konzept der systemischen neuen Macht ist vermutlich der »technokratische Idealismus«, sie wird versuchen, mittels Hightech das Leben der Menschen unablässig zu verändern und neu zu definieren. Dieses Ideal erfordert einerseits die Bereitstellung exzellenter Serviceleistungen, anderseits diktatorische Macht.

3. Ihr höchstes Interesse gilt der unbeschränkten technologischen Entwicklung, zumindest in gleichem Maße wie dem Interesse an der Macht. Die systemischen neuen Mächte könnten dafür sorgen, dass Wissenschaft und Technik zur künftig einzigen Religion werden, die skrupellos alle kulturellen Tabus durchbricht und die Natur, Gott und die moralischen Traditionen ohne Rücksicht auf Verluste herausfordert. Auf diese Weise wird es höchstwahrscheinlich zu einigen höchst gefährlichen technischen Errungenschaften kommen. Das gilt vor allem für revolutionäre Erfolge, die Biologie, künstliche Intelligenz und neue Energien miteinander verbinden. Die Wissenschaftler stellen alle möglichen Vermutungen über das Auftreten solcher atemberaubender Ergebnisse an. Niemand kann die Zukunft vorhersehen, aber eines ist gewiss: Die Technologie der Zukunft wird den Menschen überragende Fähigkeiten verleihen, aber ihre moralischen Fähigkeiten werden damit nicht Schritt halten (Moral ist eine kulturelle, keine technologische Qualität). Eine technologische Entwicklung ohne Tabus wird dazu führen, dass die Wahrscheinlichkeit des Weltuntergangs vermutlich weit größer sein wird als die eines glücklichen Lebens.

4. Die technologische Entwicklung wird mit hoher Wahrscheinlichkeit die Herrschaft von mit überragenden Fähigkeiten und absoluter Macht ausgestatteten »Übermenschen« hervorbringen. Milde formuliert, wird es sich um eine neue herrschende Klasse handeln, wenn es härter kommt, wird der »Übermensch« eine extrem machtvolle neue Spezies bilden, das ungleiche Kräfteverhältnis wird Revolutionen unmöglich machen, der mit übermenschlicher Stärke ausgestattete Übermensch wird den Klassenkampf zu einer Erzählung aus alten Zeiten werden lassen, es könnte sich sogar ein »Speziesismus« herausbilden, neben dem der Rassismus zu einer lächerlichen Alltäglichkeit wird. Auch der Zusammenstoß der Kulturen würde damit Geschichte.

Die technische Revolution wird dafür sorgen, dass der größte Teil unserer heutigen politischen Probleme verschwinden wird. Schon Wittgenstein hat darauf hingewiesen, dass sich gewisse Probleme nicht durch Lösungen, sondern durch das Verschwinden des Problems erledigen. Alte Probleme werden verschwinden, aber der Weltuntergang wird zu einer ernsthaften Zukunftsfrage und ist keine literarische Phantasie. Das Problem, auf das wir unablässig hinweisen, lautet: Ohne ein Weltsystem, das durch gemeinsame Teilhabe am Nutzen die Handlungslogik des Strebens nach egoistischer Nutzenmaximierung verändert, solange sich uneingeschränkte technologische Entwicklung mit uneingeschränktem Egoismus paart, gehen wir höchstwahrscheinlich auf den Weltuntergang zu. Das menschliche Streben nach Besitz von Technologien zur Unterwerfung der Natur bei gleichzeitigem Festhalten am Naturzustand des Egoismus bedeutet ein ontologisches Ungleichgewicht, das zur Vernichtung der Menschheit führen kann. Unsere natürliche Veranlagung zum Egoismus zu ändern, ist unmöglich, verliert ein Lebewesen seine natürliche Anlage zum Egoismus, verliert es unmittelbar die ihm eigenen Mechanismen zum Schutz des Lebens und ist nicht mehr lebensfähig. Zugleich muss der Mensch, als Teil der Natur, der Natur gehorchen. Überschreitung der von ihr gesetzten Schranken führt mit hoher Sicherheit zum Kontrollverlust und zur Selbstvernichtung. Die natürliche Ordnung ist die ontologische Grenze, die Wissenschaft und Technologie nicht überschreiten dürfen. Aus diesem Grund behaupte ich, dass die uneingeschränkte und unkontrollierte technologische Entwicklung die größte Gefahr für die Existenz der Menschheit darstellt.

Die technologische Diktatur der systemischen neuen Macht ist noch eine Zukunftsvision. Dringender ist die Gefahr, dass der noch immer die Hegemonialstellung behauptende Imperialismus ein ebenso gewaltiges Interesse an hoch riskanten Technologieentwicklungen besitzt und versucht, mit ihrer Hilfe seine Hegemonie zu behaupten. Die Entwicklung hoch riskanter Technologien ist irrationales Verhalten, und diese Irrationalität entspringt den die Welt dominierenden Großmächten. Wir können daher nicht hoffen, durch internationale Organisationen die Macht des Staates oder die systemische Macht an irrationalen Handlungen zu hindern. Nur die Schaffung einer den Staaten übergeordneten universalen Weltordnung kann eine technologische Diktatur imperialistischer Hegemonialmächte oder globaler systemischer neuer Mächte verhindern, aus der sich die Welt nicht wird befreien können, bzw. verhindern, dass die Welt in Wahnsinn und Untergang treibt. Hierin liegt die Bedeutung des neuen Tianxia-Systems.

6. Ein Wörterbuch des neuen Tianxia

Die hier von uns dargestellte Geschichte des antiken Tianxia-Systems erzählt die Schaffung eines politischen Systems, das seine Entstehung einer in tausend Jahren nicht wiederholbaren spezifischen historischen Situation verdankt. Die gegenwärtige Situation der Globalisierung stellt ebenfalls eine besondere historische Situation dieser Art dar. Ihre Fragestellungen sind zwar völlig andere als diejenigen vor dreitausend Jahren, aber auch sie verlangen eine analoge politische Schöpfung. Um zu verhindern, dass die Welt von Hegemonialmächten dominiert wird, und um die Möglichkeit künftiger Hightechkriege bzw. die totalitäre Diktatur eines technologischen Systems zu verhindern, müssen wir, um die mit der Moderne entstandene Hegemoniallogik zu überwinden, ein neues Tianxia-System, eine allen Menschen zugehörige Weltordnung schaffen. Darin liegt die Aktualität des antiken Tianxia-Systens für die heutige Welt und seine Bedeutung für die Zukunft der Welt.

Ein neues Tianxia-System hat die Probleme der heutigen Welt zu lösen, es kann daher keine Neuauflage des antiken Tianxia-Systems sein. Ein neues Tianxia-System ist kein Märchen von der allgemeinen Glückseligkeit, sondern der Versuch, ein System zu schaffen, das der Menschheit allgemeine Sicherheit und gemeinsame Nutzenteilhabe garantiert. Es ist kein neues System der Weltherrschaft, sondern ein System zum Schutz einer Welt »ohne Außen« (*inclusive*). Es verfolgt die Absicht, eine koexistentielle (*coexistential*) Daseinsform der Welt zu sichern, die mit der Moderne entstandene exklusive Daseinsform aufzugeben und damit die Menschheit vor dem Schicksal eines völligen Scheiterns zu bewahren.

Da wir die Zukunft nicht vorhersehen können, sind wir nicht in der Lage vorherzusagen, ob ein künftiges Tianxia-System jemals Wirklichkeit wird. Aber falls diese Möglichkeit besteht, könnte das »Wörterbuch« des neuen Tianxia-Systems einige Schlüsselbegriffe enthalten, die mit denen des antiken Tianxia-Systems in Verbindung stehen. Ich verwende die von Rawls als »lexikalische Ordnung« (*lexical order*) bezeichnete Darstellungsmethode,[21] allerdings unterscheidet sich mein Verständnis von Anordnung von der Rawls'schen. Rawls Anordnung dient dazu, Prioritäten klarzustellen: Um Schwierigkeiten bei einer Entscheidung zwischen zwei gleichermaßen wichtigen Dingen zu vermeiden, sagt die Anordnung, dass das Vorangestellte höhere Priorität als das Nachfolgende besitzt. Unsere Anordnung soll dagegen nur deutlich machen, dass das Vorangestellte logisch dem Nachgestellten vorangeht, dass also das Vorangestellte das Nachfolgende in sich einschließt und das Nachfolgende das Vorangestellte umsetzt. Sie bedeutet keine Prioritätensetzung nach Wichtigkeit, weil beide gleich unverzichtbar und gleich wichtig sind.

1. **Das Dao des Himmels** (天道). Das Dao des Himmels, d. h. das Dao der Natur ist ein Begriff aus der Natur-Theologie bzw. ein metaphysischer Begriff. Das Dao des Himmels bedarf keines Beweises, weil es sich bereits in sämtlichen Daseinsformen der Dinge erkennbar manifestiert. Das meinte Konfuzius, als er sagte, der Himmel tue sich kund, ohne zu sprechen. Analog einer ähnlichen Formulierung Wittgensteins gehört das Dao des Himmels zum »Unaussprechlichen«. Als Seinsgrenze kann der Mensch diese nicht überschreiten, um das Dao des Himmels zu beweisen. Mit anderen Worten, das Dao des Himmels ist apriorisch bzw. transzendental (*transcendental*), jede Übertretung ist eine selbstzerstörerische Handlung, gleich einer Selbstverneinung. Das Dao des Himmels (*the way of nature*) ist kein Objekt der Wissenschaft, kein von der

Wissenschaft definiertes Naturgesetz (*the laws of nature*), sondern die Art und Weise, mit der die sich verändernde Natur selbst im Gleichgewicht erhält (*the way of autoharmonizing*). Diese Daseinsform der Natur wurde als Referenzkriterium der menschlichen Daseinsweise betrachtet:

1.1 **Übereinstimmung mit dem Himmel** (配天). Da das Dao des Himmels die Richtschnur alles Existierenden ist, muss das Dao des Menschen als Bestandteil des Dao des Himmels diesem entsprechen, das wird als »Übereinstimmung mit dem Himmel« bezeichnet. Sie bedeutet, dass die Natur die Grenzen der Freiheit markiert, die Schöpfung ist der Maßstab des Menschen, das ist der Wille des Himmels (天意). Das Gegenteil ist das Handeln wider den Himmel (逆天). Wenn der Mensch gegen den Willen des Himmels verstößt, anders ausgedrückt, gegen die Absicht des Seins (*telos of being*), dann kann als Folge der vom Menschen verursachten Störung des Gleichgewichts der Natur seine Selbstvernichtung erfolgen. Das Dao des Himmels ist daher die absolute Schranke der menschlichen Existenz. Der Mensch hat nur innerhalb der Welt des Dao des Himmels die Freiheit des Schaffens (z. B. entsprechen die Erfindungen des Rades, der Sprache, der Antibiotika dem Dao des Himmels; die Erfindung der Atomwaffen, der durch Gen-Engeneering geschaffene unsterbliche Übermensch, die Erfindung neuer Geschöpfe, die Mensch und Maschine in sich vereinen, sind wider den Himmel gerichtete Schöpfungen). Die Beschränkung menschlicher Freiheit durch das Dao des Himmels meint vermutlich: Wenn eine freie Schöpfung ein mögliches, von den freien Fähigkeiten des Menschen nicht kontrollierbares Risiko einschließt, dann handelt sie »wider den Himmel«. Die grundlegende Verantwortung des Tianxia-Systems besteht darin, Menschen durch die Macht des Systems daran zu hindern, Risiken einzugehen, für deren Konsequenzen sie keine Verantwortung übernehmen können, d. h. sie daran zu hindern, »wider den Himmel« zu handeln. Das gilt insbesondere für technologische oder politische Risiken, die unkontrollierbare Konsequenzen haben. Das dient der Aufrechterhaltung der existenziellen Sicherheit der Menschheit.

1.2 **Alles Lebende gewähren und fortleben lassen**« oder »**Sein durch Werden**« (生生). Da die Schöpfung ein Werk der Natur ist, liegt es in deren Absicht, aller Existenz das Weiterexistieren zu ermöglichen, allen Lebewesen die Möglichkeit zu geben, sich zu vermehren und zu gedeihen. Die wichtigste Voraussetzung dafür ist Koexistenz. Mit anderen Worten, ohne Koexistenz kann eine Existenz nicht fortexistieren. Das ist der »Wille des Himmels«, die Intention des Tianxia-Systems muss dem entsprechen. Es muss durch ein System allgemeiner Wohlfahrt die Vielfalt der Welt schützen und mit Hilfe des Prinzips der Koexistenz Daseinsbeziehungen gegenseitiger Ergänzung und Unterstützung schaffen, so dass der koexistenzielle Nutzen größer ist als der exklusive.

1.3 Die Welt »**ohne Außen**« (无外) ist eine Voraussetzung für die Koexistenz der Menschheit. Anders ausgedrückt: Eine entscheidende Voraussetzung für allgemeine Sicherheit und ewigen Frieden, ist das Tianxia ohne Außen, d. h. die Inklusion der Welt. Die Welt wird eine inklusive Welt ohne ein Außen. Das Tianxia-System wird zu einem Schutzsystem der Welt ohne Außen und zu einer universalen Weltordnung zum Schutz der Welt. Es handelt sich um ein antihegemoniales und antiimperialistisches System, da das Tianxia-System der ganzen Welt und nicht einem Staat gehört. Es ist die Idee des »Tianxia als Tianxia« (Guanzi) und auch die Gerechtigkeit des »Tianxia gehört allen« (*Buch der Riten*). Der Idealzustand einer inklusiven Welt ist »eine Sippe innerhalb der vier Meere«, was bedeutet, das Tianxia gehört allen Menschen gemeinsam und schafft eine Art familiärer Bindung. Diese Ideal-Version der »Welt ohne Außen« ist schwer realisierbar, wir setzen unsere Hoffnung lediglich auf eine Basis-Version, nämlich die inklusive Welt.

2. **Relationale Rationalität** (关系理性) als Grundprinzip des Dao des Menschen. Das Dao des Menschen nimmt das Dao des Himmels als Richtschnur, seine vorrangige und essentielle Verpflichtung ist der Schutz der allgemeinen Sicherheit der Menschen. Daher ist das rationale Prinzip des Dao des Menschen die relationale Rationalität. Deren vorrangige Sorge gilt der wechselseitigen Sicherheit, indem sie den Ausschluss von Krieg zur grundlegenden Forderung macht und Konkurrenz auf ein Ausmaß reduziert, das die Möglichkeit, sich gegenseitig Schaden zuzufügen, auf ein Minimum beschränkt. Relationale Rationalität ist das Prinzip der Systemlogik des Tianxia-Systems, weil das Tianxia keine exkludierende Daseinsentität darstellt, sondern eine koexistenzielle Entität in größtmöglichem Umfang. Daraus folgt:

2.1 Die **Minimierung der Möglichkeit, sich gegenseitig Scha-**

den zuzufügen (互相伤害最小化), ist die direkte Anwendung des Prinzips »Alles Lebende gewähren und fortleben lassen«. Die Minimierung der Möglichkeit, sich gegenseitig zu schaden, ist eine notwendige Voraussetzung koexistenzieller Beziehung. Sie entspricht der rationalen Entscheidung für die größtmögliche Vermeidung von gefährlichen Risiken, sie ist das rationale Prinzip per se. Minimierung der Möglichkeit gegenseitiger Schädigung bedeutet die Minimierung gefährlicher Risiken, daher hat sie unter rationalem Gesichtspunkt Priorität vor der Maximierung des persönlichen Nutzens.

2.2 Die **Maximierung wechselseitigen Nutzens** (相互利益最大化) ist Ausdruck der Strategie von Tugend und Kompatibilität, d. h. der Strategie des universellen Nutzens und des komplementären Nutzens: Bezeichnet man die Minimierung der Möglichkeit gegenseitiger Schädigung als negatives Rationalitätsprinzip, stellt die Maximierung wechselseitigen Nutzens das positive dar. Ob allerdings die Maximierung wechselseitigen Nutzens rationaler ist als die des eigenen Nutzens, lässt sich nicht durch unmittelbaren Vergleich, sondern nur unter Berücksichtigung der konkreten Umstände feststellen. Da der Zustand globalisierter gegenseitiger Interdependenz eine Voraussetzung des Tianxia ist, befördert unter der Voraussetzung hochgradiger wechselseitiger Abhängigkeit der Menschen die Maximierung wechselseitigen Nutzens den Nutzen jedes Einzelnen bzw. jedes Staates mehr als die Maximierung des persönlichen Nutzens. Sie stellt daher die rationalere Entscheidung dar. So gesehen, hat die Maximierung wechselseitigen Nutzens Priorität vor der Maximierung des persönlichen Nutzens. Konkret umgesetzt, bedeutet das:

2.2.1 Das **konfuzianische Optimum** (孔子改善) ergibt sich als grundlegende Implikation der Maximierung wechselseitigen Nutzens aus dem konfuzianischen Prinzip: »Willst du sicher stehen, hilf anderen, sich aufzurichten, willst du etwas erreichen, hilf anderen, etwas zu erreichen.«[22] Es handelt sich um ein universelles Prinzip mit weitreichender Bedeutung, es besitzt sowohl politische als auch ökonomische und ethische Implikationen. In der Ethik wird es als aktive Ausformung der konfuzianischen Prinzipien bezeichnet, sie unterscheidet sich maßgeblich von der goldenen Regel der Bibel. (Die passive Ausformulierung des konfuzianischen Prinzips »Was du nicht willst, das man dir tu, das füg auch keinem andern zu«[23] ist mit der goldenen Regel der Bibel absolut identisch.) Wir wollten hier das konfuzianische Prinzip unter politologischen und volkswirtschaftlichen Gesichtspunkten betrachten. Die grundlegende inhaltliche Bedeutung der konfuzianischen Verbesserung besagt: Wenn ein System universell gerechtfertigt ist, dann und nur dann ist seine Existenz gesichert. Der gesellschaftliche Gesamtnutzen erfüllt nur dann das Pareto-Optimum, wenn der Nutzen jedes Einzelnen ausnahmslos das Pareto-Optimum erfüllt. Das bedeutet, das Pareto-Optimum des gesellschaftlichen Gesamtnutzens muss das Pareto-Optimum jedes Einzelnen sein, was bedeutet, dass jeder Einzelne eine Nutzensteigerung erfährt.

2.2.2 Das **Dao der Kompensation von Verlusten** (损補之道) hat seinen Ursprung in der Formulierung von Laozis Prinzip der Regelung des natürlichen Gleichgewichts: »Das Dao des Himmels ist es zu mindern, was im Übermaß ist, um zu mehren, wo Mangel besteht.«[24] Laozi war der Überzeugung, dass die überzogene Entwicklung von Dingen bzw. die übertriebene Steigerung des Nutzens Einzelner zu Gleichgewichtsstörungen und diese unvermeidlich in die Katastrophe führen. Gleichgewichtsverlust muss daher begrenzt werden. Laozis Prinzip stimmt partiell mit Rawls' »Differenzprinzip« (*difference principle*) überein, sie unterscheiden sich jedoch in der Begründung. Rawls' Prinzip gründet sich auf die Gleichheit, Laozis Prinzip steht in keinem Zusammenhang mit Gleichheit, sondern folgt aus einem ontologischen Gleichgewichtsgrundsatz, der besagt, dass alles Bestehende nur fortexistieren kann, wenn es sich im Gleichgewicht befindet, der Gleichgewichtsverlust führt zum Verlust der Lebensfähigkeit. Selbst der Gewinn des größtmöglichen Nutzens führt, wenn er überzogen ist, zum Untergang. In Laozis Worten: »Manche Dinge werden durch Minderung vermehrt, andere werden durch Vermehrung gemindert«, was bedeutet, dass Minderung des Nutzens der Starken auch deren Existenz sichert, andernfalls »erlangen die Starken nicht ihren (natürlichen) Tod«.[25] Man sieht, dass es Laozi nicht aus Gründen der Gleichheit um die Fürsorge der Schwachen ging, sondern aufgrund des Gleichgewichts zur Aufrechterhaltung der Lebensfähigkeit aller Menschen und des wechselseitigen Nutzens. Dieses Gleichgewichtsprinzip stammte vermutlich aus dem Konzept des Yin-Yang-Gleichgewichts im *Buch der Wandlungen*, wo Yin-Yang die funktionale Metapher des Gleichgewichts darstellt. Alle Daseinslebensenergie befindet sich in einem dynamischen Gleichgewicht.

2.2.3 Die **gegenseitige Rettung** (互相拯救) ist der aktivste Ausdruck des Prinzips der Maximierung gegenseitigen Nutzens. Es handelt sich um ein idealistisches, aber zugleich auch realistisches Konzept. Gegenseitige Rettung ist die vollkommen realisierte »Tugend«: »Menschen vor dem Tod zu bewahren, sie aus Drangsal zu befreien, sie vor Unheil zu retten und ihnen aus der Not zu helfen, bedeutet Tugendhaftigkeit. Alle im Tianxia werden sich dorthin wenden, wo Tugend herrscht.«[26] Gemeint ist damit, anderen Menschen oder Staaten in Gefahr beizustehen, ohne zu verhandeln oder Bedingungen zu stellen, bedeutet die vollständige Verwirklichung der Tugend. Hier nähert sich das Tianxia dem Ideal der »einen Sippe zwischen den vier Meeren«.

3. Auch **kompatibler Universalismus** gehört zum Erbe des antiken Tianxia-Systems mit aktueller Bedeutung. Dass es auf der Welt zahlreiche Meinungsverschiedenheiten, selbst Konflikte zwischen unterschiedlichen kulturellen Wertvorstellungen gibt, ist eine feststehende Tatsache. Die Denkweise des Monotheismus tendiert zur Auffassung, dass die eigenen Wertvorstellungen die Leitwerte für die Welt sein müssen, und bezeichnet sie als universelle Werte. Andere Wertvorstellungen werden als tolerierbare kulturelle »Unterschiede« (*diversities,* 多样性) von Kulturen betrachtet. Diese »Toleranz« (*tolerance*) entspringt keineswegs dem Respekt vor anderen Kulturen, sie rückt Fremdkulturen vielmehr an die Peripherie der Leitkultur. Der Begriff der Toleranz birgt die Konnotation von Ungleichheit in sich. Im Unterschied zum kulturellen Unterschied erkennt das Tianxia-System dagegen die »Vielfalt« (*pluralism,* 多元性) von Kulturen an. Im Verständnis der universellen Werte verbirgt sich ein Missverständnis: Üblicherweise werden universelle Werte so interpretiert, dass sie auf jedes Individuum anwendbar sind (*applied to every individual*). Diese Interpretation ist jedoch logisch unhaltbar, weil jede Kultur davon ausgeht, dass ihre Werte universell auf jedermann anzuwenden sind. Das aber führt zwangsläufig in ein Paradoxon: Wenn eine Kultur annimmt, dass ihre Werte auf jedermann anzuwenden sind, dann kann jede Kultur annehmen, dass ihre Werte auf jeden Menschen anzuwenden sind. Dieses Ergebnis kann aber per definitionem nur als partikularistisch

gelten. Im Unterschied dazu interpretiert der kompatible Universalismus die universellen Werte als »auf jede Beziehung anwendbar« (*applied to every relation*). Universelle Werte können nur in Bezug auf »Beziehungen« und nicht auf Individuen definiert werden. Der kompatible Universalismus vermeidet dieses Paradoxon. Daher:

3.1 **Alle durch symmetrische Beziehungen definierte Werte sind universell.** Die goldenen Regeln aller Kulturen, der konfuzianischen wie der christlichen, formulieren durch symmetrische Beziehungen definierte Werte. Das beweist die Relationalität universeller Werte. Durch symmetrische Beziehungen definierte universelle Werte werden zwingend als universell anerkannt, das ist der logische Beweis dafür, dass es sich um relationale universelle Werte handelt.

3.2 **Alle nicht durch symmetrische Beziehung definierten Werte sind partikularistische Werte.** Sie stellen kollektive Präferenzen einer bestimmten Kultur dar, sind nur innerhalb dieser Kultur, aber nicht in deren Außenbeziehungen anzuwenden und dürfen niemand aufgezwungen werden.

Niemand kann die Zukunft vorhersehen. Das »Wörterbuch des Tianxia« ist daher offen für Verbesserungen und neue Einträge. Das hier besprochene Vokabular des Tianxia-Systems übernimmt mehr oder weniger die Gene des antiken Tianxia-Systems, sie werden jedoch im Lichte aktueller Fragestellungen neu erzählt und mit neuer Bedeutung versehen. Das neue Tianxia, sollte es je das Licht der Welt erblicken, wird sich vom antiken Tianxia unterscheiden. Zahlreiche internationale Experten haben bezüglich des Tianxia Zweifel geäußert: Sollte die Welt tatsächlich eines Tages zu einem Tianxia-System werden, wessen Tianxia würde es sein? Wessen Ordnung? Wird sie unter Chinas Hegemonie stehen? Mit anderen Worten, theoretisch gesehen soll das Tianxia sich am Nutzen der Gesamtwelt orientieren, aber verbirgt sich dahinter nicht ein Plan für Chinas Weltherrschaft? William A. Callahan ist ein typischer Vertreter dieser Ansicht: Das Tianxia-System ist womöglich eine Pax Sinica. Callahan äußert seine Zweifel dergestalt: »Zhao Tingyang zeigt auf den Westen, der auf Kosten des Nutzens anderer seine partikularistische Weltanschauung propagiert, diese Kritik ist berechtigt. Aber tut er nicht das Gleiche? Unternimmt er nicht den Versuch, ein partikularistisches chinesisches Konzept der

Welt aufzunötigen?«[27] Und: »Durchaus nicht jedermann wünscht dem Tianxia-System beizutreten.«[28] Eine interessante Frage. Meine Antwort lautet: Auch wenn das Konzept des Tianxia aus China stammt, ist es seiner Bedeutung nach ein weltweit gültiges Konzept, vergleichbar mit dem Konzept der Menschenrechte, das aus Europa stammt, aber weltweite Gültigkeit besitzt. Was die »fehlende Bereitschaft des Beitritts zum Tianxia« angeht, so verwechselt Callahan womöglich das Tianxia-System mit dem heutigen realen China. Er möchte vermutlich sagen, dass viele Völker und Staaten nicht willens sind, sich Chinas Herrschaft zu unterwerfen. Dieses Urteil, so richtig es ist, ist jedoch kein zur Fragestellung passendes Argument. Das heutige China ist ein souveräner Staat, kein Tianxia, Argwohn gegenüber dem heutigen China kann keine Zweifel am Tianxia-System begründen. In meiner Darstellung des Tianxia-Systems habe ich versucht zu zeigen:

1. Das Tianxia-System ist für die Welt, nicht für einen Staat gedacht.
2. Das Tianxia-System ist offen, es ist eine generelle Einladung an alle Völker und Staaten.
3. Am wichtigsten ist, dass die Absicht des Tianxia-Systems die Schaffung reziproker Beziehungen der Begünstigung ist, einer Welt, worin gemeinsamer und geteilter Nutzen exklusiven Nutzen übertrifft. Es rechnet daher darauf, dass die Attraktivität des Beitritts stärker ist als die der Ablehnung.

Es ist natürlich möglich, dass nicht alle Staaten dem Tianxia beitreten werden, wenn es denn irgendwann einmal in einer Form, die dem theoretischen Anspruch genügt, Wirklichkeit werden sollte, das muss jeder für sich entscheiden.

Da niemand die Zukunft vorhersagen kann, gibt es keine Antwort auf die Frage, wem das Tianxia der Zukunft gehören wird. Man kann höchstens eine Antwort im Stil von Borges geben: Die Zukunft ist der Scheideweg der Zeit, es kann sowohl dahin als auch dorthin gehen. Das ist natürlich keine zufriedenstellende Antwort, weil es im Grunde keine Antwort darstellt. Tatsächlich muss die Frage lauten: Auf wessen Tianxia sollen wir hoffen? Wird die Frage so gestellt, antworte ich, dass ich nicht daran denke, auf »irgendjemandes Tianxia« zu hoffen. Die Frage selbst ist mehr oder weniger durch das Denken der Moderne irregeleitet. Gemäß der politischen Logik der Moderne scheint es zwangsläufig, dass irgendein mächtiger Staat oder ein Volk im globalen Konkurrenzkampf obsiegen und eine von ihm dominierte Weltordnung etablieren wird. Diese Vorstellung der Moderne ist bereits unter heutigen Bedingungen illusionär, sie wird in Zukunft noch illusionärer werden. Wie oben erörtert, ist die Macht der politischen Entität Staat im Schwinden. Eine aufstrebende Macht neuen Typs, die systemische Macht, wird mittels globaler Systematisierung allmählich die Kontrollmacht und Dominanz der Staatenvielzahl ablösen. Dieser systemischen Macht wird vermutlich in Zukunft die reale politische Macht über die Welt gehören und die Staaten werden lediglich als ihre Agenten fungieren. Es ist nahezu auszuschließen, dass die künftige Welt zum System einer Hegemonialmacht wird, sie wird im Gegenteil das Ende der Hegemonialsysteme bedeuten. Daher – und hier betreten wir den Bereich der Spekulation – wird das neue Tianxia-System vermutlich eine auf die globalen Systeme gestützte Überwachungs- und Regulierungsmacht begründen, insbesondere zum Schutz und zur Regulierung des globalen Finanzsystems, des globalen gemeinsamen Internets und der von allen benutzten technologischen Systeme. Das antike Tianxia-System der Zhou-Dynastie ist ein netzförmiges System der Überwachung und Kontrolle der Vasallen- und Lehnstaaten durch den Staat des Monarchen. Gemäß der evolutionären Logik der Gene dieses Systems unter der Bedingung der Globalisierung wird das neue Tianxia-System möglicherweise das Netzwerk der globalen Systeme durch eine Institution in gemeinsamem Weltbesitz überwachen und regulieren. Auszuschließen ist die Vorstellung, dass das neue Tianxia-System einem Staat zugehörig sein wird, denkbar ist nur eine allen Staaten angehörige und von allen geteilte Weltmacht. Das ist die einzig rationale politische Schlussfolgerung.

Am Ende möchte ich eine weitere, nicht leicht zur diskutierende Frage ansprechen: Kann das System der Riten (礼, *li*) und Musik (乐, *yue*) des antiken Tianxia-Systems zu einem Gen des neuen Tianxia-Systems werden? Der Herzog Dan von Zhou, der Architekt des antiken Tianxia-Systems, schuf außer dem Lehnsystem (Herrschaftsteilung – das weltpolitische System der Einheit in geteilter Herrschaft) auch das System der Musik und der Riten. Wir sind im vorangegangenen Text nur sehr kursorisch und ohne tiefergehende Erläuterung darauf eingegangen, weil sie einen partikularen Aspekt der antiken chinesischen Kultur darstellen und nicht Teil des allgemeinen Weltsystems sind. Bereits die Alten haben in Erkenntnis der Universalität des Tianxia-Systems und der Partikularität des Systems der Musik und der Riten auf seine Propagierung und Verbreitung verzichtet, daher wurden die Riten nicht unter die »ständig zu lehrenden« Prinzipien aufgenommen. Nach der Überlieferung studierte der Herzog von Zhou Erfolge und Fehlschläge der Kultur der Xia- und Shang-Dynastien und schuf als kulturelles Modell zur Nachahmung aller im Bund vereinigten Staaten das System der Riten und der Musik. Es repräsentierte das Lebensideal der Führungsschicht der Zentralebene. D. h., er bestimmte das System der Riten und der Musik als kulturelles Modell, das auf freiwilliger Basis übernommen werden konnte (»zum Studium bestimmt«), es durfte niemandem aufgezwungen werden, daher gehörte es nicht zu den Dingen, die »ständig gelehrt« werden mussten. Das zeigt, dass der Herzog von Zhou klar und deutlich zwischen universellen Prinzipien und partikulären Systemen zu unterscheiden wusste.

Ich möchte im Zusammenhang mit dem Thema der Riten und der Musik auf eine zusätzliche Frage eingehen. Sie betrifft nicht die Frage des Weltsystems, sondern die der Spiritualität der Welt. Die Riten legten eine unterschiedliche formelle Behandlung unterschiedlicher Angelegenheiten, Menschen und Gegenstände fest, also eine unterschiedliche Art des Respekts vor unterschiedlichen Existenzen. Xunzi definierte Riten als »Aufteilung«, das kann als Präzisierung gelten. Die unterschiedliche Art der Ehrbezeugung gegenüber unterschiedlichen Existenzen (Menschen, Angelegenheiten und Gegenständen) besaß einen komplexen kulturellen Charakter: Sie hatte ethische, soziale, hierarchische und ästhetische Bedeutung, sie bedeutete eine vollständige Weitergabe von Wertvorstellungen des Lebens. »Die Riten« dienten der Schaffung eines gegenseitigen Respekts, woran alle partizipieren konnten, als bloße äußere Formen ohne geistigen Gehalt wären sie kein Ausdruck von Respekt gewesen. Bei Konfuzius heißt es: »Welche Bedeutung hätten die Riten für Menschen ohne Menschlichkeit? Welche Bedeutung hätte die Musik für Menschen ohne Menschlichkeit?«[29] Das Wort »Yue« (乐) meint nicht nur Musik, sondern bedeutet, sämtliche Erfahrung einer partizipierbaren ästhetischen Ausdrucksform anzuvertrauen, es bedeutet, mittels einer partizipierbaren ästhetischen Form Erfahrung mitzuteilen, ihr Sinn liegt in der Einbindung übermächtiger und ungezügelter Erfahrung in eine Form des Respekts bzw. der Ehrerbietung gegenüber den Emotionen und zugleich des Respekts vor den Partizipierenden.

Der tiefe Sinn des vom Herzog von Zhou geschaffenen Systems der Riten und der Musik lag vermutlich darin, durch Ehrerbietung vor den Details des Lebens diesem und der Schöpfung der gesamten Welt Sakralität zu verleihen. Die Sakralität der Schöpfung ist nicht Gottes Werk, sondern entspringt der Ernsthaftigkeit des Lebens. Das stimmt mit der Denkweise des *Buch der Wandlungen* überein: Die natürliche Schöpfung und ihre Veränderungen übermitteln dem Menschen Nachrichten des Sakralen, daher verlangt die Schöpfung Respekt. Respekt vor der Schöpfung bedeutet Respekt vor Himmel und Erde, das ist die Übereinstimmung des Dao des Menschen mit dem Dao des Himmels, daher besitzt das menschliche Leben Sakralität. Das Leben hat nur Bedeutung, wenn alles im Leben Sakralität besitzt. Wenn das dahinfließende Leben nicht im Prozess des eigenen Vergehens Sakralität gewinnt, wenn Sakralität nur einem absoluten, ewigen und vollkommenen Gott gehört, dann hat das Leben keinen Sinn. Ritus und Musik stellen den Beweis für die Sakralität des Lebens dar, das veranlasste Konfuzius zu der Aussage, dass der Untergang des Ritus und die Verschlechterung der Musik die schlimmsten Verbrechen sind. Sobald es dazu kommt, hört der Mensch auf, vor der Schöpfung Ehrfurcht zu empfinden, hört die Ehrfurcht vor der Schöpfung auf, Maßstab zu sein, wird die Freiheit des Menschen zum Maßstab der Schöpfung, was letzten Endes zum Verlust sämtlicher Maßstäbe führt. Sämtliche Erfahrungen, Emotionen und alle Kunst verlieren sich im Dröhnenden, Eigensinnigen, Willkürlichen, existieren für den Moment, verschwinden im nächsten und haben keine fortlebende Bedeutung.

Ein politisches System kann nur eine gute Welt gewährleisten, d. h. eine sichere, friedliche und kooperative Welt. Aber eine gute Welt garantiert nicht zwangsläufig ein gutes Leben, d. h. ein Leben, dessen Verlauf von Sinn erfüllt ist. Eine gute Welt ist eine notwendige, aber keine hinreichende Voraussetzung für ein gutes Leben. In diesem Buch habe ich mich darauf beschränkt, zu diskutieren, ob das Tianxia-System die Ursache einer guten Welt sein kann, aber nichts darüber gesagt, wie es auf der Welt ein gutes Leben geben kann. Welche Formen von Ritus und Musik können der heutigen Welt, die ihre Spiritualität verloren hat, die rettende

Erfahrung vermitteln? Selbst Konfuzius wusste damals nichts dazu zu sagen. Das Buch über die Musik innerhalb der sechs Klassiker ist längst verloren gegangen und bis heute unauffindbar, so dass wir uns keine vollständige Vorstellung mehr davon machen können. Die Archäologen haben zahlreiche alte Schriften in Gräbern entdeckt, das Buch der Musik war nicht darunter. Sein Verlust muss möglicherweise als Metapher aufgefasst werden.

Anmerkungen

Vorwort

1 »Das Problem des Fremden« ist eine konzentrierte begriffliche Zusammenfassung des Autors in der Auseinandersetzung mit FEI Xiaotongs (费孝通) Zweifeln am Konfuzianismus; A. d. Ü.

2 ZHAO Tingyang, *Das System des Tianxia* (天下系统), Nanjing: Jiangsu Education Publishing Company 2005.

Einführung
Die Neudefinition des Politischen durch das Tianxia
Fragestellungen, Voraussetzungen und Methoden

1 *Guanzi-Mu Min* (管子-牧民): »Behandelt man die Gemeinde wie eine Sippe, wird sie schlecht verwaltet, behandelt man einen Staat wie eine Gemeinde, wird er schlecht verwaltet, behandelt man den Staat wie das Tianxia, wird es schlecht verwaltet. Behandle die Sippe, wie es sich für die Sippe gehört, die Gemeinde, wie es sich für die Gemeinde gehört, den Staat, wie es sich für den Staat gehört, das Tianxia, wie es sich für das Tianxia gehört.« Das Guanzi (管子) ist eine Sammlung von Texten aus der Zeit der »Streitenden Reiche« (475-221 v. Chr.), die traditionell dem Premierminister des Staates Qi GUAN Zhong (719-645 v. Chr.) zugeschrieben wird; A. d. Ü.

2 Laozi, *Das Buch des Dao und der Tugend* (道德经), Kap. 54, Abs. 2. »Beim einzelnen gepflegt, wird der Charakter echt werden; in der Familie (Sippe) gepflegt, wird der Charakter überströmend werden; im Dorfe gepflegt, wird der Charakter sich mehren; im Staate gepflegt, wird der Charakter gedeihen; in der Welt (Tianxia) gepflegt, wird der Charakter allumfassend werden. Nach dem (Charakter des) einzelnen beurteile den einzelnen, nach dem (Charakter der) Familie (Sippe) beurteile die Familie (Sippe), nach dem (Charakter des) Dorfes beurteile das Dorf: nach dem (Charakter des Staates) beurteile den Staat; nach dem (Charakter der) Welt (Tianxia) beurteile die Welt (Tianxia). Wie weiß ich, daß die Welt (Tianxia) so ist? Durch dieses.« Zitiert nach Lin Yutang (Hg.), *Die Weisheit des Laotse*, Übersetzung aus dem Amerikanischen von Gerolf Coudenhove, Frankfurt/M.: S. Fischer 1955, S. 177.

3 *Gong Yangs Erläuterungen* (zu den Frühlings- und Herbstannalen-Yin *Gong Yuan Nian* (公羊传·隐公元年), 1.1.6: »Für den Herrscher gibt es kein Außen. Zu sagen, er verließe (das Reich), würde behaupten, es gäbe etwas außerhalb.« Das Tianxia der Zhou umfasste die gesamte Welt, es existierte kein Ausland. Begab sich ein Beamter des Kaiserhofes in einen Vasallenstaat, um dort als Berater zu arbeiten oder um politisches Asyl nachzusuchen, konnte von einem Weggang oder einer Flucht ins Ausland nicht gesprochen werden, weil sich alles Gebiet innerhalb des Tianxia befand. *Gong Yangs Erläuterungen* (auch: *Gong Yangs Erläuterungen zu den Frühlings- und Herbstannalen*) ist eine der drei wichtigsten Quellen zur Überlieferung und Erläuterung der *Frühlings- und Herbstannalen*, die dem Konfuzius zugeschrieben werden. Sie entstanden zwischen dem 5. und 3. Jahrhundert v. Chr., der Autor ist unbekannt; A. d. Ü.

4 *Buch der Riten-Kongzi Xianju* （礼记·孔子闲居第二十九）, Nr. 29: »Der Himmel beschirmt alles gleichermaßen ohne Eigennutz, die Erde trägt alles gleichermaßen ohne Eigennutz, Sonne und Mond bescheinen alles gleichermaßen ohne Eigennutz.« Das *Buch der Riten* （礼记）ist eines der kanonischen Bücher des Konfuzianismus. Eine in der Zeit der westlichen Han-Dynastie (202-8 v. Chr.) entstandene Kompilation von älteren Texten, die teilweise Aussprüche des Konfuzius enthalten. Der Autor ist DAI Sheng （戴圣, Lebensdaten unbekannt). Ein nahezu identischer Satz findet sich in LÜ Buwei, *Frühling und Herbst des Meisters LÜ-Meng Chun Ji Qu Si* （吕氏春秋·孟春纪·去私）: »Der Himmel bedeckt alles ohne Eigennutz, die Erde trägt alles ohne Eigennutz, Sonne und Mond leuchten ohne Eigennutz, die vier Jahreszeiten wechseln sich ab ohne Eigennutz.« *Frühling und Herbst des Meisters LÜ* ist ein vom Daoismus beeinflusstes synthetisches Werk der politischen Philosophie, in Auftrag gegeben vom Premierminister des Staates Qin LÜ Buwei (292-235 v. Chr.), entstanden um 240 v. Chr.; A. d. Ü.

5 Nach Carl Schmitt besteht das Wesen der Politik in der »Unterscheidung zwischen Freund und Feind« (siehe Carl Schmitt, *Der Begriff des Politischen*, München und Leipzig: Dunker & Humblot 1932).

6 Der Begriff des Urzustands geht auf Hobbes' Naturzustand zurück, heutzutage bezieht er sich jedoch zumeist auf den Ausdruck des Urzustands bei Rousseau, der im Vergleich zum Begriff des Naturzustands zusätzliche Deutungsmöglichkeiten enthält. Er bezeichnet einen rein theoretischen, der reinen Vorstellung entsprungenen Urzustand. Weitere Angaben dazu siehe ZHAO Tingyang, *Der erste Grundstein der Philosophie* （第一哲学的支点）, Peking: Sanlian Bookstore 2013, S. 151-172 (darin speziell zum Thema das Kapitel »Urzustand und evolutionärer Zustand«; A. d. Ü.).

7 Selbst bezüglich der Vertragsfrage führen die Hypothesen Rawls nicht zwingend zu seinen Schlussfolgerungen, es gibt zumindest zwei logische Mängel: (1) Unter der Voraussetzung des »Schleiers des Nichtwissens« ist gemäß des Prinzips der Risikovermeidung (*risk-aversion*) die

Wahrscheinlichkeit, dass die Menschen eine kommunistische Gesellschaft mit ihrer gleichmäßigen Vermögensverteilung der von Rawls empfohlenen neoliberalen Gesellschaft des freien Wettbewerbs und der sozialen Fürsorge für Arme vorziehen, größer. (2) Nach dem Verschwinden des Schleiers des Nichtwissens wird entsprechend dem Prinzip der individuellen Nutzenmaximierung zumindest ein Teil der Menschen die Neufassung oder Nichteinhaltung des Vertrages vorziehen, anstatt in Fortsetzung der Unwissenheit einen für sie ungünstigen Vertrag zu unterzeichnen.

8 Xunzi, *Wang Zhi* (荀子-王制), Kap. 9.19.

Xunzi (荀子, 313-238 v. Chr.), politischer Philosoph gegen Ende der Epoche der »Streitenden Reiche« (475-221 v. Chr.). Er gilt als kritischer Konfuzianer; A. d. Ü.

9 Xunzi, *Li Lun* (荀子-礼论).

10 *Buch der Riten-Li Yun* (礼记·礼运): »Daher war das menschliche Empfinden das Feld der Weisen Herrscher, sie pflügten es durch Revision und Festsetzung der Riten, sie bepflanzten es durch überzeugendes Beispiel, sie besäten es durch die Vermittlung von Wissen.«

11 *Buch der Riten-Li Yun* (礼记·礼运): »Daher stützen sich die Weisen bei der Festlegung von Regeln auf Himmel und Erde, begründeten sie mit den Prinzipien des Yin Yang, orientierten sich an den Jahreszeiten als allgemeine Richtlinie, nahmen Sonne und Sterne als Richtschnur, nahmen die Mondphasen als Maßeinheit, bedienten sich der Geister und Götter als Lehrlinge, betrachteten die fünf Elemente als Lebensfundament, verwendeten Sitte und Anstand als Werkzeug und betrachteten das menschliche Empfinden als zu beackerndes Feld und die vier großen Himmelstiere (Sternsymbole) als Haustiere.« Die Aussage wird dem Konfuzius zugeschrieben, ist aber vermutlich eine spätere Hinzufügung seiner Schüler.

12 *Buch der Riten-Li Yun* (礼记·礼运).

13 *Buch der Riten-Zhong Yong* (礼记·中庸).

14 Näheres hierzu im Aufsatz des Verfassers: »Die Weggabelungen der Zeit. Zur Aktualität ontologischer Fragen«, in: *Philosophische Forschung (Zhexueyanjiu)* 6 (2014).

15 Seit der »Bewegung vom 4. Mai« (1919) wird die kritische Auffassung vertreten, dass die chinesische Kultur individuelle Freiheit und individuelle Menschenrechte ablehne. Die Auffassung entspricht nicht dem historischen Kontext. Tatsache ist, dass die Frage von individueller Freiheit und individuellen Menschenrechten nicht existierte (und nicht »abgelehnt« wurde), weil die politische Entität des Individuums nicht existierte.

16 Unter »ethischem Dilemma« versteht man die Unmöglichkeit, sich bei einer Wahl zwischen mehreren Gütern für alle entscheiden zu können. Z. B. die Frage, ob es erlaubt ist, einen Menschen zu opfern, um einen anderen zu retten.

17 *Buch der Urkunden-Yao Dian* (尚书·尧典): »Untersucht man die Vergangenheit, so war der Kaiser Yao mit dem Beinamen Fang Xun umsichtig und sparsam bei der Regelung seiner Regierungspflichten, weitblickend und befähigt, das Tianxia zu ordnen, wohl überlegt, großmütig und mitfühlend. Er respektierte die Menschen, war fähig, den Thron zu übergeben, er überstrahlte alle vier Himmelsgegenden, erreichte Himmel und Erde. Er verbreitete Weisheit und Tugend und bewirkte, dass die Sippen in familiärer Nähe und Eintracht miteinander lebten.«

18 FEI Xiaotong (费孝通), *Das ländliche China* (乡土中国), Peking: Sanlian Bookstore 1985 (Erstausgabe 1948), S. 21-33.

19 Laozi, *Das Buch des Dao und der Tugend* (道德经), Kap. 54. Zitiert nach Lin Yutang (Hg.), *Die Weisheit des Laotse*, S. 177.

20 Konfuzius, *Gespräche-Yong Ye* (论语·雍也). Das Zitat lautet im Original: »Willst du eine Stellung erlangen, hilf anderen, eine Stellung zu erlangen, willst du etwas erreichen, hilf anderen, etwas zu erreichen.«

21 Wörtlich: »das Herz des Volkes«; A. d. Ü.

22 Siehe dazu *Frühling und Herbst des Meisters LÜ-Guigong* (吕氏春秋·贵公): »Das Tianxia gehört nicht einem (einzelnen) Menschen, sondern allen (Menschen) unter dem Himmel (gleichermaßen).« Siehe auch *Sechs geheime Strategien–Geheime Militärstrategien* (六韬·武韬·发启): »Das Tianxia gehört nicht einem (einzelnen) Menschen, sondern allen im Tianxia.«

Die *Sechs geheimen Strategien* sind ein militärstrategisches Werk, das der »Huang-Schule« (黄老道家) des Daoismus zugeschrieben wird. Entstanden in der Zeit der »Streitenden Reiche« (475-221 v. Chr.); A. d. Ü.

I. Kapitel
Die Geschichte des Tianxia-Konzepts

1 Konfuzius, *Gespräche-Yan Yuan* (论语·颜渊).

2 Konfuzius, *Gespräche-Wei Zheng* (论语·为政).

3 *Buch der Urkunden-Yi Ji* (尚书·益稷): »Unter dem weiten Himmel, der über das Volk zwischen den Meeren herrscht, respektierten die Bevölkerungen der zehntausend Staaten einander mit Achtung.« *Die Strategie der Streitenden Reiche–Die Strategie des Staates Qi* (战国策·齐策): »Zur Zeit des Großen YU gab es zehntausend Staaten unter dem Himmel.«

(Die Zahl Zehntausend ist nicht wörtlich zu verstehen, sie symbolisiert im Chinesischen eine unbestimmte, sehr große Zahl; A. d. Ü.)

4 WANG Guowei (王国维), *Ausgewählte Studien: Über das System der Yin-Shang* (观堂集林·殷周制度论), Shijiazhuang: Hebei Education Publishing Company 2001, S. 296.

5 *Buch der Urkunden-Mu She* (尚书·牧誓); *Buch der Urkunden-Da Gao* (尚书·大诰).

6 *Buch der Urkunden-Yao Dian* (尚书·尧典).

7 *Buch der Urkunden-Yao Dian* (尚书·尧典); *Buch der Urkunden-Shun Dian* (尚书·舜典).

8 Nach Angaben von SIMA Qian (司马迁), *Historische Aufzeichnungen—Aufzeichnung über die Zhou* (史记·周本纪), waren die Zhou ursprünglich Ackerbauern, wurden später Nomaden und kehrten noch später wieder zum Ackerbau zurück.

Die *Historischen Aufzeichnungen* (史记) sind das erste umfassende Geschichtswerk Chinas, der Autor ist SIMA Qian (司马迁, 145 oder 135-? v. Chr.); A. d. Ü.

9 XU Zhuoyun (许倬云), *Geschichte der Westlichen Zhou* (西周史), Peking: Sanlian Bookstore 2001, S. 77-78.

10 SIMA Qian (司马迁), *Historische Aufzeichnungen—Aufzeichnung über die Zhou* (史记·周本纪).

11 *Guanzi-Ba Yan* (管子·霸言).

12 WANG Guowei (王国维), *Ausgewählte Studien: Über das System der Yin-Shang* (观堂集林·殷周制度论), S. 287-288.

13 Konfuzius, *Gespräche-Xue Er* (论语·学而).

14 *Buch der Urkunden-Da Yu Mo* (尚书·大禹谟).

15 *Buch der Lieder-Xiaoya-Beishan* (诗经·小雅·北山).

Das *Buch der Lieder* (诗经, *Shijing*) ist die älteste Sammlung von Liedern und Gedichten Chinas. Entstanden in der Zhou-Zeit (1000-600 v. Chr). Es gehört zu den kanonischen Büchern des Konfuzianismus; A. d. Ü.

16 *Huainan Zi—Instruktionen über das Thai-Volk* (淮南子·泰族训).

Das *Huainan Zi* (淮南子) ist eine daoistische Enzyklopädie aus der Zeit der westlichen Han-Dynastie (208-8 v. Chr.); A. d. Ü.

17 *Guanzi-Di Shu* (管子·地数).

18 *Das Buch der Berge und Meere-Zhang Shan Jing* (山海经·中山经).

Das *Buch der Berge und Meere* (山海经, *Shan Hai Jing*) ist eine Enzyklopädie aus der Zeit der Streitenden Reiche (475-221 v. Chr.); A. d. Ü.

19 DI Guangzhu (翟光珠), *Normen und Maße im alten China* (中国古代标准化), Taiyuan: Shanxi Peoples Publishing Company 1996, S. 80.

20 SIMA Qian (司马迁), *Historische Aufzeichnunge*n·(史记·卷七十四),·Kap. 74, Peking: Zhonghua Bookstore 1982, S. 2344.

21 *Guanzi-Ba Yan* (管子·霸言).

22 *Guanzi-Wu Pu* (管子·五蒲).

23 Xunzi, *Wang Ba* (荀子·王霸).

24 *Buch der Riten-Zhong Yong* (礼记·中庸).

25 Mozi, *Shang Tong Shang* (墨子·尚同上).

Mozi (墨子, zwischen 490-380 v. Chr.), Gründer der philosophischen Schule des Mohismus; A. d. Ü.

26 *Guanzi-Ba Yan* (管子-霸言).

27 Konfuzius, *Gespräche-Yang Huo* (论语·阳货).

28 Menzius, *Wan Zhang Shang* (孟子·万章上).

29 Laozi, *Das Buch des Dao und der Tugend* (道德经·第-章), Kap. 1: Einige Übersetzungen interpretieren diese Aussage als: »Das sagbare Dao ist nicht das universelle Dao, der benennbare Begriff ist nicht der universelle Begriff.« Diese Interpretation ist zwar nicht völlig falsch, aber sie weicht von Laozis ursprünglicher Bedeutung ab. Das *Daodejing* spricht durchwegs davon, was das Dao ist, und macht dabei klar, dass das unwandelbare Dao nur in der Wandlung besteht.

30 *Buch der Wandlungen-Xi Ci Xiachuan* (周易-系辞下传·第1章), Kap. 1.

Das *Buch der Wandlungen* (周易, *Zhouyi*), auch als *Yijing* (易经) bezeichnet, bildet eine der Grundlagen chinesischer Philosophie (Yin-Yang-Lehre). Entstanden in der Zeit der Westlichen Zhou-Dynastie (1046-771 v. Chr.); A. d. Ü.

31 *Buch der Wandlungen-Xi Ci Shangchuan* (周易-系辞上传-第5章), Kap. 5.

32 *Buch der Wandlungen-Xi Ci Shangchuan* (周易-系辞上传-第4章), Kap. 4.

33 Laozi, *Das Buch des Dao und der Tugend* (道德经·第25章), Kap. 25.

34 *Buch der Wandlungen-Xi Ci Shangchuan* (周易-系辞上传-第11章), Kap. 11.

35 *Buch der Wandlungen-Xi Ci Shangchuan* (周易-系辞上传-第5章), Kap. 5.

36 LÜ Buwei, *Meister Lüs Frühling und Herbst-Yu Da* (吕氏春秋·卷13-谕大), Kap. 13.

37 *Zuos Erläuterungen (zu den Frühlings- und Herbstannalen)-Zhao Gong 28. Jahr* (左传·昭公28年): »Als der König Wu (der Zhou) die Shang besiegt hatte und über das Tianxia regierte, wurden fünf der zehn Vasallenstaaten von seinen Brüdern regiert, vierzig andere Staaten von seinen Kindern.« Xunzi, *Ru Xiao* (荀子·儒效): Der Herzog von Zhou »einte das Tianxia und gründete 71 Staaten, davon wurden 53 von seinen Kindern regiert«. (Nachkommen von Konkubinen eingeschlossen; A. d. Ü.)

Zuos Erläuterungen zu den Frühlings- und Herbstannalen gehören wie *Gong Yangs Erläuterungen zu den Frühlings- und Herbstannalen* zu den drei wichtigsten Überlieferungs- und Verständnisquellen der Konfuzius zugeschriebenen *Frühlings- und Herbstannalen*. Sie werden gewöhnlich dem

ZUO Qiuming (Lebensdaten unbekannt) zugeschrieben und sind vermutlich zur Zeit der Streitenden Reiche (445-221 v. Chr.) entstanden; A. d. Ü.

38 *Yi Zhou Shu-Shi Fu* (逸周书·世俘); LÜ Buwei, *Meister Lüs Frühling und Herbst-Shi Guan* (吕氏春秋·观世).

Das *Yi Zhou Shu* (逸周书) ist ein Geschichtswerk der Zeit der Streitenden Reiche oder der Westlichen Han-Dynastie. Der Autor ist unbekannt; A. d. Ü.

39 *Han Shu-Gu Yi Chuan* (汉书·贾谊传).

Das *Han Shu* (汉书), entstanden um 80 n. Chr., ist die erste offizielle Dynastie-Geschichte, Vorbild für analoge Geschichtswerke folgender Dynastien; A. d. Ü.

40 *Die Riten der Zhou-Xiagong Sima* (周礼·夏官司马); *Zuos Erläuterungen zu den Frühlings- und Herbstannalen-Xiang Gong 14. Jahr* (左传·襄公14年).

41 *Guo Yu-Zhouyu Shang* (国语·周语上): »Die Ordnung der früheren Herrscher war (folgendermaßen): [Der innere Bereich] des Staates war das Gebiet des Herrschers (甸服), die Staaten außerhalb davon waren das Gebiet der Lehensfürsten (侯服), [außerhalb davon gab es] das Gebiet der Untergebenen (宾服), [außerhalb dessen] das Gebiet der Einschränkung der Yi und Man (要服), [und außerhalb dessen] die wilden Gebiete der Rong und Di (荒服).«

42 *Die Riten der Zhou-Xia Gong-Da Sima* (周礼·夏官·大司马): 1000 Li heißt *guoji* (国畿), das (unmittelbar vom Herrscher verwaltete) Staatsgebiet. Das Gebiet von 500 Li außerhalb dessen heißt *houji* (侯畿), das Gebiet der Lehensfürsten. Das Gebiet von weiteren 500 Li außerhalb dessen heißt *dianji* (甸畿), das Gebiet der Außenbezirke. Das Gebiet von weiteren 500 Li außerhalb dessen heißt *nanji* (男畿), das Gebiet der Barone. Das Gebiet von weiteren 500 Li außerhalb dessen heißt *caiji* (采畿), tributpflichtige Gebiete. Das Gebiet von weiteren 500 Li außerhalb dessen heißt *weiji* (卫畿), das Gebiet der Verteidigung. Das Gebiet von weiteren 500 Li außerhalb dessen heißt *manji* (蛮畿), das Gebiet der Man (südliche Stämme). Das Gebiet von weiteren 500 Li außerhalb dessen heißt *yiji* (夷畿), das Gebiet der Yi (östliche Stämme). Das Gebiet von weiteren 500 Li außerhalb dessen heißt *zhenj* (镇畿), das Gebiet der Garnisonen. Das Gebiet von weiteren 500 Li außerhalb dessen heißt *fanji* (番畿), das fremde Gebiet.

43 *Buch der Urkunden-Yu Gong* (尚书·禹贡): Das Gebiet von 500 Li um die Residenz heißt Dian Fu (甸服), darin bestehen die Abgaben der ersten 100 Li aus Getreide mit Halm, die Abgaben des Gebietes in Entfernung von 200 Li in Ährenbündeln, die Abgaben der Gebiete in 300 Li Entfernung in Getreidekörnern mit Spreu, die Abgaben der Gebiete in 400 Li Entfernung aus ungeschältem Reis, die Abgaben der Gebiete in 500

Li Entfernung aus geschältem Reis. Die Gebiete 500 Li um das Dian Fu heißen Hou Fu (候服). Die Gebiete von 100 Li um das Dian Fu leisten Frondienste für den Himmelssohn, die Gebiete in Entfernung von 200 Li leisten Frondienste für die Hauptstadt, die Gebiete in Entfernung von 300 Li leisten militärische Erkundungsdienste. Die Gebiete von 500 Li um das Hou Fu heißen Sui Fu (绥服), darin stellen die Gebiete von 300 Li um das Hou Fu das Personal, das sich mit politischer Erziehung befasst, die Gebiete von 200 Li stellen die Leibwache des Himmelssohns. Das Gebiet von 500 Li um das Sui Fu heißt Yao Fu (要服), die Gebiete von 300 Li um das Sui Fu stellen das Personal für die Aufrechterhaltung des friedlichen Miteinanders, die daran grenzenden Gebiete von 200 Li stellen das Personal für die Überwachung der Einhaltung der Verträge. Das Gebiet von 500 Li um das Yao Fu heißt Huang Fu (荒服), die Gebiete von 300 Li um das Yao Fu stellen das Personal für die Aufrechterhaltung der Beziehungen zwischen unten und oben, die daran grenzenden Gebiete von 200 Li stellen das Personal für die Überwachung der Tributeingänge.«

44 *Buch der Riten-Qu Li Xia* (礼记·曲礼下).

45 *Gong Yangs Erläuterungen zu den Frühlings- und Herbstannalen-Yingong* (春秋公羊传·隐) 1.1.6.

46 *Gong Yangs Erläuterungen zu den Frühlings- und Herbstannalen-Yingong* (春秋公羊传·隐公) 1.1.6; SIMA Guang, *Zizhi Tongjian* (资治通鉴·卷27·汉纪19亦), Bd. 27, *Hanji* 19: »Die *Frühlings- und Herbstannalen* machen klar, dass der Herrscher kein Außen kennt, wo immer er zu sein wünscht, ist das Tianxia.«

Zizhi Tongjian (资治通鉴) ist ein Geschichtswerk des Song-zeitlichen Gelehrten SIMA Guang (司马光, 1019-1086 n. Chr.); A. d. Ü.

47 *Buch der Lieder-Xiaoya Beishan* (诗经·小雅·北山).

48 *Buch der Riten-Li Yun* (礼记·礼运).

49 LÜ Buwei, *Meister Lüs Frühling und Herbst-Gui Gong* (吕氏春秋·卷一·贵公), Kap. 1.

50 LÜ Buwei, *Meister Lüs Frühling und Herbst-Gui Gong* (吕氏春秋·卷一·贵公), Kap. 1.

51 *Buch der Riten-Wang Zhi* (礼记 -王制): »Die Beschaffenheit aller Siedlungen und Bewohner richtet sich notwendigerweise [nach den Einflüssen von] Himmel und Erde, wie Kälte oder Hitze und Trockenheit oder Feuchtigkeit. Weite Täler und große Flussläufe sind unterschiedlich beschaffen, und darin geborene Menschen haben unterschiedliche Bräuche. In Härte und Weichheit, Leichtigkeit und Schwere, Langsamkeit und Eile sind sie unterschiedlich zusammengesetzt, die fünf Geschmacksrichtungen mischen sie auf verschiedene Weise, ihre Gerätschaften stellen sie unterschiedlich her, und ihre Kleidung ist unterschiedlich gestaltet. Man bildet sie, ohne ihre Bräuche zu verändern. Man regiert sie, ohne ihre Besonderheiten zu verändern. In den Staaten der Mitte, der Rong und der Yi, in den fünf Regionen, hatten alle Menschen ihnen eigene Wesenszüge und waren nicht bereit, diese zu verändern. [Die Stämme] im Osten wurden Yi genannt. Sie trugen ihre Haare offen und tätowierten ihre Körper. Manche von ihnen aßen ihre Nahrung ungekocht. Die im Süden wurden Man genannt. Sie tätowierten ihre Stirn und wandten ihre Füße einander zu. Manche von ihnen aßen ihre Nahrung auch ungekocht. Die im Westen wurden Rong genannt. Sie trugen ihre Haare offen und trugen Häute. Manche von ihnen aßen kein Getreide. Die im Norden wurden Di genannt. Sie kleideten sich mit Federn und wohnten in Höhlen. Manche von ihnen aßen auch kein Getreide. Die Menschen in den Staaten der Mitte sowie die Yi, die Man, die Rong und die Di hatten Behausungen, in denen sie friedlich lebten, hatten ihre bevorzugten Geschmäcker, die für sie geeignete Kleidung, Geräte, die ihnen nützlich waren, und Gefäße, die sie in großer Zahl anfertigten. Ihre Sprachen waren verschieden, wie auch ihre Begierden.«

52 Nach antiken Überlieferungen datiert der Urprung der Schriftzeichen der Nordchinesischen Ebene bereits aus der Epoche des »Gelben Kaisers« (Jung-Steinzeit), nach den Forschungen von CHEN Mengjia (陈梦家) und den archäologischen Befunden sind Schriftzeichen, die zusammenhängende Gedanken darstellen konnten, allerdings jüngeren Datums. Sie entstanden in der Frühzeit der Yin-Shang-Epoche oder kurz davor, ca. vor 3500-4000 Jahren. Siehe CHEN Mengjia, *Chinesische Schriftzeichenkunde* (中国文字学), Peking: Zhonghua Shuju 2011, S. 11-15 sowie *Überblick über die Orakel-Schriftzeichen in den Fundstätten der Yin-Zeit* (殷墟卜辞综述), Peking: Zhonghua Shuju 1956, S. 644.

53 Menzius, *Li Lou Xia* (孟子·离娄下).

54 SIMA Qian (司马迁), *Historische Aufzeichnungen*. Bd. 1: *Qin Benji* (史记·卷一·秦本纪).

55 *Strategie der Streitenden Reiche-Zhao Ce Wuling Wang Ping Zhou Jian Ju* (战国策·赵策·武灵王平昼间居).

56 WANG Ke (王柯), *Nation und Staat* (民族与国家), Peking: Verlag der Chinesischen Sozialwissenschaften 2001, S. 32-33.

57 *Buch der Urkunden-Hong Fan* (尚书·洪范).

58 Xunzi, *Yi Bing* (荀子·议兵).

59 Menzius, *Lianhuiwang Shang* (孟子·梁惠王上).

60 *Buch der Urkunden-Hong Fan* (尚书·洪范).

61 Konfuzius, *Buch der Riten-Kongzi Xianju* (礼记·孔子闲居).

62 *Guanzi-Mu Min* (管子-牧民).

63 Laozi, *Das Buch des Dao und der Tugend* (道德经·第五十四章), Kap. 54.

64 *Buch der Urkunden-Hong Fan* (尚书- 洪范).

65 *Guanzi-Ren Fa* (管子·任法).

66 *Buch der Urkunden-Yi Xun* (尚书·伊训).

67 *Buch der Urkunden-Hong Fan* (尚书·洪范).

68 *Buch der Riten-Da Chuan* (礼记·大传).

69 *Shang Jun Shu-Kai Sai* (商君书·开塞).

Das *Shang Jun Shu* (商君书) ist ein enzyklopädisches Werk der philosphischen Schule der »Legalisten«. Es stammt aus der Zeit der Streitenden Reiche, die Autorenschaft des Legalisten SHANG Yang (商鞅, um 395-338 v. Chr.) ist umstritten; A. d. Ü.

70 *Buch der Riten-Da Xue* (礼记·大学).

71 FEI Xiaotong (费孝通), *Das ländliche China* (乡土中国), Peking: Sanlian Bookstore 1985, S. 27.

72 *Shang Jun Shu-Hua Ce* (商君书·画策).

73 Konfuzius, *Gespräche-Zi Lu* (论语·子路).

74 ZHANG Guangzhi (张光直), *Die chinesische Bronzezeit* (中国青铜时代), Peking: Sanlian Bookstore 1999, S. 414-415; XU Zhuoyun (许倬云), *Geschichte der Westlichen Zhou* (西周史), Peking: Sanlian Bookstore 2001, S. 101-103.

75 *Buch der Lieder-Daya Huang Yi* (诗经·大雅·皇矣).

76 *Buch der Riten-Kongzi Xianju* (礼记·孔子闲居).

77 *Buch der Lieder-Daya Wen Wang* (诗经··大雅·文王).

78 ZHANG Guangzhi (张光直), *Kunst, Mythologie und Opferung* (美术·神话与祭祀), Peking: Sanlian Bookstore 2013, S. 37.

79 LI Zehou (李泽厚), *Vom Schamanismus zum Ritus, vom Ritus zur Menschlichkeit* (由巫到礼，释礼归仁), Peking: Sanlian Bookstore 2015, S. 6-7.

80 *Guo Yu-Chu Yu Xia* (国语·楚语下).

81 ZHANG Guangzhi (张光直), *Aufsätze zur chinesischen Archäologie* (中国考古学论文集), Peking: Sanlian Bookstore 1999, S. 393.

82 CHEN Mengjia hat darauf hingewiesen, dass das Mandat des Himmels in der Epoche der Yin Shang als Mandat des Herrschers bezeichnet wurde, der Ausdruck »Mandat des Himmels« existiert erst seit der Zhou-Dynastie. Siehe CHEN Mengjia (陈梦家), *Einführung ins Buch der Urkunden* (尚书通论), Peking: Zhonghua Bookstore 2005, S. 207.

83 *Buch der Urkunden-Hong Fan* (尚书- 洪范).

84 LI Zehou (李泽厚), *Vom Schamanismus zum Ritus, vom Ritus zur Menschlichkeit* (由巫到礼，释礼归仁), S. 13-20.

85 *Buch der Urkunden-Kang Gao* (尚书·康诰): »Der Himmel bestraft die Ungerechten, das Volk erkennt sie sofort und überall!«

86 *Riten der Zhou-Ge-Tuan* (周易·革·象).

87 *Buch der Urkunden-Qin She* (尚书·泰誓).

88 Menzius, *Shi Tian Xia Ye* (孟子·失天下也章).

89 *Yi Zhou Shu-Da Ju Jie* (逸周书 · 大聚解).

90 *Buch der Urkunden-Zhongzhiming* (尚书 · 蔡 · 仲之命).

91 *Guanzi-Mu Min* (管子 · 牧民).

92 Xunzi, *Zhenglun* (荀子 · 正论).

93 *Liu Tao Wen Tao Wen Shi* (六韬 · 文韬 · 文师).

94 *Guanzi-Quanxiu* (管子- 权修).

95 Konfuzius, *Gespräche-Yan Yuan* (论语 · 颜渊).

96 Konfuzius, *Gespräche-YongYe* (论语 · 雍也).

97 Konfuzius, *Gespräche-Yong Ye* (论语 · 颜渊).

98 WANG Guowei (王国维), *Über das System der Yin und der Zhou* (殷商制度论), Shijiazhuang: Hebei Education Publishing Company 2001, S. 301-302.

99 HOU Weilu (侯外庐), *Sozialgeschichte Chinas* (中国古代社会史论), Shijiazhuang: Hebei Education Publishing Company 2003, S. 206.

100 Ludwig Wittgenstein, *Philosophische Untersuchungen*, in: ders., *Werkausgabe*, Bd. 1, Frankfurt/M.: Suhrkamp Verlag 1984, S. 345.

101 Konfuzius, *Gespräche-Zi Lu* (论语 · 子路).

102 *Buch der Urkunden-Da Yu Mo* (尚书 · 大禹谟).

103 *Buch der Riten-Yue Ji* (礼记 · 乐记).

104 *Guanzi-Zheng* (管子-正).

105 *Guanzi-Ba Yan* (管子-霸言).

106 SIMA Qian (司马迁), *Historische Aufzeichnungen-Zhou Ben Ji* (史记 · 周本纪).

107 Xunzi, *Yi Bing* (荀子 · 议兵): »Es gibt drei Methoden, sich Menschen untertan zu machen: Durch Tugend, durch Gewalt und durch Reichtum.

[Im ersten Fall] wertschätzen andere meinen Namen und meinen Ruf, bewundern meine Tugend und mein Verhalten und wünschen meine Untertanen zu werden. So öffnen sie ihre Tore und fegen die Straßen frei, um meinen Einzug willkommen zu heißen. Indem man dem Volk entspricht, erlangt man seinen Platz, und die gesamte Bevölkerung ist friedlich. Wenn Gesetze eingeführt und Befehle erlassen werden, leistet ihnen jedermann Folge. So gewinnt man Land und [die eigene] Macht nimmt zu. Man macht sich die Menschen untertan und stärkt die [eigenen] Streitkräfte. Dies ist Aneignen der Menschen durch Tugend.

[Im zweiten Fall] wird mein Name und mein Ruf nicht wertgeschätzt, meine Tugend und mein Verhalten werden nicht bewundert. Andere fürchten meine Macht und sind eingeschüchtert von meiner Wirkkraft. Daher, obwohl die Bevölkerung die Gesinnung hat wegzugehen, wagen sie es nicht, Gedanken der Auflehnung zu hegen. Wenn das der Fall ist, [braucht es] mehr Waffen und Rüstungen und die [nötige] Unterstützung ist sicherlich kostspielig. Daher gewinnt man Land hinzu, aber die [eigene]

Macht wird abgeschwächt. Man eignet sich Menschen an, aber die [eigenen] Streitkräfte werden geschwächt. Dies ist ein Aneignen der Menschen durch Gewalt.

[Im dritten Fall] wird mein Name und mein Ruf nicht wertgeschätzt, meine Tugend und mein Verhalten werden nicht bewundert. Genötigt durch Armut streben [sie] nach Wohlstand, getrieben durch Hunger trachten [sie] nach Essen. Mit leeren Bäuchen und offenen Mündern kommen sie [zu mir], damit ich ihnen Nahrung gebe. Wenn das der Fall ist, muss Getreide aus den Speichern ausgegeben werden, um sie zu verpflegen. Geld und Güter müssen an sie übergeben werden, um sie wohlhabend zu machen. Gute Beamte müssen eingesetzt werden, um sich um sie zu kümmern. Erst nach drei Jahren kann ihnen (der Bevölkerung) Vertrauen geschenkt werden. Daher gewinnt man Land hinzu, aber die [eigene] Macht wird abgeschwächt. Man eignet sich Menschen an, aber der [eigene] Staat wird ärmer. Dies ist ein Aneignen der Menschen durch Reichtum und Wohlstand.

Daher heißt es (sage ich): ›Wer sich Menschen durch Tugend aneignet, wird König. Wer sich Menschen durch Gewalt aneignet, wird schwach. Wer sich Menschen durch Reichtum und Wohlstand aneignet, wird arm.‹

Das galt für das Altertum und gilt für die heutige Zeit gleichermaßen.«

108 *Guo Yu-Zhou Yu Xia* (国语·周语下).

109 Konfuzius, *Gespräche-Yan Yuan* (论语·颜渊).

110 *Buch der Urkunden-Lü Xing* (尚书·吕刑); Xunzi, *Wangzhi* (荀子·王制).

111 QU Tongzu (瞿同祖), *Die chinesische Feudalgesellschaft* (中国封建社会), Shanghai: Shiji Publishing Company 2003, S. 87-100.

112 *Yanzis Frühling und Herbst (Annalen)-Nei Pian Wen Shang* (晏子春秋·内篇问上·第十一), Kap. 11.

Yanzis Frühling und Herbst (Annalen) sind ein philosophisches Geschichtswerk der Zeit der *Frühlings- und Herbstannalen* (770-476 v. Chr.), stehen jedoch außerhalb der konfuzianischen Tradition. Als Autor gilt Yan Ying (晏婴, ?-ca. 500 v. Chr.); A. d. Ü.

113 *Guanzi-Wufu* (管子-五辅).

114 *Yi Zhou Shu-Da Ju Jie* (逸周书·大聚解).

115 *Buch der Urkunden-Wu Cheng* (尚书·武成).

116 *Buch der Urkunden-Da Yu Mo* (尚书·大禹谟).

117 *Guanzi-Xin Shu Xia* (管子-心术下).

118 *Buch der Urkunden-Yao Dian* (尚书·尧典).

119 *Buch der Urkunden-Luo Gao* (尚书·洛诰).

120 *Zuos Erläuterungen zu den Frühlings- und Herbstannalen-Zhao Gong 20. Jahr* (左传 昭公二十年). Siehe auch: *Yanzis Frühling und Herbst (Annalen)-Wai Pian* (晏子春秋 外篇 第五), Kap. 5.

121 *Guo Yu-Zheng Yu* (国语·郑语).

Das *Guo Yu* ist ein enzyklopädisches Werk über die Verhältnisse zur Zeit der *Frühlings- und Herbstannalen* (770-476 v. Chr.) mit moralisierender Tendenz. Es wird traditionell ebenfalls dem ZUO Qiuming zugeschrieben, die Autorschaft ist jedoch umstritten; A. d. Ü.

122 *Guanzi-Neiye* (管子-内业).

123 Konfuzius, *Gespräche-Yong Ye* (论语·雍也).

124 *Buch der Urkunden-Lü Ao* (尚书·旅獒).

125 XU Zhuoyun (许倬云), *Geschichte der Westlichen Zhou* (西周史), Peking: Sanlian Bookstore 2001, S. 311; GE Zhiyi (葛志毅), *Untersuchungen zum Lehnsystem der Zhou-Dynastie* (周代分封制度研究), Harbin: Heilongjiang Peoples Publishing Company 2005, S. 229.

126 SIMA Qian (司马迁), *Historische Aufzeichnungen-Qin Shi Huang Ben Ji* (史记·秦始皇本纪).

127 *Guanzi-Mumin* (管子-牧民).

128 Laozi, *Das Buch des Dao und der Tugend* (道德经), Kap. 54, Abs. 2. Zitiert nach Lin Yutang (Hg.), *Die Weisheit des Laotse*, S. 177.

129 *Buch der Riten-Qu Li Shang* (礼记·曲礼上).

130 Immanuel Wallerstein, *The Modern World System,* Bd. 1, New York/London: Academic Press 1974.

131 *Liu Tao-Wu Tao-Shun Qi* (六韬-武韬-顺启). Es handelt sich um eine fälschlicherweise dem JIANG Taigong (姜太公), eigentlich JIANG Ziya (姜子牙, 1156-1017 v. Chr.), zugeschriebene Äußerung. In Wahrheit vermutlich ein Werk aus der Zeit der Streitenden Reiche.

2. Kapitel
Das in China verborgene Tianxia

1 Früher wurde das System der Epoche vom Beginn der Qin- bis zum Ende der Qing-Dynastie von Historikern in Anlehnung an westliche Geschichtskonzepte als »Feudalsystem« bezeichnet, dabei handelt es sich um eine Fehlplatzierung. Die Zhou-Dynastie war ein Feudalsystem, mit der Qin-Dynastie begann die administrative Gliederung in Präfekturen und Distrikte. Heutzutage verwendet kaum noch jemand diese irreführende Bezeichnung. Jetzt orientiert man sich an den Kategorien der westlichen Politologie und bezeichnet die Periode von der Qin- bis zur Qing-Dynastie als »autoritären Zentralismus« bzw. »autoritäres Regime. Auch wenn diese Bezeichnungen partiell der Realität nahekommen, sind sie ebenfalls nicht ganz korrekt. Die dynastische Monarchie der Nach-Qin-Zeit betrachtete zwar den Kaiser als höchste Autorität, aber sie bewahrte Elemente der antiken »Gemeinsamen Regierung«. Von einigen despotischen Herrschern, die das System missachteten, abgesehen, besaßen die Kaiser gewöhnlich keine diktatorische Entscheidungsgewalt. In der Qin- und der Han-Dynastie etablierte sich ein mehrschichtiges System des Regierens auf Verhandlungs- basis, die Kabinettsbeamten entschieden durch Diskussion in Vorbespre- chungen Staatsangelegenheiten, bei Fragen von besonderem Gewicht oder schwieriger Entscheidungsfindung wurde von der Zentrale die »Versamm- lung der hundert Beamten« mit sehr viel mehr Teilnehmern einberufen und erst der letzte abgestimmte Entwurf vom Kaiser genehmigt. Historisch gab es je nach Epoche Unterschiede im System, aber das Prinzip wurde beibehalten. Wie Untersuchungen YU Yingshis ergaben, war die Song- Dynastie die Blütezeit der »Gemeinsamen Regierung«. Die dynastische Monarchie Chinas lässt sich daher nicht einfach als »Diktatur« kennzeich- nen, sie als »Gemeinschaftsregierung« zu bezeichnen, wäre aber auch eine Übertreibung, weil der Kaiser das abschließende Recht auf Zurückweisung besaß. Da es in der heutigen Politologie keinen zutreffenden Begriff für das System der dynastischen Monarchie Chinas gibt, wird es hier als »System administrativer Vereinheitlichung« bezeichnet, das ist ein Notbehelf, bis ein besserer Begriff gefunden wird. Begründet wird er vor allem damit, dass das wesentliche politische Verhältnis der dynastischen Monarchie in der Trennung zwischen Beamten und Volk bestand, in der Beziehung zwischen den bürokratischen Verbänden und der Zivilgesellschaft. Die Herrschaft bestand in der Kontrolle der bürokratischen Gruppen durch den Kaiser, daher die Bezeichnung »administrative Vereinheitlichung«.

2 Das Tianxia-System verfolgte die Absicht einer Politik der Kom- patibilität, die Wendung des sogenannten »Miteinanders der zehntausend Staaten« stammt aus der ältesten Sammlung politischer Texte, dem *Buch der Urkunden*. »Miteinander« meint eine Politik, die in der Lage ist, feind- liche in freundschaftliche Beziehungen umzuwandeln und vermittels kom- patiblem Miteinander Frieden zu sichern.

3 Der kriegerische Zhou-Herrscher MU führte einen Straffeldzug ge- gen die Rong, weil dessen König nicht rechtzeitig am Hof erschienen war, um den Tribut abzuliefern. Obwohl er einen großen Sieg erzielte, zerstörte er die Zhou-zeitliche politische Tradition der Eintracht und verlor die Lo- yalität der Barbarenstämme, die ihre Tributleistungen einstellten.

4 *Guoyu-Zhou Yu Shang* (国语·周语上).

5 *Buch der Riten-Li Yun* (礼记·礼运).

6 CHEN Mengjia (陈梦家), »Mythen und schamanistische Prakti- ken der Shang-Dynastie« (商代的神话与巫术), in: *Yanjing Xuebao* (燕 京学报), 20 (1936).

7 ZHANG Guangzhi (张光直), *Kunst, Mythos und Opfer* (美术，神 话与祭祀), Peking: Sanlian Bookstore 2013, S. 85.

8 LI Zehou (李泽厚), *Vom Shamanismus zum Ritus, vom Ritus zur*

Menschlichkeit (由巫到礼释礼归仁), Peking: Sanlian Bookstore 2015, S. 13-21.

9 Der Begriff des »Da Yi« ist komplex und hat kein begriffliches Äquivalent im Deutschen. Der Autor bietet nach seinem Verständnis folgende Interpretationen an:

1. Verantwortung gegenüber den großen Dingen, wie Zivilisation, Nation, Weltordnung oder Gesellschaft.

2. Den Zielen der Allgemeinheit Vorrang vor privaten Interessen geben.

3. Respekt und Unterstützung universeller Werte, wie Wahrheit, Güte, Gerechtigkeit, Fairness. A. d. Ü.

10 In früheren Veröffentlichungen habe ich die Bezeichnung »Großmacht« (*great power*) verwendet. LÜ Xiang (駿祥) hat vorgeschlagen, stattdessen den Begriff »Führungsmacht« (leading power) zu verwenden, da die Verwendung von »Großmacht« heute den negativen Beiklang von Machtpolitik besitzt.

11 Joseph R. Levenson und Lucian Pye gehören zu den Sinologen, die China als Zivilisationsstaat betrachten. Sie folgen damit vermutlich der Analyse Marcel Granets (1884-1940), der den Begriff »Zivilisationsstaat« nicht verwendete, aber in seinem Werk *Die chinesische Zivilisation* (1929) die chinesische Gesellschaft unter dem Gesichtspunkt der Zivilisation analysierte. QIAN Mu (钱穆) vertrat die Auffassung, dass »die chinesische Nation und der chinesische Staat nur zum Zweck der Kultur existierten«: *Einführung in die chinesische Kulturgeschichte*, Shanghai: Shangwu Publishing Company 1994 (Erstausgabe 1949), S. 23; LIANG Qichao (梁漱溟) vertrat dagegen die Meinung »China ersetzte den Staat durch die Gesellschaft«: *Klassiker der modernen chinesischen Wissenschaften. Band Liang Qichao* (中鼙现代学术经典·梁漱溟卷), Shijiazhuang: Hebei Province Education Publishing Company 1996 (Erstausgabe 1949), S. 520. LIANG Qichao zitiert aus dem Brief eines Freundes: Beim China-Besuch Bertrand Russells 1920 habe dieser bei einer Vorlesung in Shanghai geäußert, »China ist in Wahrheit ein kulturelles System, kein Staat.« Ebd. S. 255. Daraus ist zu schließen, dass Russell als Erster China als Zivilisationsstaat bezeichnet hat.

12 WANG Mingming (王铭铭), »China: Nation oder Zivilisationssystem?« (民族体还是文明体?), in: *Kultur vertikal und horizontal* (文化纵横) 12 (2008).

13 LIANG Qichao (梁启超) propagierte 1901 in seinen »Abweichenden Auffassungen über die Veränderungen der Staatsidee« (国家思想变迁异同论) die Idee der Nation, 1902 den Nationalstaat und wurde später Nationalist.

14 Volksweisheiten reflektieren korrekter als akademische Lehren die tatsächliche gesellschaftliche Situation. LI Qingshan (李庆善) zeigt in *Neue Ansichten über die Chinesen: Volksweisheiten als Ausdruck der Volksseele* (中国人新论：从民谚看民心), Peking: Verlag der Akademie der Sozialwissenschaften 1996, anhand zahlreicher widersprüchlicher Volksweisheiten die Zwiespältigkeit von Handlungsursachen: Einerseits Propagierung von Aufrichtigkeit und Uneigennützigkeit, andererseits von Geschmeidigkeit im Streben nach Vorteilen u. Ä. m.

15 Eric Voegelin, *Ordnung und Geschichte,* Bd. 2: *Israel und die Offenbarung. Die Geburt der Geschichte*, München: Fink 2005.

16 Thomas Schelling, The Strategy of Conflict, Cambridge, Mass.: Harvard University Press 1960.

17 ZHANG Guangzhi (张光直), *Archäologie des antiken China* (古代中国考古学), Peking: Sanlian Bookstore 2013, S. 434.

18 Konfuzius, *Gespräche-Zi Lu* (论语·子路).

19 ZHAO Hui (赵辉), »Die Herausbildung der historischen Tendenz der Zentralebene als Zentrum« (以中原为中心的历史趋势的形成), in: *Wenwu* (文物), 1 (2000).

20 ZHANG Guangzhi (张光直), *Sechs Vorlesungen zu Fragen der Archäologie* (考古学专题六讲), Peking: Sanlian Bookstore 2013, S. 156.

21 Gemäß einer noch zu verifizierenden Überlieferung gab es in Chinas Frühzeit neben den Han-Schriftzeichen noch eine antike Schrift der Yi, worüber allerdings nichts Weiteres bekannt ist. Es heißt, die Yi-Schrift sei von den Volksgruppen im Südwesten Chinas verwendet worden und stünde in einer gewissen Verbindung mit der heute von den Yi verwendeten Schrift. Die heute erhaltenen Dokumente der Yi-Schrift stammen im Wesentlichen aus der Ming- und der Qing-Dynastie, ihr Inhalt besteht vorwiegend aus magischen Orakelsprüchen, was darauf hindeutet, dass sie älteren Ursprungs sind. Ob allerdings die antike Yi-Schrift in ihrer Entstehungszeit reif genug für die Niederschrift komplexer Gedanken war, bedarf weiterer Forschung.

22 Das Christentum ist ein Beispiel für die Verwandlung von etwas Speziellem in etwas Universelles. Jesu Martyrium und Auferstehung sind eine spezielles Narrativ, das sich in eine Verkündung des universellen Glaubenssatzes von der Befreiung aller Menschen verwandelte.

23 Die in Europa und den USA gängige Meinung, dass die sumerische Zivilisation der chinesischen und indischen vorausging, stößt zunehmend auf Skepsis. Die archäologischen Funde der letzten zehn Jahre weisen darauf hin, dass die sumerische Zivilisation mit der chinesischen etwa zeitgleich begann, einschließlich der Anfänge der Landwirtschaft und der Herstellung grober keramischer Gefäße, allerdings auf einer niedrigeren Entwicklungsstufe.

24 Archäologisches Forschungsinstitut der Chinesischen Akademie der Sozialwissenschaften, *Chinesische Archäologie. Jung-Steinzeit* (中国考古学·新石器时代卷), Peking: Verlag der Chinesischen Akademie der Sozialwissenschaften 2010, S. 198-202.

25 Ebd., S. 568.

26 Ebd., S. 786-795.

27 ZHANG Guangzhi (张光直), *Aufsätze zur Chinesischen Archäologie* (中国考古学论文集), Peking: Sanlian Bookstore 1999, S. 54-55.

28 Ebd., S. 36.

29 Ebd., S. 158-159.

30 Archäologisches Forschungsinstitut der Chinesischen Akademie der Sozialwissenschaften, *Chinesische Archäologie. Xia- und Shang-Zeit* (中国考古学·夏商卷), Peking: Verlag der Chinesischen Akademie der Sozialwissenschaften 2011, S. 81.

31 Nach Ansicht von ZHANG Guangzhi (张光直) muss die Erlitou-Kultur als Teil der Xia-Kultur betrachtet werden, allerdings sei die Zuschreibung zur Xia- oder zur Shang-Kultur angesichts des bis heute entdeckten schriftlichen Materials der Erlitou-Kultur ungeklärt. (ZHANG Guangzhi [张光直], *Archäologie des antiken China* [古代中国考古学], Peking: Sanlian Bookstore 2013, S. 376-377). Das Problem ist allerdings, dass angesichts der gegenwärtig vorliegenden Zeugnisse die Erlitou-Epoche noch nicht über Schriftzeichen verfügte und sich daher vermutlich kein »schriftliches Material« finden lässt.

32 XU Hong (许宏), *China Verstehen* (何以中国), Peking: Sanlian Bookstore 2014, S. 145-148.

33 Ebd., S. 117-119.

34 LIU Qingzhu (刘庆柱) (Hg.), *Archäologische Entdeckungen und Forschungen in China 1949-2009* (中国考古发现与研究 1949-2009), Peking: Volksverlag 2010, S. 196.

35 Archäologisches Forschungsinstitut der Chinesischen Akademie der Sozialwissenschaften, *Chinesische Archäologie. Xia- und Shang-Zeit* (中国考古学·夏商卷), S. 107-123.

36 Archäologisches Forschungsinstitut der Chinesischen Akademie der Sozialwissenschaften, *Chinesische Archäologie. Jung-Steinzeit* (中国考古学·新石器时代卷), S. 568.

37 ZHANG Guangzhi (张光直), *Archäologie des antiken China* (古代中国考古学), S. 346.

38 *Buch der Urkunden-Duo Shi* (尚书·多士).

39 Archäologisches Forschungsinstitut der Chinesischen Akademie der Sozialwissenschaften, *Chinesische Archäologie. Xia- und Shang-Zeit* (中麳考古学·夏商卷), S. 125.

40 CHEN Mengjia (陈梦家), *Chinesische Schriftzeichenkunde* (中国文字学), Peking: Zhonghua Bookstore 2011, S. 11.

41 XU Hong (许宏) vertritt die Ansicht, dass der Palast von Erlitou, obgleich er nur ein Siebtel der Fläche der »Verbotenen Stadt« umfasst, in seiner Anordnung als das Gründungsmuster aller späteren Kaiserpaläste angesehen werden muss. *Die Frühzeit Chinas* (最早的中国), Peking: Ke-xue Publishing Company 2009, S. 80-84.

42 LIANG Sicheng (梁思成), *Chinesische Architekturgeschichte* (中国建筑史), Tianjin: Baihua Wenyi Publishing Company 1998, S. 15.

43 Die früheste Erwähnung findet sich im *Buch der Urkunden* (殷礼陟配天). Die früheste Erläuterung des Begriffs findet sich im *Buch der Riten-Zhong Yong* (礼记·中庸). »Nur die nobelsten aller Weisen im Tianxia besitzen die Weisheit und den Verstand, um von höherer Position über das gewöhnliche Volk zu regieren, sie sind großmütig, warmherzig und umgänglich, sie können das Tianxia in sich aufnehmen. Sie sind stark und tapfer, entschlossen und fest, sie können die wichtigen Angelegenheiten des Tianxia entscheiden, sie besitzen Würde und Autorität, sind aufrichtig und gerade, sind fähig, den Respekt der Menschen zu gewinnen, sind geordnet und klar, beobachten jedes Detail, sind fähig, zwischen richtig und falsch, zwischen krumm und gerade zu unterscheiden.

Die umfassende Tugend der Weisen zeigt sich zu allen Zeiten. Ihr Wissen ist umfassend wie der Himmel, tief wie das Wasser, wo sie auftreten, bringt ihnen die Bevölkerung Ehrfurcht entgegen, wenn sie sprechen, gehorcht ihnen alles, wenn sie handeln, sind alle glücklich. Ihr Ruhm dringt in alle Ecken des Landes und verbreitet sich bis in die entlegenen Gebiete der Barbaren.

Alle Gebiete, die Boote und Fahrzeuge erreichen können, alle Gebiete die menschliche Kraft durchdringen kann, alle Gebiete, die der Himmel bedeckt, alle Gebiete, die die Erde trägt, alle Gebiete, auf die der Tau fällt, alles, was Lebensenergie besitzt, verehrt sie und sucht ihre Nähe, daher sagt man, sie sind in Übereinstimmung mit dem Himmel. Ihre Wirkung ist ewig und grenzenlos.«

44 YANG Kuan (杨宽), *Geschichte des Systems der antiken Städte Chinas* (中国古代都城制度史), Shanghai: Shanghaier Volksverlag 2006, S. 25-36.

45 Nassim Nicholas Taleb, *Antifragile: Things that Gain from Disorder*, New York: Random House 2012, S. 3.

46 *YAO Dali* (姚大力), *System und politische Kultur während der mongolischen Yuan-Dynastie* (蒙元制度与政治文化), Peking: Verlag der Peking Universität 2011, S. 270.

47 Das oben angeführte Material über die Liao-Dynastie ist vollständig WANG Kes (王柯) *Nation und Staat: Chinas multiethnische Einheit* (民族与国家：中国多民族统) entnommen (Peking: Verlag der Chinesischen Akademie für Sozialwissenschaften 2001, S. 119-128).

48 WANG Tongling (王桐龄), *Geschichte der Ethnien China*s (中国民族史), Changchun: Jilin Publishing Company 2010, S. 376.

49 GE Zhaoguang (葛兆光), *Zhaici Zhongguo* (宅兹中国), Peking: Zhong Hua Bookstore 2011, S. 41-42. Der Titel zitiert die in einem Zhou-zeitlichen Bronzegefäß gefundene Inschrift, worin der Begriff »Land der Mitte« zum ersten Mal auftaucht. A. d. Ü.

50 Übernahme aus RAO Zongyi (饶宗颐), *Über die Frage der Legitimität in Chinas Geschichtswissenschaft* (中国史学上之正统论), Peking: Zhong Hua Bookstore 2015, S. 157-161.

51 CHEN Gaohua, SHI Weimin (陈高华·史卫民), *Abriss der Geschichte des politischen Systems Chinas,* Bd. 8 (中国政治制度通史·第八卷), Peking: Volksverlag 1996, S. 60.

52 CHEN Gaohua, SHI Weimin (陈高华·史卫民), *Abriss der Geschichte des politischen Systems Chinas,* Bd. 8 (中国政治制度通史·第八卷), Peking: Volksverlag 1996, S. 37-38.

53 ZHANG Zhaoyu (张兆裕), *Die Unterscheidung von Chinesen und Barbaren in der Ming-Dynastie* (明代华夷之辨). Archiv der Alten Geschichte: Ming, Qing, hrsg. v. Historischen Forschungsinstitut der Chinesischen Akademie der Sozialwissenschaften, Peking 2004, S. 265-277.

54 QU Shisi (瞿式耜), *Zhifang Waiji Xiao Yan* (职方外纪小言), siehe auch XIE Fang (谢方), *Annotation des Zhifang Waiji* (职方外纪校释), Peking: Zhong Hua Bookstore 2000, S. 9.

55 *Geschichte der Yuan-Kap. 161 Biografische Notiz 48* (元史·卷161·列传第48).

56 RAO Zongyi (饶宗颐), *Über die Frage der Legitimität in Chinas Geschichtswissenschaft* (中国史学上之正统论), Peking: Zhong Hua Bookstore 2015, S. 6.

57 OUYANG Xiu (欧阳修), *Über Legitimitä*t (正统论上), zitiert nach RAO Zongyi (饶宗颐), *Über die Frage der Legitimität in Chinas Geschichtswissenschaft* (中国史学上之正统论), S. 114.

58 WANG Fuzhi (王夫之), *Song Lun-Bd. 15-Du Song* (宋论·卷15·度宗).

59 GU Yanwu (顾炎武), *Ri Zhi Lu-Bd. 13 Zheng Zhi* (日知录·卷13·正始).

60 Die Ming-Dynastie; A. d. Ü.

61 *Ausgewählte Dokumente über das Eindringen der Qing nach China,* Bd. 1 (清入关前史料选辑1), Peking: Chinesischer Volksverlag 1984, S. 289-296.

62 FEI Zhengqing (费正清) (Hg.), *Chinas Weltordnung. Die auswärtigen Beziehungen des traditionellen China* (中国的世界秩序：传统中国的对外关系), Peking: Verlag der Chinesischen Akademie der Sozialwissenschaften 2010, S. 1.

63 Ebd., S. 283.

64 ZHENG Youguo (郑有国), *Untersuchungen über den Bau chinesischer Handelsschiffe* (中国市舶制度研究), Fuzhou: Fujian Education Publishing Company 2004, S. 214-220.

65 LI Yunquan (李云泉), *Die zehntausend Völker kommen an den Hof. Abhandlung über die Geschichte der kaiserlichen Tribute* (万邦来朝：朝贡制度史论), Peking: Xinhua Publishing Company 2014, S. 13.

66 YAN Mingshu (阎明恕), *Geschichte der Knüpfung von Verwandtschaftsbeziehungen im alten China* (中国古代和亲史), Guiyang: Guizhou Nationalitäten-Verlag 2003, S. 157.

67 SIMA Qian (司马迁), *Historische Aufzeichnungen-Huai Yin Hou Liechuan* (史记·淮阴侯列传); siehe auch BAN Gu (班固), *Han Shu-Kuai Tong Chuan* (汉书·蒯通传).

68 MAN Zhimin (满志敏), *Historische Klimawechsel-Forschung in China* (中国历史时期气候变化研究), Jinan: Shandong Education Publishing Company 2009, S. 92-118.

69 ZHANG Guangzhi (张光直), *Aufsätze zur Archäologie Chinas* (中国考古学论文集), S. 53.

70 *Buch der Wandlungen-Shang Jing-Tun Gua San* (周易·上经·屯挂三).

71 XU Hong (许宏), *China Verstehen* (何以中国), S. 96-99, siehe auch ZHAO Hui (赵辉), »Die Herausbildung der historischen Tendenz der Zentralebene als Zentrum« (以中原为中心的历史趋势的形成), in: *Wenwu* (文物) 1 (2000).

72 Mancur Olson, *Macht und Wohlstand: kommunistischen und kapitalistischen Diktaturen entwachsen*, Tübingen: Mohr Siebeck 2002, und ders., *Die Logik des kollektiven Handelns: Kollektivgüter und die Theorie der Gruppen*, Tübingen: Mohr Siebeck 2004.

73 Legendärer Erfinder der chinesischen Schriftzeichen, der Überlieferung nach Beamter am Hof des »Gelben Kaisers«; A. d. Ü.

74 Gebiet, das die heutigen Provinzen Hebei, Liaoning und einen Teil Nordkoreas umfasst; A. d. Ü.

75 ZHOU Zhenhe (周振鹤), *16 Vorträge über die Geschichte der chinesischen Politischen Geographie* (中国历史政治地理十六讲), Peking: Zhong Hua Bookstore 2013, S. 256. YANJING ist ein alter Name für Peking; A. d. Ü.

76 *Abhandlung über Salz und Eisen-Bei Hu* (盐铁论·备胡第38), Nr. 38. Die *Abhandlung über Salz und Eisen* (盐铁论) ist ein politökonomisches Werk des Han-zeitlichen Autors HUAN Kuan (桓宽, Lebensdaten unbekannt), geschrieben um 80 v. Chr.; A. d. Ü.

77 Ebd., Nr. 46.

78 Ebd., Nr. 45.

79 LI Hongbin (李鸿宾), »Die Jagd auf den Hirschen der Zentralebene: Das Geheimnis des Drangs der Nationalitäten des Nordostens nach
Süden« (逐鹿中原:东北诸族南向拓展的秘密), in: *Chinesisches Sozial-
wissenschaftliches Bulletin* 1 (2015).

80 *Buch der Riten-Qu Li* (礼记·曲礼).

81 BAN Gu (班固), *Han Shu Xia-Xi Cheng Chuan* (汉书·卷96下·
西域传), Kap. 96.

82 BAN Gu (班固), *Han Shu Xia-Zheng Ji* (汉书·卷71下·郑吉
传), Kap. 71.

83 BAN Gu (班固), *Han Shu-Zheng Ji* (汉书·卷七十·郑吉传),
Kap. 70.

84 MENG Xiangcai (孟祥才), *Abriss der Geschichte des politischen
Systems Chinas*, Bd. 3 (中国政治制度通史·第三卷), Peking: Volksverlag
1996, S. 257-258.

85 Das »Jimi« (羁縻) ist ein den lokalen Bedingungen angepasstes
System der Kontrolle von Grenzgebieten durch den Kaiserhof, die konkreten politischen Maßnahmen wechselten je nach Gebiet. Das grundlegende
Prinzip bestand in einer von der Zentralmacht kontrollierten Selbstverwaltung. In den Befestigungen war gewöhnlich abgeordnetes Militär statio-
niert, das jedoch nicht in die traditionellen lokalen Lebens- und Verwal-
tungsverhältnisse eingriff.

86 HUANG Huixian (黄惠贤), *Abriss der Geschichte des politischen
Systems Chinas*, Bd. 4 (中国政治制度通史·第四卷), Peking: Volksverlag
1996, S. 72-80.

87 YU Lunian (俞鹿年), *Abriss der Geschichte des politischen Systems
Chinas*, Bd. 5 (中国政治制度通史·第五卷), Peking: Volksverlag 1996,
S. 256-260.

88 LI Xihou, BAI Bing (李锡厚、白滨), *Abriss der Geschichte des
politischen Systems Chinas*, Bd. 7 (中国政治制度通史·第七卷), Peking:
Volksverlag 1996, S. 74-87.

89 WANG Tongling (王桐龄), *Geschichte der Ethnien Chinas* (中国
民族史), Harbin: Jilin Publishing Company 2010, S. 394-398.

90 YAO Dali (姚大力), *System und politische Kultur während der
mongolischen Yuan-Dynastie* (蒙元制度与政治文化), Peking: Verlag der
Peking Universität 2011, S. 280.

91 WANG Tongling (王桐龄), *Geschichte der Ethnien Chinas* (中国
民族史), S. 18-28.

92 Ebd., Vorwort.

93 Ebd., S. 335-525.

94 Ebd., S. 440-441.

95 GONGSUN Long Zi, *Zhi Wu Lun* (公孙龙子·指物论).
Werk des bedeutenden Logikers GONGSUN Long (320-250 v. Chr.);
A. d. Ü.

96 Ebd.

97 DUAN Qingbo, XU Weimin (段清波、徐卫民), *Die Chinesische Große Mauer in der Geschichte. Entdeckungen und Forschungen* (中国历代长城：发现与研究), Peking: Wissenschaftsverlag 2014, S. 1-17.

98 Ebd., S. 114-156.

99 Ebd., S. 247-248.

100 Staat auf dem Gebiet der koreanischen Halbinsel vom 1. Jahrhundert v. Chr. bis zum 7. Jahrhundert n. Chr.; A. d. Ü.

101 DUAN Qingbo, XU Weimin (段清波、徐卫民), *Die Chinesische Große Mauer in der Geschichte. Entdeckungen und Forschungen* (中国历代长城：发现与研究), S. 284-285.

102 DUAN Qingbo, XU Weimin (段清波、徐卫民), *Die Chinesische Große Mauer in der Geschichte. Entdeckungen und Forschungen* (中国历代长城：发现与研究), S. 304.

103 HU Huanyong (胡焕庸), »Demographische Verteilung Chinas. Statistische Tabellen und Verdichtungskarte« (中国人口之分布—附统计表与密度图), in: *Geografisches Bulletin* 2 (1935).

Die Linie verläuft vom chinesisch-russischen Grenzfluss Heihe (Ussuri) in der Provinz Heilongjiang im Norden bis zum Bezirk Tengchong in der Provinz Yunnan im Süden; A. d. Ü.

104 Gebiet im Nordwesten Chinas; A. d. Ü.

105 ZHOU Zhenhe (周振鹤), *16 Vorträge über die Geschichte der chinesischen Politischen Geographie* (中国历史政治地理十六讲), Peking: Zhong Hua Bookstore 2013, S. 75-77.

106 FU Sinian (傅斯年), *Nationalitäten und Geschichte des alten China* (民族与古代中国史), Shijiazhuang: Hebei Education Publishing Company 2002, S. 3.

107 Gebirgszug im Süden der Provinz Shaanxi, gilt als geografische Trennungslinie zwischen Nord- und Südchina; A. d. Ü.

108 ZHANG Guangzhi (张光直), *Kunst, Mythologie und Opferung* (美术、神话与祭祀), Peking: Sanlian Bookstore 2013, S. 130.

109 Menzius, *Jin Xin-Shang* (孟子·尽心上).

3. Kapitel
Gegenwart und Zukunft des Tianxia

1 »Failed state« ist ein US-amerikanischer Begriff. Er bezeichnet in erster Linie die grundlegende Funktionsuntüchtigkeit eines Staates und das daraus folgende soziale Chaos.

2 Siehe Thomas Piketty, *Le Capital au XXIe siècle*, Paris: Edition du Seuil 2013.

3 Siehe Michael Hardt und Antonio Negri, *Empire*, Cambridge, Mass.: Harvard University Press 2001; dies., *Multitude*, New York: Penguin Books 2004; dies., *Commonwealth*, Cambridge, Mass.: Harvard University Press.

4 Nassim Nicholas Taleb, *Antifragile: Things that Gain from Disorder*, New York: Random House 2012.

5 Siehe Immanuel Kant, *Idee zu einer allgemeinen Geschichte in weltbürgerlicher Absicht,* und ders., *Zum ewigen Frieden,* beides in: ders., *Werkausgabe,* Bd. XI, hrsg. v. Wilhelm Weischedel, Frankfurt/M.: Suhrkamp Verlag 1977.

6 Ich verweise auf meinen Aufsatz »Understanding and Acceptance«, in: *Les Assises de la Connaissance Reciproque,* hrsg. v. Alain Le Pichon, Paris: Le Robert 2003, und die darin enthaltene Kritik an Habermas' Diskurstheorie.

7 John Rawls, *Das Recht der Völker,* übersetzt von Wilfried Hinsch, Berlin, New York: De Gruyter 2002.

8 Ebd., S. 98.

9 Kant, *Zum ewigen Frieden,* S. 200.

10 ZHAO Tingyang, *Das System des Tianxia* (天下体系), Nanjing: Jiangsu Education Publishing Company 2005.

11 Stephen C. Angle, *Contemporary Confucian Political Philosophy*, Cambridge, UK: Polity Press 2012, S. 79.

12 Ebd., S. 79.

13 Für Details siehe den Beitrag des Autors »Untersuchungen zur schlechten Welt« (坏世界研究) im gleichnamigen Buch, Peking: Chinesischer Volksverlag 2009, S. 200-210.

14 Siehe die Behandlung der historischen Tatsache der »Unterbrechung des Kontaktes zum Himmel« im 7. Abschnitt des 1. Kapitels »Mandat des Himmels« im vorliegenden Buch.

15 Samuel P. Huntington, *Kampf der Kulturen. Die Neugestaltung der Weltpolitik im 21. Jahrhundert*, München, Wien: Europa-Verlag 1996, S. 68.

16 Die sogenannte »Abhängigkeit« verweist auf »die ökonomische Abhängigkeit einiger Staaten von der Entwicklung und dem Wachstum einer anderen Volkswirtschaft […]. Der Zustand der Abhängigkeit führt dazu, dass der abhängige Staat sich in einer Situation der Rückständigkeit und Ausbeutung durch den beherrschenden Staat befindet.« Siehe Theotonio dos Santos, *Imperialismo e Dependencia,* Mexiko-Stadt: Ediciones Era 1978.

17 Joseph Nye ruft die USA auf, ihre *soft power* zu verstärken, um ihre *hard power* zu ergänzen, obgleich die USA bereits die »stärkste Macht seit dem Bestehen des Römischen Imperiums« sind, aber *hard power* reicht nicht aus, um »die Welt dazu zu bringen, das zu wollen, was ich will«. Siehe

Joseph Nye, *The Paradox of American Power: Why the World's Only Super-power Can't Go It Alone*, Oxford: Oxford University Press 2002.

18 Zur Diskussion über die Hegemonie des US-Dollars siehe QIAO Liang (乔良), »Wofür die Amerikaner in den Krieg ziehen« (美国人为何而战), *Chinesische Jugend-Zeitung* 25.2.2011, und ders., »Finanzen und Kriege: Die Hegemonie des Dollars und das chinesisch-amerikanische Schachspiel« (金融与战争:美元霸权与中美棋局), in: *Guofang Cankao* 11-12 (2015).

19 Siehe auch ZHAO Tingyang und Régis Debray, *Ein Wort mit zwei Gesichtern* (两面之词), Peking: Wenxin Publishing Company 2014, S. 179-183.

20 »Publikratie« ist ein vom Autor nach dem Vorbild von »Demo-kratie« gebildeter Begriff, er findet sich in ZHAO Tingyang und Régis Debray, *Ein Wort mit zwei Gesichtern* (两面之词), S. 179-183.

21 John Rawls, *Eine Theorie der Gerechtigkeit*, Frankfurt/M.: Suhr-kamp Verlag 1979, S. 62f.

22 Konfuzius, *Gespräche-Yong Ye* (论语·雍也).

23 Konfuzius, *Gespräche-Wei Ling Gong* (论语·卫灵公).

24 Laozi, *Das Buch des Dao und der Tugend* (道德经), Kap. 77.

25 Laozi, *Das Buch des Dao und der Tugend* (道德经), Kap. 42.

26 *Liu Tao-Wen Tao* (六韬·卷一文韬), Kap. 1.

27 William A. Callahan, »Tianxia, Empire and the World«, in: ders. und Elena Barabantseva (Hg.), *China Orders the World*, Baltimore, Mary-land: The Johns Hopkins University Press 2011, S. 105.

28 Ebd., S. 104.

29 Konfuzius, *Gespräche-Ba Yi* (论语·八佾).

Namenregister

Sozialphilosophie im Suhrkamp Verlag
Eine Auswahl

Rainer Forst
- Kontexte der Gerechtigkeit. Politische Philosophie von Liberalisums und Kommunitarismus. stw 1252. 480 Seiten
- Toleranz im Konflikt. Geschichte, Gehalt und Gegenwart eines umstrittenen Begriffs. stw 1682. 816 Seiten

Stefan Gosepath. Gleiche Gerechtigkeit. Grundlagen eines liberalen Egalitarismus. stw 1665. 508 Seiten

Axel Honneth
- Das Andere der Gerechtigkeit. Aufsätze zur praktischen Philosophie. stw 1491 340 Seiten
- Das Ich im Wir. Studien zur Anerkennungstheorie. stw 1959. 308 Seiten
- Die Idee des Sozialismus. Versuch einer Aktualisierung. Gebunden. 168 Seiten
- Kampf um Anerkennung. Zur moralischen Grammatik sozialer Konflikte. stw 1129. 301 Seiten
- Kritik der Macht. Reflexionsstufen einer kritischen Gesellschaftstheorie. stw 738. 408 Seiten
- Pathologien der Vernunft. Geschichte und Gegenwart der Kritischen Theorie. stw 1835. 239 Seiten
- Das Recht der Freiheit. Grundriß einer demokratischen Sittlichkeit. stw 2048. 628 Seiten
- Unsichtbarkeit. Stationen einer Theorie der Intersubjektivität. stw 1616. 162 Seiten
- Verdinglichung. Eine anerkennungstheoretische Studie. Mit Kommentaren von Judith Butler, Raymond Geuss und Jonathan Lear und einer Erwiderung von Axel Honneth. stw 2127. 183 Seiten
- Vivisektionen eines Zeitalters – Porträts zur Ideengeschichte des 20. Jahrhunderts. es 2678. 308 Seiten

- Von Person zu Person. Zur Moralität persönlicher Beziehungen. Herausgegeben zus. mit Beate Rössler. stw 1756. 361 Seiten
- Der Wert des Marktes. Ein ökonomisch-philosophischer Diskurs vom 18. Jahrhundert bis zur Gegenwart. Herausgegeben zus. mit Lisa Herzog. stw 2065. 670 Seiten
- Die zerrissene Welt des Sozialen. Sozialphilosophische Aufsätze. Erweiterte Ausgabe. stw 849. 279 Seiten

Axel Honneth/Nancy Fraser. Umverteilung oder Anerkennung? Eine politisch-philosophische Kontroverse. stw 1460. 320 Seiten

Rahel Jaeggi
- Entfremdung. stw 2185. 337 Seiten
- Kritik von Lebensformen. stw 1987. 451 Seiten
- Nach Marx. Philosophie, Kritik, Praxis. Herausgegeben zus. mit Daniel Loick. stw 2066. 518 Seiten
- Sozialphilosophie und Kritik. Herausgegeben zus. mit Rainer Forst, Martin Hartmann und Martin Saar. stw 1960. 743 Seiten
- Was ist Kritik? Herausgegeben zus. mit Tilo Wesche. stw 1885. 375 Seiten

Hans Joas
- Die Entstehung der Werte. stw 1416. 321 Seiten
- Die Kreativität des Handelns. stw 1248. 415 Seiten

Angelika Krebs. Arbeit und Liebe. Die philosophischen Grundlagen sozialer Gerechtigkeit. stw 1564. 336 Seiten

George Herbert Mead. Geist, Identität und Gesellschaft. Aus der Sicht des Sozialbehaviorismus. Einleitung von Charles W. Morris. Übersetzt von Ulf Pacher. stw 28. 456 Seiten

Bernhard Peters. Der Sinn von Öffentlichkeit. Herausgegeben von Hartmut Weßler. Mit einem Nachwort von Jürgen Habermas. stw 1836. 410 Seiten

Beate Rössler. Der Wert des Privaten. stw 1530. 384 Seiten